# MUNDO DO LUXO

Mark Tungate

# MUNDO DO LUXO

## O passado, o presente e o futuro das marcas de luxo

Tradução

Celina Falck-Cook

SEOMAN

Texto de acordo com as novas regras ortográficas da língua portuguesa.

1ª edição 2014.



*Coordenação editorial:* Manoel Lauand

*Capa e projeto gráfico:* Gabriela Guenther

*Editoração eletrônica:* Estúdio Sambaqui

CIP-BRASIL. CATALOGAÇÃO NA PUBLICAÇÃO
SINDICATO NACIONAL DOS EDITORES DE LIVROS, RJ

---

T836m

Tungate, Mark
Mundo do luxo: o passado, o presente e o futuro das marcas de luxo / Mark Tungate ; tradução Celina Falck-Cook. - 1. ed. - São Paulo : Seoman, 2014.
304 p. : il. ; 23 cm.

Tradução de: Luxury world : the past, present and future of luxury brands
Inclui índice
ISBN 978-85-98903-84-2

1. Objetos de luxo - Comercialização. 2. Luxo. 3. Comportamento do consumidor. 4. Marcas de produtos - Marketing. 5. Consumidor - Preferência. I. Título.

14-10652 CDD: 658.83
CDU: 658.8.012.12

---

Seoman é um selo editorial da Pensamento-Cultrix.

EDITORA PENSAMENTO-CULTRIX LTDA.
R. Dr. Mário Vicente, 368 – 04270-000 – São Paulo, SP
Fone: (11) 2066-9000 – Fax: (11) 2066-9008
E-mail: atendimento@editoraseoman.com.br
http://www.editoraseoman.com.br
que se reserva a propriedade literária desta tradução.
Foi feito o depósito legal.

*Para Géraldine.*
*Ou, talvez, deva dizer: para Madame Géraldine Dormoy-Tungate.*
*Foi um ótimo ano.*

# ÍNDICE

# Agradecimentos

O GRANDE LUXO DE TRABALHAR NUM PROJETO COMO ESTE é que o autor não está sozinho; aliás, é preciso entrar em contato com uma ampla variedade de consultores e colaboradores. Neste sentido, gostaria de agradecer especialmente a Francesca Barba, que não só me deu assistência em Mônaco, como também me apresentou a várias pessoas especializadas em atendimento a clientes milionários. Devo um agradecimento muito caloroso, também, a Paul Coleman, cujos excelentes contatos levaram a duas entrevistas valiosas. Da mesma maneira, a persistência de Alexandre Wehrlin na Piaget tornou minha visita a essa empresa possível. Evelyne Resnick desarrolhou seu vasto conhecimento sobre vinhos. Genevieve Flaven da S-Vision estava à disposição, como sempre, para oferecer-me conselhos e inspiração. Também tenho uma dívida de gratidão para com Jon Finch, da editora Kogan Page, que continuou sendo paciente apesar de as datas de entrega terem sido ultrapassadas. E, naturalmente, nada teria valido a pena sem Géraldine, cujo amor e apoio não têm preço.

Finalmente, agradeço a todas as pessoas que entrevistei. Elas encontrarão seus nomes nas páginas a seguir. Eis aqueles que trabalharam nos bastidores: Anais Caietta, Joanna Derain, Iris le Floc'h, Piyatchat Jiemvitayanukul, Alix Leonard-Morgan, Julia Marozzi, Karin de Mulder, Monica Paolazzi, Waike Papke, Emanuelle Perrier, Jimmy Pihet, Carole de Poix, Laetizia Saubesty, Alexia Uri. Desejo a todos o que há de melhor em matéria de luxo!

# Introdução: a evolução do luxo

*"Não posso me dar ao luxo de desperdiçar dinheiro com coisas baratas."*

São 10 horas da manhã de um domingo ensolarado e a Avenida Champs Elysées, ao contrário do que costuma acontecer, está silenciosa. Normalmente, o distante Arco do Triunfo está embaçado pela névoa dos gases provenientes dos tubos de descarga de veículos, que estão se deslocando a passo de tartaruga; mas, hoje, a avenida, vista da Praça da Concórdia, está tão límpida quanto um diamante. Pode-se quase imaginar rolos de capim seco impelidos pelo vento, passando sobre a atraente pavimentação de paralelepípedos dessa via pública.

Entretanto, a avenida não está completamente deserta. Uma carreata de três veículos pretos enormes está se deslocando lentamente em direção à loja matriz da Louis Vuitton, na esquina da Avenida George V. Os carros param discretamente diante do estabelecimento, especialmente aberto para essa ocasião. Um motorista uniformizado surge e abre a porta traseira do carro do meio. De seu interior escuro e refrigerado emerge uma visão vestida com um *training* aveludado cor de cereja. O pescoço e o pulso minúsculos da pessoa estão carregados de joias de ouro. Nos seus braços ela traz um cachorrinho Chihuahua. Essa moça mal completou 17 anos e é uma princesa de um dos Estados do Golfo.

A princesa entra escoltada na loja, onde um comprador profissional está à sua disposição para ajudá-la. Embora ele fale algumas línguas, nem sequer precisa usá-las. Quando a princesa vê algo de que gosta, simplesmente aponta para essa coisa. Ao sair da loja, a princesa já gastou dezenas de milhares de euros.

Este incidente, baseado em um fato da vida real, com apenas alguns ligeiros retoques, captura a essência da indústria do luxo; uma marca de elite fazendo o possível e o impossível para oferecer um serviço personalizado a uma cliente disposta a gastar uma quantia alta. Para a maioria de nós, essa princesa habita um mundo cujo cotidiano está a uma distância incrível do nosso. E mesmo assim, as marcas de luxo gastam milhões, todos os anos, tentando convencer-nos do contrário.

Elas já vêm fazendo isso há muito tempo. Certamente desde a virada do século passado, quando os costureiros de grife, que confeccionavam vestidos extremamente caros para um pequeno mercado de mulheres abastadas, começaram a diversificar sua produção para aumentarem sua renda. Em 1911, o estilista Poiret lançou um perfume chamado Rosine, batizado com o nome de sua filha mais velha. O Chanel Nº 5 foi criado em 1921. A casa de Worth lançou mais uma fragrância famosa, Je Reviens, em 1932. Esses lindos frasquinhos eram prismas através dos quais os consumidores diários podiam ter uma ligeira amostra de uma vida de luxo. Outros acessórios começaram a surgir. Na década de 1970, Cartier lançou uma linha de artigos com preços acessíveis chamada "Les Must": isqueiros, canetas, relógios de pulso e chaveiros, todos com o valor inigualável dos produtos desse joalheiro.

No início do século XXI, quando as marcas de luxo já estabelecidas caíram nas mãos de empresas gigantescas com acionistas sofregamente interessados em lucros, esta penetração no mercado de massa se acelerou e se intensificou. Óculos escuros, tênis, echarpes, cintos e carteiras, todos artigos de baixo preço, colocaram o luxo tentadoramente ao nosso alcance. Descobrimos que podíamos entrar na loja Louis Vuitton da Champs Elysées, em Paris, comprar um presente relativamente barato (digamos, uma capa para passaporte com monograma, por 260 dólares) e sermos tratados com uma deferência apenas ligeiramente inferior à dispensada à princesa árabe. Os tentáculos cravejados de cristal do luxo vieram acariciar-nos o espírito, e nós aproveitamos para agarrá-los.

Essa reviravolta virou o jogo do luxo. Como Michel Chevalier e Gérald Mazzalovo observaram no seu livro publicado em 2008, *Lu-*

*xury Brand Management*[1], a definição tradicional de uma marca de luxo era "uma marca seletiva e exclusiva... quase a única marca na sua categoria, o que lhe dava os atributos desejáveis de ser rara, sofisticada e de bom-gosto". A raridade e a "dimensão aristocrática" dessas marcas se fazia acompanhar de um preço bem salgado, o que as tornava inacessíveis à maioria das pessoas. Mas com a democratização do luxo essa definição evoluiu. A sofisticação continuava, mas a seletividade passou a ser menos aparente. Agora havia dois tipos de luxo: o inacessível e o de massa. Os fatores que os ligavam eram "um valor criativo e emocional adicional para o consumidor" e a promessa de qualidade, que ocasionalmente era cumprida.

O surgimento do luxo acessível estimulou uma fascinação pelo setor que gerou livros, documentários, revistas, e até criou celebridades. Quem era Paris Hilton senão uma deusa do luxo acessível, enviada do paraíso dos ricos para entreter as massas? Essa tendência também provocou suspeita de que a palavra "luxo" havia se desvalorizado. A jornalista Dana Thomas defendeu essa ideia com bastante ênfase no seu livro de 2007 – *Deluxe: how luxury lost its lustre.*[2] "A indústria do luxo... sacrificou sua integridade, subverteu seus produtos, manchou sua história e ludibriou seus consumidores", afirmou ela. "Para tornar o luxo 'acessível', os magnatas dessa indústria despiram-na de tudo que a tornava especial."

O luxo havia se tornado sinônimo de "caro", de produtos que nem eram tão bons assim, vendidos a margens de lucro imensas para pagar pelo *marketing* esfuziante que os cercava. Quem trabalhava na indústria passou a procurar termos alternativos para designar os itens realmente luxuosos. Tyler Brûlé, fundador das revistas *Wallpaper* e *Monocle*, dirigidas a um mercado de elite, sugeriu o termo "über-premium", algo que ele descrevia como "o projeto do novo luxo". A ideia era resgatar o luxo em sua forma original, "procurando a fonte das matérias-primas mais raras, reduzindo os números dos artigos produzidos e [retornando à] disponibilidade em lojas únicas". Brûlé sugeria que se fechassem as

---

[1] Administração das Marcas de Luxo. (N.T.)

[2] Deluxe: Como o luxo perdeu o brilho. (N.T.)

grandes cadeias de lojas e, em vez delas, se abrisse uma loja que oferecesse aos clientes "um espaço incrível na Avenida Madison". Não importava se o produto estivesse disponível apenas em, digamos, Tóquio: "você tem que comprar uma passagem naquele voo da Japan Airlines se quiser comprar esse produto" ("Über-Premium Separa os Bacanas dos Sem Grana", *The Age*, 10 de dezembro de 2006).

A loja de departamentos Selfridges em Londres também rejeitou aquela palavra que começa com L ao lançar um espaço dedicado a produtos finos em setembro de 2007, batizando-o de Salão das Maravilhas, em vez de usar a palavra "luxo". "Queríamos uma palavra que representasse algo especial, acessível e empolgante", disse a diretora criativa Alannah Weston, ao *Financial Times*. "A palavra 'luxo' me parecia ultrapassada' ("O que luxo significa agora", 7 de setembro de 2007).

A restrição ao crédito e a crise financeira global que se seguiram anunciaram uma nova fase. À medida que a economia ia entrando em uma espiral de recessão, a maioria dos consumidores passou a ser obrigada a renunciar aos produtos de luxo, acessíveis ou não. Contudo, o conceito de luxo era fascinante demais para ser completamente banido.

## ALÉM DO BRILHO

Enquanto as pessoas normais procuravam encolher seus sonhos para eles caberem na realidade, os consultores das marcas de luxo, uma raça que tinha proliferado com a democratização do setor, aconselhavam seus clientes a se concentrarem nos super-ricos: em outras palavras, no mercado "über-premium". O número de bilionários tinha aumentado assustadoramente nos anos anteriores, e a riqueza de cada um deles continuava a crescer em relação ao resto da sociedade.

A fascinação da mídia pelo setor continuava no mesmo nível. Aliás, a mídia tinha interesse em promover os produtos de luxo. Muitos jornais tinham lançado suplementos falando sobre um "estilo de vida luxuoso", procurando obter anúncios de grifes. Essa tendência provavelmente começou com a revista *How to Spend It* do *Financial Times*, lançada em 1994. Adições mais recentes a esse gênero incluem *Time Style & Design*

(2003), a revista *T* do *New York Times* (2004) e a *WSI* do *The Wall Street Jounal*, lançada no auge da recessão, em setembro de 2008. Esse último suplemento dava a impressão de ser uma proposta arriscada, mas os propagandistas do luxo são atraentes para os editores exatamente porque seus produtos mais caros são considerados à prova de recessão.

Vale dizer que, mesmo nos seus momentos mais difíceis, as marcas de luxo apenas falam em "redução de vendas", não em colapso. A verdade é que essas marcas são duras na queda. Em 2007, a Verdict Research estimou o mercado de produtos de luxo em 263 bilhões de dólares. Dois anos depois, no fundo do poço econômico, a Hermès anunciou uma modesta elevação nos lucros. A LVMH, empresa detentora da marca Louis Vuitton, declarou que aquela marca tinha voltado a atingir milhares de dólares em vendas na Ásia, que responde por quase 40% dos consumidores de luxo. Enquanto o mercado global do luxo mergulhava no vermelho, as vendas no Oriente Médio e na China cresceram 2% e 7%, respectivamente. A recessão abalou os gigantes do luxo, mas eles se consolaram com a ideia de que, de alguma forma, iam receber proteção contra a fúria da tempestade.

Um artigo da *International Herald Tribune* captou esse clima de frágil confiança. O estilista Karl Lagerfeld afirmou nesse artigo que a recessão era simplesmente um momento de faxina "moral e física". "Não há evolução criativa se não houver momentos dramáticos como este", declarou ele, acrescentando: "Acabou a fase do brilho". No mesmo artigo, Frédéric Verbrugghe, diretor do departamento de produtos alimentícios de uma loja de departamentos de luxo, a Le Bon Marché, veio com uma interpretação mais comedida. Disse ele que os consumidores agora passariam a procurar produtos de luxo que expressassem *savoir faire* em vez de extravagância ("No colo do luxo, Paris se contorce", 15 de janeiro de 2009).

Isto faz um paralelo da teoria do "voo da qualidade": dada a escolha entre comprar um produto finamente produzido à mão e caro, que durará mais, ou comprar um produto de prateleira, que estará despedaçado alguns meses depois – o cliente que tem discernimento prefere a primeira opção. Como disse um homem elegantemente vestido uma vez a mim em uma loja de departamentos francesa, quando tínhamos concordado sobre a qualidade duvidosa de uma seleção de gravatas: "Não posso me dar ao luxo de jogar dinheiro fora comprando coisas baratas".

A falta de dinheiro não parece limitar nossa apreciação pelo luxo. Somos tentados a desprezar aqueles que apreciam estilos de vida suntuosos, mas isso, por algum motivo, parece apenas inveja pura. Em uma entrevista diferente, desta vez para o programa *Today* da Radio 4 da BBC, Lagerfeld observou: "Se as pessoas não sonhassem... perguntariam por que se levantam pela manhã... Se apenas quiséssemos coisas que podemos comprar, tudo seria uma chatice só... É horrível pensar que [as coisas] não deviam existir porque você não pode comprá-las" (2 de fevereiro de 2009).

Finalmente, resta o argumento de que o verdadeiro luxo não tem preço. "As definições de luxo mudam de acordo com a época, o local e a pessoa que o define", observa Lorenz Bäumer, que cria joias para a Louis Vuitton. Ele menciona o esquema de aluguel de bicicletas Vélib em Paris, que permite que os pedestres tomem emprestado uma bicicleta contanto que façam um depósito com seu cartão de crédito, que será restituído depois. "Hoje em dia é possível pegar uma bicicleta em qualquer parte de Paris e pedalar por toda a cidade sem pagar nada. Isso, para mim, é um tremendo luxo."

O objetivo do presente volume é refletir sobre diferentes interpretações de luxo examinando mais de perto diversos produtos e serviços. Qual é o histórico dessas marcas? Como elas se comunicam com seus clientes? O que elas possuem em comum, se é que há algo em comum entre elas? E como elas estão suportando a atual turbulência mundial?

## A NECESSIDADE DO LUXO

O luxo pode perfeitamente ser uma necessidade básica do ser humano, uma forma de receber algo para compensar a crueldade da vida. Essa necessidade, aparentemente, já existe desde o início dos tempos. Em seu livro de história, publicado em 1992, *Histoire du Luxe en France,* Jean Castarède menciona uma estatueta de marfim de 30.000 anos de idade conhecida como Vênus de Brassempouy. Ele observa que ela tem cabelos trançados. "Por mais bizarro que isso possa parecer, uma das primeiras preocupações do homem (ou da mulher) não foi obter roupas nem garantir proteção, mas seduzir." A ornamentação precedeu as roupas e as armas, argumenta ele.

Castarède também observa que o homem primitivo possuía uma das nossas necessidades básicas, que é sonhar. Os sonhos e desejos ardentes provocam não só autoexpressão através da arte, mas também o impulso de "destacar-se através da ornamentação, estabelecer um marco através de monumentos, seduzir outros adquirindo ou oferecendo objetos raros e, finalmente, aproveitar melhor a vida melhorando a nossa alimentação e nosso ambiente. *Voilà le luxe*".

Em outras palavras, o homem vem aspirando a obter melhores coisas desde que viu as estrelas pela primeira vez.

Os impulsos primitivos por trás de nosso desejo de consumir luxo também nos impelem a fornecer uma definição mais clara desta palavra um tanto vaga. Como sugere Castarède, o luxo costuma ser associado com o reino dos sentidos: imagens, odores, sabores e sensações voluptuosas. Aliás, a sensualidade é um componente chave de muitas marcas de luxo.

Chiristopher J. Berry oferece-nos mais indícios em seu livro *The Idea of Luxury* (1994).[3] Ele afirma que muitas vezes se interpreta erroneamente o luxo como tudo que é supérfluo. Mas "se forem necessários seis parafusos para prender uma prateleira, então um número superior a esse é mera redundância... [e portanto] um sétimo parafuso não representa um produto de luxo 'refinado'." Em vez disso, Berry nos apresenta a ideia de que luxo é um refinamento de algo que já existe. Não é supérfluo, mas é algo que pode ser substituído. Em outras palavras, qualquer calhambeque de segunda mão leva as pessoas do ponto de origem ao de destino, mas um Bentley oferece um prazer sensorial adicional.

Berry comenta que os produtos e serviços de luxo atraem a todos, muito embora estejam fora do alcance da maioria. Os livros de antiquários e selos raros podem ser extremamente preciosos para grupos de colecionadores deste nicho de mercado, mas apesar de seu valor não são considerados artigos de luxo. Todos nós, porém, podemos imaginar-nos passando um fim de semana em um hotel cinco estrelas. Para Berry,

[3] O Conceito do Luxo. (N.T.)

o luxo tem categorias distintas: comida e bebida, roupas e acessórios, refúgio e lazer. Eu acrescentaria transporte à lista. Estas são áreas onde o que é básico está disponível para a maioria de nós, mas onde os substitutos luxuosos se encontram disponíveis para poucos.

Usei as categorias acima como guia ao estruturar este livro. Mas também desejei incluir ideias menos tangíveis de luxo. Para muitos de nós, do mundo desenvolvido, "luxo" não é só ter produtos caros. Também inclui o tempo. Talvez faça mais sentido economizar o dinheiro que gastamos em acessórios Dior baratos e usa-lo na lavanderia, para podermos ter um tempo maior com nossos filhos ou ler um livro em vez de passar nossas camisas a ferro. Também existe o luxo da experiência. Prefiro tomar café da manhã na varanda e beber coquetéis à beira da piscina, mas uma viagem ecológica ao Amazonas ou uma excursão a Florença com um especialista em arte renascentista também são férias de luxo. E graças à vida cheia que levamos no nosso trabalho, a obtenção de conhecimento se tornou um luxo por si mesma.

Uma coisa que todas as marcas de sucesso possuem em comum é uma história magnífica. O setor do luxo, em especial, encontra-se repleto de sagas contando como os empresários passaram do lixo ao luxo (e, frequentemente, de um luxo baixo nível a alto nível). Stuart McCullough, chefe de vendas e *marketing* da Bentley, afirmou isso depois de relatar a história dessa marca de automóvel. "A mesma narrativa se encontra por trás de quase toda marca de luxo que nos damos o trabalho de examinar. Sempre há um herói. Eles encaram uma adversidade de frente. E o sucesso de que eles gozam hoje é a realização definitiva de seus sonhos."

Contar algumas dessas histórias se tornou um de meus objetivos. Também me ofereceu a oportunidade de conhecer algumas pessoas que estão por trás das marcas de luxo.

## *SAVOIR FAIRE*

A verdadeira inspiração deste livro foi Paris, que vem sendo minha residência faz uma boa parte da presente década. Há muitas facetas nesta cidade, mas sua fachada, pelo menos, é opulenta. Das vitrines de lojas da Avenida Montaigne até os estudantes de bom gosto que combinam H&M com Dior, das joalherias finas da Praça Vendôme até os doces semelhantes a joias da confeitaria Ladurée, vejo lampejos de luxo quase todos os dias. Essa constante exposição a um mundo que fica, durante a maior parte do tempo, logo além do meu alcance, me instigou a realizar uma investigação mais detalhada. Passei pelos portões dourados da alta sociedade usando o único meio à minha disposição: um crachá de imprensa e uma lista de perguntas.

E embora eu admita ser meio bairrista, parece-me justo que se deva dedicar uma grande parte de qualquer pesquisa sobre o mundo do luxo à capital francesa. Aliás, há muitos partidários da ideia de que Paris é o berço do luxo moderno.

Em *Le Flâneur*, sua carta de amor à cidade, de 2001, o autor Edmund White comenta: "Os franceses inventaram a ideia do *luxe*, e sempre estiveram dispostos a pagar por ele... um ritual da vida parisiense é trocar *les bonnes addresses*, ou seja, recomendar os nomes e os endereços de algum talentoso estofador, chapeleiro ou restaurador de cadeiras ou de uma adorável costureirinha de bairro."

Embora a cidade já venha sendo associada ao prazer há muito tempo (até mesmo os romanos elogiavam seu clima temperado), a sistematização do luxo começou com Luís XIV. Como nos revela o historiador Jean Castarède, sob o Rei Sol "o luxo francês se tornou uma profissão". Na fortaleza espelhada de Versalhes, Luís estabeleceu o padrão da opulência, elevando-o tanto que até mesmo os nobres mais opulentos sentiam dificuldade de competir com o rei. Ele dedicava horas a sua toalete pessoal, e literalmente ditava as modas da época. "Uma palavra sua era suficiente para garantir que um gibão com fendas demais fosse revisado, ou que uma moda que não estivesse a seu gosto desaparecesse", afirma Castarède.

A vaidade de Luís provinha de um impulso psicológico familiar: a insegurança. Quando criança, havia sido quase morto pela Fronde (movimento popular que tinha o mesmo nome de um tipo de estilingue), uma insurreição política durante a qual os revoltosos chegaram às portas do Palácio Real. Um dos rebeldes chegou a entrar nos aposentos do rei, mas perdeu o rebolado ao ver o garoto de 12 anos adormecido. O precoce Luís sufocou esta revolta mais tarde assumindo o controle do parlamento ("O Estado sou eu"), e subornando os líderes da rebelião. Mas o rei nunca se esqueceu de que o povo podia se revoltar contra ele. Saiu de Paris, indo morar em uma mansão de campo nos subúrbios, que transformou em uma fortaleza deslumbrante. A corte de Versalhes se tornou um teatro no qual Luís desempenhava o papel principal, usando sempre sua vestimenta mais elaborada.

Porém, os gostos do rei foram além da moda, influenciando a arquitetura, a jardinagem, os móveis e as artes decorativas. A paixão de Luís XIV pelo luxo garantiu o desenvolvimento de uma indústria inteira para servi-lo.

Daí por diante, Paris passou a viver eternamente ligada ao *le luxe,* mesmo após a revolução. Mas antes de chegarmos a essa época devíamos mencionar outra personalidade que usou Versalhes como seu *playground* particular: Maria Antonieta. "Esta menina de 15 anos", como a descreve Castarède, "metida no ambiente embriagante da corte mais elevada e deslumbrante do mundo... desde sua chegada à França passou a ver a vida, equivocadamente, como um baile à fantasia, e a realeza, como uma sucessão de desfiles de moda."

A princípio, a rainha e a cidade pareciam feitas uma para a outra. Em sua biografia de Maria Antonieta, lançada em 2001, Antonia Fraser observa que "Paris era uma cidade dependente do apoio financeiro dos nobres e ricos para manter suas indústrias, que fabricavam principalmente produtos luxuosos e semiluxuosos. Em um país onde os detalhes de aparência, fantasias e apresentação eram 'essenciais', Maria Antonieta era uma consorte adequada."

Sabemos no que deu esse estilo de vida extravagante que a rainha levava, mas a França pós-revolucionária não perdeu inteiramente o gosto pelo luxo. E Napoleão não estava em posição de oferecer uma solução, a julgar pelos saques que trazia depois de suas vitórias na Europa e pelos bailes opulentos que organizou para comemorá-las. Quanto a seus gostos pessoais, o imperador era cliente do relojoeiro Breguet e consumidor contumaz de água-de-colônia. Nesse particular, ele recendia a perfume quase tanto quanto sua imperatriz, Josefina, que iniciou a indústria de perfumes francesa praticamente sozinha.

Foi durante o Segundo Império, no reinado de Napoleão III, que o luxo da França começou a assumir a forma familiar a todos hoje em dia. Muitas marcas que continuam sendo a essência da elegância francesa foram fundadas no século XIX. Louis-François Cartier fundou sua empresa de joalheria em 1847, e mais tarde passou-a para as mãos do seu filho, Alfred. A companhia mudou-se em 1899 para um endereço elegante da Rue de la Paix, perto do hotel Ritz e seu interminável fluxo de clientes abastados, onde está até hoje. Apenas seis anos antes, Boucheron tinha se mudado para a Praça Vendôme, que fica perto, e onde visitantes podem ainda admirar suas vitrines faiscantes. Thierry Hermès havia fundado sua famosa selaria e loja de equipamentos de equitação em 1837. Em 1880 a Hermès transferiu-se para seu endereço atual, no número 24 da Rue du Faubourg Saint-Honoré, que na época ficava próxima às casas e estábulos da aristocracia.

Em 1854, um fabricante de malas chamado Louis Vuitton abriu sua oficina a um passo das lojas de Cartier e Boucheron. Os modelos de Vuitton refletiam sua época. Tradicionalmente, as malas dos viajantes tinham tampas arredondadas, feitas para escorrer a água da chuva ao serem transportadas sobre as carruagens. Só que as malas de Vuitton tinham tampas planas, o que facilitava seu empilhamento nos carrinhos de bagagem ou nos porões dos navios. As malas eram feitas de álamo resistente e revestidas de lona cinza impermeável. Esse modelo se tornou tão popular que Vuitton começou a imprimir seu nome nele de maneira simétrica, transformando as malas em acessórios de grife.

Hoje em dia a Louis Vuitton faz parte de um conglomerado monstruoso, o LVMH (Moët Hennessy, Louis Vouitton). Um ex-corretor imobiliário, chamado Bernard Arnault, assumiu o controle do grupo em 1989. Dois anos antes ele tinha comprado a Boussac, a firma de artigos têxteis que era dona da casa de moda Christian Dior, dando início ao que se tornaria um império do luxo.

A presença do LVMH é mais um motivo para a proeminência da França no mundo do luxo. Há na realidade três conglomerados desse tipo, que juntos transformaram o luxo, convertendo-o de domínio de artesãos discretos em uma indústria multibilionária. Esses conglomerados são, por ordem de tamanho, o LVMH, o Richemont e o PPR (proprietária do Grupo Gucci, que além de possuir a grife homônima, também controla uma série de outras marcas, como Boucheron, Yves Saint Laurent, Bottega Veneta, Balenciaga, Stella McCartney e Alexander McQueen). Estas são, inquestionavelmente, as empresas mais poderosas no mercado do luxo, e a sede de todos os três conglomerados fica em Paris.

A Itália pode também apresentar-se como séria candidata ao trono do luxo, com suas excelentes grifes de moda *prêt-à-porter* e produtos de couro, mas a França é muito mais forte nas áreas de vinhos e bebidas alcoólicas, fragrâncias e cosméticos, relógios, joalheria e louças.

Em suma, Paris situa-se no coração do mundo do luxo. E é lá que começa nossa jornada.

1

# Os tecelões de sonhos

*"Enquanto houver sociedade, sempre haverá moda."*

NÃO FOI SURPREENDENTE o fato de o funeral de Yves Saint Laurent lembrar um desfile de moda. Diante da Igreja de Saint Roch, uma interrupção no corredor estreito repleto de butiques da Rue Saint-Honoré, o grupo de fotógrafos amontoados lembrava a bateria de lentes que fica ao final de toda passarela. E, naturalmente, ninguém entrava na igreja se não estivesse na lista.

Mas Yves Saint Laurent também era um tesouro nacional francês, portanto, empregaram-se todos os esforços para incluir o público. Embora a rua estivesse fechada ao trânsito, podíamos assistir aos astros e estrelas da moda que chegavam, atrás das barreiras de metal que nos mantinham a uma distância segura. Um telão gigante diante da igreja projetou imagens do cortejo fúnebre e, depois, da cerimônia.

O dia 5 de junho de 2008 estava nublado, o céu cinzento parecendo comprimir o público que se acotovelava na ruela. Do outro lado da rua, em frente à igreja, senhoras encarquilhadas, vestidas de preto, aventuravam-se a surgir nas varandas de seus apartamentos, como figuras prevendo chuva em um relógio meteorológico. Mais senhoras de certa idade imiscuíram-se no meio da multidão, com seus vestidos Yves Saint Laurent ainda cheirando a naftalina. O clima era solene, permeado por uma estranha sensação de orgulho. Seria difícil imaginar os cidadãos de outros países reagindo de maneira tão comovida à passagem de um estilista de moda.

"Graças a Deus começou às três e meia", disse um homem a meu lado. "Assim tive tempo de terminar o almoço."

Estilistas de renome da atualidade vieram apresentar suas condolências: John Galliano, Jean-Paul Gaultier, Hubert de Givenchy, Christian Lacroix, Kenzo Takada, Valentino... Não tardou que houvesse mais grifes dentro da igreja do que em uma loja de departamentos. A atriz Catherine Deneuve, cujas aparições na tela em trajes assinados por Saint Laurent ajudaram a definir a imagem sofisticada da grife, subiu os degraus segurando um buquê de trigo verde. Ao abraçar Pierre Bergé, ela enxugou uma lágrima. Bergé era o coordenador comercial por trás da marca Saint Laurent, e foi, durante muitos anos, o parceiro do estilista, em sua vida e também em seu trabalho. O presidente Nicolas Sarkozy compareceu acompanhado por Carla, primeira-dama e ex-modelo da Yves Saint Laurent.

Finalmente, chegou o caixão de carvalho reluzente. Quando o levaram para dentro da igreja, a multidão irrompeu em aplausos. O grande estilista tinha percorrido a passarela pela última vez. Não haveria mais ninguém como ele, diziam todos. Era o fim de uma era.

## COMO COMEÇOU O *PRÊT-À-PORTER*

"Em matéria de moda, sempre é o fim de uma era", afirma Didier Grumbach, presidente da Federação Francesa da Alta-Costura, que organiza as coleções de Paris, educa a próxima geração de estilistas e é, de forma geral, quem mantém acesa a chama da moda francesa. "Foi o fim de uma era também quando [Cristóbal] Balenciaga fechou seu ateliê de moda em 1968. E no entanto, hoje em dia, Balenciaga é uma grife que está de volta, em plena recuperação. A moda é meramente um reflexo da sociedade. Enquanto houver sociedade, haverá sempre moda."

O que Grumbach reconhece, porém, é a tremenda influência de Saint Laurent na moda do final do século XX e início do século XXI. "Os trajes da mulher moderna devem muito a Saint Laurent. As roupas inspiradas em seus modelos constituem a base dos guarda-roupas de muitos milhões de mulheres."

Por essa e outras razões, Yves Saint Laurent é uma figura ideal para se estudar quando examinamos a longa jornada da moda de luxo da alta--costura até as lojas populares. Mas para apreciar o papel crucial que ele desempenhou, precisamos primeiro examinar alguns de seus precursores. O arquétipo do estilista de moda deve muito ao exemplo de um inglês chamado Charles Frederick Worth, que saiu de Londres em 1847 com apenas cinco libras no bolso e se tornou o figurinista das imperatrizes.

Tradicionalmente, os costureiros franceses eram fornecedores modestos, cujas criações dependiam mais dos caprichos dos seus clientes do que de suas próprias imaginações. Uma possível exceção foi Rose Bertin, uma dona de armarinho e costureira que se tornou estilista pessoal de Maria Antonieta. Bertin entrou nos círculos da corte graças a seus inúmeros fregueses aristocratas. O patrocínio de uma megaestrela como Maria Antonieta elevou sua reputação a alturas estratosféricas, permitindo que ela bancasse a prima-dona na sua loja da Rue Saint Honoré. Quando um cliente esnobe a visitava, Bertin dizia: "Mostre à madame minhas últimas criações para sua Majestade". Ela pode ter ganho o apelido de "Ministra da Moda", mas não está claro até que ponto Bertin ditava o que devia ser feito, quando estava na presença da rainha do estilo. As duas, em certos momentos, davam a impressão de serem confidentes mal-intencionadas que viviam se desafiando, mutuamente, a dar um passo maior que a perna.

Worth, por outro lado, era um déspota da moda. Ele convencia suas clientes a adotarem os gostos que ele ditava e estava determinado a tornar seus modelos exclusivos, diferentes dos de qualquer outro costureiro. "Minha missão é inventar: a criatividade é o segredo do meu sucesso," gabava-se ele. Esta sua determinação ficou clara desde o início, quando ele estava trabalhando como balconista uma casa de tecidos em Paris, a Gagelin e Opigez. Alguns clientes admiraram o corte do vestido que Worth tinha feito para a esposa dele, que também trabalhava na loja. Em breve, ele já possuía sua própria loja, e estava prometendo liberar as mulheres de sua crinolina, avisando-as de que apenas ele possuía o talento de refinar-lhe as silhuetas. Ou seja, Worth defendia a confecção sob medida com uma pitada extra de autopromoção. Na virada do século, a moda do dia a dia cedeu lugar à alta-costura.

Worth e seus sucessores, dentre eles Poiret e Vionnet, fundaram as primeiras grifes de moda. Mas embora os modelos dessas casas de moda de Paris fossem adaptados e interpretados por costureiros provincianos, os estilistas eram, na verdade, costureiros particulares confeccionando itens individuais para clientes específicos. A alta-costura restringia-se a criações exclusivas sob medida. O conceito de trajes produzidos em massa para serem exibidos em lojas não existia. Porém, a mecanização da indústria têxtil junto com o surgimento das lojas de departamentos foram fatores fundamentais para o próximo e inevitável passo da moda: o *prêt-à-porter*.

Yves Saint-Laurent não foi, de jeito nenhum, o inventor do *prêt-à--porter* (ou "pronto para usar", traduzindo do francês), mas provavelmente foi o seu expoente mais criativo. Como revela o livro de autoria de Didier Grumbach, publicado em 1993, *Histoires de Mode*, os estilistas tinham feito experiências com séries de trajes prontos para usar desde pelo menos a década de 1920. Durante aquela década, Madeleine Vionnet assinou um contrato com um ateliê independente de Paris para confeccionar reproduções de seus modelos com etiquetas, contanto que nunca se vendessem mais do que três exemplares de cada um. E logo após a II Guerra Mundial, quando o Plano Marshall dos americanos foi aplicado para acelerar a recuperação econômica da Europa, propôs-se, em certa ocasião, um projeto de fundação de uma fábrica que produziria versões de modelos de costureiros franceses etiquetados para exportação. Na época, as casas de moda parisienses reprovaram a ideia.

Alguns anos depois, em 1950, um grupo de especialistas em moda (entre eles Jean Gaumont-Lanvin, sobrinho da estilista Jeanne Lanvin), formou uma empresa chamada Couturiers Associés. Ela produziria linhas de trajes prontos para usar de alta qualidade baseadas em desenhos fornecidos por estilistas de moda. A etiqueta traria o nome do estilista e também o da empresa. Dessa vez, cinco estilistas concordaram em participar: Jacques Fath, Robert Piguet, Paquin, Carven e Jean Dessès. Cada um deles contribuiria com sete modelos por estação. Os trajes foram confeccionados em ateliês de costura. Para promover as coleções, realizavam-se desfiles de moda em lojas de departamentos, cassinos e hotéis em toda a França.

Essa empresa foi a precursora dos impérios da moda luxuosos de hoje, mas só durou três anos. O mercado da moda cara produzida em massa ainda era pequeno, e era impossível prever quais os trajes que seriam efetivamente vendidos. Isso foi em uma época anterior às campanhas de *marketing* e à cobertura da mídia, que combinadas criariam o conceito de "tendência". A pesquisa de mercado existia, mas veio tarde demais. A falta de capital, os desentendimentos internos e a incapacidade de atrair um mercado alvo adequado se combinaram para encerrar essa experiência.

Uma abordagem muito melhor sucedida ao *prêt-à-porter* foi a idealizada por um estilista que passou a estar eternamente ligado aos anos 1960 como um dos propagadores da minissaia: Andrès Courrèges. Em uma década onde a tecnologia estava na moda e a moda estava sendo inspirada pelo modo de vestir do cidadão comum, Courrèges não via razão para trajes produzidos industrialmente não coexistirem com criações de alta-costura produzidas à mão em ateliês. Aliás, ele exibia ambas as coleções na passarela como forma de demonstrar que um público menos abastado poderia também vestir-se segundo o estilo Courrèges.

"Courrèges foi o primeiro a entender que a alta-costura é que liderava as tendências", diz Didier Grumbach. "A coleção de alta-costura estabelecia a imagem necessária de alto nível da marca, que por sua vez se refletia na linha *prêt-à-porter*."

A estratégia funcionou. Em 1967, Courrèges abriu sua primeira butique de *prêt-à-porter* em Paris. Durante a década seguinte, ele expandiu sua empresa pelo mundo inteiro, com 28 lojas nos Estados Unidos, 20 na Alemanha, 17 no Japão e 3 em Hong Kong. As vendas subiram vertiginosamente de 17 milhões de francos em 1970 para 68 milhões em 1973. Claramente, esse nível de demanda não podia ser atendido apenas pelos ateliês franceses. Em 1972, Courrèges construiu sua própria fábrica em Pau, a cidade do sudoeste da França onde havia nascido. Durante a crise do petróleo, em meados da década de 1970, a empresa foi forçada a fazer uma reestruturação, mas a essa altura Courrèges já havia se tornado uma das primeiras marcas globais do *prêt-à-porter*.

Não é coincidência Courrèges estar associado a trajes "futuristas" como vestidos de formato trapezoide e botas reluzentes de astronauta.

Sendo um profissional que enxergava o futuro, ele compreendia a importância do controle de qualidade para a imagem da marca.

Até mesmo hoje são poucas as etiquetas de *prêt-à-porter* que confeccionam suas próprias roupas. Uma etiqueta de alta moda é simplesmente isso: o nome de um estilista costurado em um traje feito em uma fábrica. Naturalmente, os fabricantes procuram não fazer alarde. Por exemplo, a Staff International. A empresa foi fundada em 1985 em Noventa Vicentina, na Itália. Pertencente ao grupo Diesel desde 2000, ela confecciona roupas para estilistas como Martin Margiela, Marc Jacobs, Vivienne Westwood e Sophia Kokosalaki. Outros nomes na trama de sua história incluem Karl Lagerfeld, Valentino, Costume National e Missoni. Através de serviços como seu "ateliê de tricôs," a empresa garante que os trajes que terminamos usando estejam de acordo com a visão original do estilista. Mas a empresa também presta outros tipos de auxílio aos estilistas: cada marca tem uma equipe dedicada que trabalha nos produtos e estilização, pesquisa e desenvolvimento, vendas e produção. A Staff International também possui uma divisão de imprensa e comunicação que dá consultoria sobre Relações Públicas, estratégia de *branding* e publicidade. E sua divisão de distribuição garante que as roupas sejam enviadas para as lojas certas.

A história da produção (ou "confection", como é conhecida na França) dos trajes de *prêt-à-porter* é muito longa. O próprio Didier Grumbach esteve envolvido na fabricação de trajes para estilistas. Em 1954, como ele narra no seu livro, o jovem Grumbach entrou na C Mendès, uma empresa fundada pelo seu avô Cerf Mendès-France 80 anos antes. Ao longo dos anos a empresa confeccionou roupas para gente como Jeanne Lanvin, Jean Patou, Emanuel Ungaro, Guy Laroche, Givenchy, Balenciaga e, finalmente, Yves Saint Laurent.

## O LEGADO DE YSL

Saint Laurent foi o primeiro estilista a tornar o *prêt-à-porter* desejável, e, o que foi fundamental, tão bem visto quanto a alta-costura. Talvez tenha sido porque, apesar de comportar-se como um intelectual, ele fosse um populista de coração. Quando sua carreira já estava consolidada, ele brincou, dizendo que seu maior desejo era ter inventado a calça *jeans*. Ele nasceu em uma família rica na Argélia, que na época era uma colônia francesa, em 1936. Em 1953, chegou a Paris, um garoto magricela de 17 anos, com um maço de desenhos debaixo do braço, solicitando e conseguindo uma entrevista com Michael de Brunhoff, editor da *Vogue*. Depois de dar uma olhada nos esboços, segundo a lenda, Brunhoff mandou Saint Laurent para a Christian Dior.

E ali o estilista precoce ficou, assumindo o leme quando Dior morreu prematuramente em 1957. Após criar seis coleções, algumas das quais dividiram os críticos, Saint Laurent foi convocado para a guerra de independência da Argélia contra a França. Qualquer um poderia dizer que Saint Laurent não tinha preparo físico para prestar serviço militar. Ele foi hospitalizado depois de apenas 20 dias com depressão grave. Quando voltou, no final de 1960, tinha perdido seu emprego na Dior. Só que agora estava pronto, ou pelo menos tão pronto quando sua timidez lhe permitia estar, para fundar sua própria casa de moda. E seu parceiro Pierre Bergé estava ao seu lado, cuidando da parte comercial e financeira enquanto o estilista tecia os seus sonhos.

Os dois logo perceberam que Paris não podia se dar ao luxo de manter sua postura aristocrática, não no clima acelerado e descontraído dos anos 1960. Eles criaram uma marca à parte, chamada Yves Saint Laurent Rive Gauche e, em 1966, abriram uma pequena butique em Saint Germain. O nome e o local foram cuidadosamente escolhidos. Na época, a Rive Gauche de Paris era considerada boêmia, literária e ligeiramente rebelde: dois anos depois, seus estudantes estariam envolvidos diretamente nos protestos de maio que quase depuseram o governo. Certamente aquele mundo estava muito distante das *maisons* cintilantes de alta-costura e de sua clientela arrogante. Como tal, era um ponto de reunião ideal para uma revolução da moda que vestiria as mulheres com jaquetas estilo safári, *smokings* e terninhos.

Em sua biografia de Yves Saint Laurent, publicada em 2002, o jornalista Laurence Benaïm evoca o interior laqueado em vermelho e preto da butique, e suas cadeiras Barcelona angulosas de Mies Van der Rohe. A ex-padaria comprida e estreita foi reconfigurada por Isabelle Hebey, decoradora que considerava o aço e a madeira laminada a versão contemporânea dos lambris de madeira. "A loja da YSL Rive Gauche se transformou rapidamente numa espécie de boate parisiense diurna", escreve Benaïm. Quanto às roupas, não passavam um "luxo da riqueza, mas sim da assertividade". Pierre Bergé observou que, enquanto Chanel liberava as mulheres, Saint Laurent lhes dava poder. Bem antes das ombreiras da década de 1980, ele criou toda uma paleta de estilos para a mulher independente.

A Yves Saint Laurent Rive Gauche era bem mais do que uma linha secundária, conforme Didier Grumbach narra: "[Saint Laurent] trouxe uma nova importância ao *prêt-à-porter*. Ele descobriu que o trabalho da alta-costura (solitário, constantemente exigindo perfeição, imediatamente consumível) é, no final das contas, menos criativo do que o do *prêt-à-porter*, que tenta adivinhar os desejos das mulheres propondo, antecipadamente, novos estilos. Desde a primeira estação ele ultrapassou a alta-costura com seu brilhantismo, maestria e invenção, impondo com o *prêt-à-porter* sua [visão de] moda no mundo inteiro."

Através de um sistema de franquias, a Yves Saint Laurent Rive Gauche cresceu até tornar-se uma rede global de lojas. A YSL também adotou a estratégia de licenciamento que depois manchou as imagens de alguns estilistas. Seu mais entusiástico expoente foi Pierre Cardin, outro pioneiro do *prêt-à-porter* parisiense. Cardin deu licença aos fabricantes para que seu nome fosse usado em todo tipo de objetos, desde canetas até panelas. Os estilistas tinham percebido que, com a alta-costura gerando um sonho etéreo no ponto mais alto do mercado, eles poderiam ganhar verdadeiras fortunas cortando o sonho em vários pedacinhos e vendendo-o sob forma de produtos de grife, frequentemente bastante ordinários, ao nível mais baixo do mercado. Ao perceber finalmente que isso estava sendo prejudicial, a maioria das grifes de moda tratou de restringir a concessão de licenças na década de 1990. Hoje em dia, embora a maior parte dos lucros ainda venha das vendas de fragrâncias, óculos escuros e outros acessórios, as grifes mantêm um controle estrito sobre a criação e a confecção dos produtos que levam seus nomes.

Embora Yves Saint Laurent não tivesse nada contra alimentar esta demanda por licenças, se deu muito melhor do que a maioria, lançando perfumes de um sucesso incrível como o Rive Gauche (1971) e o Opium (1978). Aliás, de acordo com Laurence Benaïm, na época em que a casa de moda de YSL em Paris estava comemorando seu 30º aniversário, em 1992, nada menos que 82% da sua renda provinha de fragrâncias e cosméticos. Das 2.993 pessoas que trabalhavam na YSL, apenas 533 estavam dedicadas à alta-costura. Isso reflete, num microcosmo, a estrutura da indústria de moda inteira. Era uma confirmação clara de que a YSL tinha transcendido o material: para milhões de pessoas ao redor do mundo, essas três letras evocavam um invejável estilo de vida parisiense que podia ser engarrafado e embalado. Inevitavelmente, a casa se envolveu na febre de aquisição e compra de grifes estreladas que afetou a indústria de moda durante toda a década de 1990, e que ainda hoje está exercendo impacto sobre esse setor.

A Elf-Sanofi adquiriu a parte da Yves Saint Laurent que se dedicava a fragrâncias e cosméticos em janeiro de 1993, sendo que Saint Laurent e Pierre Bergé conservaram o controle da casa de moda. Seis anos depois, porém, tanto os cosméticos como a casa de moda foram comprados por François Pinault e seu grupo varejista PPR. O mesmo grupo logo passou à frente do LVMH em uma disputa para obter o controle da Gucci. O mundo da moda tinha mudado. Empresas que haviam começado pequenas, quase como negócios de família, agora faziam parte de mecanismos comerciais bem lubrificados; e então Saint Laurent descobriu que moda não era mais a sua praia. Quando ele morreu, já estava aposentado, tendo se afastado do mundo da moda havia seis anos.

Mais para o final de sua vida, porém, ele teve uma oportunidade de ver como outros estilistas poderiam interpretar seu legado. A princípio, o PPR havia trazido o figurinista americano Tom Ford para supervisionar a marca YSL. Ford havia se tornado um verdadeiro astro, quando converteu a Gucci de uma empresa apagada que vendia bolsas de luxo em uma grife de apelo altamente sensual, com tudo que esse tipo de conceito implica, incluindo lojas revestidas de mármore preto e propaganda "pornô chique". Mas essa tática arrojada e arriscada de Ford, tentando contrabalançar vulgaridade e sofisticação, não pegava bem para a marca Yves Saint Laurent, que tinha uma imagem mais ambígua e discreta. Saint Laurent e Pierre Bergé mostraram sua desaprovação deixando de comparecer aos desfiles da YSL organizados por Ford. Embora este americano altamente carismático tivesse feito um excelente trabalho para a Gucci, sua magia não estava tendo o efeito desejado na YSL. Ford acabou saindo do PPR e foi trabalhar em outros projetos, inclusive a criação de sua própria grife de moda. E a Yves Saint Laurent estava preparada para mais uma reformulação.

Dessa vez a química deu certo. O vice de Ford na YSL era um homem elegante e alto, um milanês chamado Stefano Pilati, que havia entrado na YSL depois de sair da Prada em 2000. Chegando ao ápice da hierarquia em 2004, Pilati, depois de um início hesitante, assumiu a marca. Mas, ao mesmo tempo, seu *design* definido e urbano deliberadamente canalizou o espírito de Saint Laurent. Dizem que o próprio fundador aprovou.

Toda uma série de grifes de moda francesas tiveram que enfrentar essa transição de criador para sucessor: Chanel, Dior, Givenchy, Balenciaga, Lanvin... uma lista interminável. Aliás, a maioria delas passou por vários estilistas com diversos graus de sucesso. O desafio para os recém-chegados é continuar fiel à essência da grife e ao mesmo tempo atualizá-la, expressando, ao mesmo tempo, sua própria criatividade.

Pilati atribui seu início titubeante ao fato de que seus primeiros modelos eram bastante ousados. Todos zombaram de suas saias com formato de tulipas quando elas foram exibidas num desfile em 2004, mas outros figurinistas as imitaram depois. Ele admite: "Quando eu tinha 17 anos, o diretor de criação da Nino Cerrutti, que foi meu primeiro mentor, me ensinou que ser ousado demais é o mesmo que ficar para trás. A coisa mais importante é chegar no momento certo." (Na Yves Saint Laurent, elegância para tempos difíceis", *International Herald Tribune*, 30-31 de agosto de 2008).

Para uma grife, a coisa mais importante é ter lucro, um quadradinho que a YSL havia se esquecido de marcar quando preencheu o contrato. Ela perdeu 60 milhões de euros em 2004, e conseguiu se recuperar só quatro anos depois. A melhoria visível do quadro talvez tenha sido resultado da criatividade de Pilati, mas não se pode desprezar a estratégia aplicada pela nova diretora-presidente da empresa, Valerie Hermann, ao assumir o cargo, em 2005. Hermann sentiu que, ao contrário da mania de licenciamento da era Saint-Laurent, a marca não estava fabricando acessórios suficientes. Ela incentivou Pilati a criar uma bolsa. A criação resultante, chamada Muse, foi um sucesso de vendas. Pilati é dinamicamente criativo, mas não vive divorciado da realidade. No artigo do *IHT* citado acima, ele primeiro afirma: "Eu não sou um executivo", mas depois muda de ideia: "Eu me tornei um homem de negócios. A nossa época exige isso".

## O FUTURO DA ALTA-COSTURA

A Yves Saint Laurent tirou a moda de luxo dos salões abafados repletos até o teto de cadeiras douradas e a levou para a rua. Ironicamente, a vitalidade e a criatividade do *prêt-à-porter* eclipsaram a alta-costura, que começou a parecer um anacronismo caríssimo. Agora que a moda havia se democratizado, quem iria gastar cem mil dólares em um vestido? No final da década de 1990, calculava-se que havia menos de 500 clientes de alta-costura no mundo inteiro. Vários figurinistas tinham guardado seus blocos de desenho, incapazes de obter lucros. Alguns críticos diziam que a alta-costura ia desaparecer por completo. Outros achavam que valia a pena salvá-la. Afinal, a alta-costura era a fonte. Era o conto de fadas, o espetáculo cintilante cuja purpurina contagiava o restante da indústria da moda. Será que alguém seria capaz de ressuscitar a alta-costura?

Do seu posto no comando da Federação Francesa da Alta-Costura, Didier Grumbach estava em uma posição ideal para ver o que devia ser feito. A alta-costura exige denominação de origem controlada, como o vinho Bordeaux ou o champanhe. Para entrar nesse clube exclusivo (chamado Chambre Syndicale de la Haute Couture), um estilista precisava ter "exercido atividade de confecção de trajes na área de Paris". Mas, em 1997, também passaram a admitir "estilistas convidados", que receberiam votos dos membros existentes. Eles exibiriam trajes sob medida e também peças conceituais de *prêt-à-porter*.

Grumbach observa que os primeiros estilistas convidados a enviar coleções à passarela durante os desfiles de alta-costura, que se realizam no final de janeiro e início de julho, foram Thierry Mugler e Jean-Paul Gaultier. Muitos outros vieram depois. Uma recente seleção incluiu Cathy Pill, Felipe Oliviera Batista, Josep Font e Alexis Mabille (de quem falaremos mais adiante). Todos estes convidados acrescentaram dinamismo a uma programação que, de outra forma, se restringiria a apenas um punhado de estilistas. Também há "membros por correlação", cujas criações são confeccionadas à mão, mas não em Paris: entre eles encontram-se Valentino e Giorgio Armani.

Alguns estilistas que começaram a confeccionar *prêt-à-porter* entraram no mundo da alta-costura a partir dessa data. Jean-Paul Gaultier progrediu de "estilista convidado" a membro da Chambre Syndicale, mostrando uma coleção de alta-costura completa a cada estação. Giorgio Armani estreou em 2005, mostrando 35 peças em uma coleção que chamou de Giorgio Armani Privé. Segundo um jornal da Grã-Bretanha, o *Daily Telegraph*, Armani tinha investido em um ateliê de costura completo. Os clientes, seduzidos pelas peças na passarela, deviam submeter-se a três provas antes de saírem com sua versão sob medida, que lhes custaria entre 12.800 e 46.500 libras ("Armani trama uma nova Revolução Francesa", 25 de janeiro de 2005).

Para alta-costura, esses preços eram considerados acessíveis. O custo vertiginoso de um vestido de alta-costura também é o preço de um sistema inteiro: o salário do estilista, o das funcionárias que costuram e bordam as peças, o custo do desfile, da butique e dos *personal shoppers* [consultores particulares de estilo] que cumprimentam os clientes VIP em salões privados. O cliente da alta-costura está pagando por individualidade e criatividade, certamente, mas também por muitas outras coisas. Essa inacessibilidade é que mobiliza o sonho da marca, que explica seu apelo para os estilistas. "Antes, os costureiros criavam alta-costura e diversificavam no *prêt-à-porter*", comenta Grumbach. "Agora é o contrário."

Diversas grifes de moda adotaram a estratégia usada, de forma pioneira, pelos primeiros costureiros: uma estrutura piramidal com a alta-costura sendo a isca sedutora no alto, e as bolsas e os perfumes apregoados como isca tentadora na base. Mas os estilistas também usam a alta-costura como laboratório, a expressão por excelência de sua arte. Os desfiles organizados por John Galliano na Dior e Karl Lagerfeld na Chanel costumam oferecer criações que pouco têm a ver com o que as pessoas em geral consideram um "traje" normal. Esse elemento artístico permite que a alta-costura fuja das acusações de excesso, irrelevância e frivolidade frequentemente dirigidas a outros setores da área de moda.

Pedi ao estilista em ascensão Alexis Mabille que me desse a sua opinião sobre o futuro da alta-costura. Agora, com 30 e poucos anos, Mabille conhece a Chambre Syndicale de la Haute Couture intimamente, pois estudou criação de moda em sua escola. Com seus cabelos pretos e compridos e uma noção impecável de bem-vestir, que invariavelmente inclui casacos longos e uma gravata borboleta, Mabille poderia facilmente ser um costureiro de outras eras. O que talvez não seja coincidência, pois em meados de 1990 a escola da Chambre ainda sofria forte influência do século XIX.

"A maioria dos professores havia trabalhado nas casas de costura tradicionais, como Givenchy e Balenciaga, portanto eram muito hábeis e bastante severos", lembra-se Alexis. "Nós aprendemos como fazer tudo à mão. Aliás, havia apenas umas três máquinas de costura no estabelecimento inteiro. O estudante tinha que confeccionar a costura à mão, com pontos perfeitamente alinhados. E se o traje não ficasse perfeito, era preciso desmanchá-lo e começar outra vez."

Esse é o tipo de *savoir faire* que se perderá se a alta-costura morrer, argumenta ele. A escola agora está mais modernizada, mas Mabille admite que está satisfeito por ter aprendido no sistema antigo. "O resultado é que sou muito exigente na hora de confeccionar minhas coleções de *prêt-à-porter*. Aliás, há certos problemas que só se podem resolver à mão."

Ele se deixou encantar pela alta-costura muito jovem, fazendo trajes para produções teatrais e amigos enquanto crescia na sua cidade natal de Lyon. Quando veio para Paris, ele pagava as contas criando vestidos de noiva. Depois de sair da escola de moda, Mabille passou curtos períodos como aprendiz de Ungaro e Nina Ricci, antes de entrar na equipe de criação da Christian Dior, onde ficou nove anos. Originalmente, trabalhava no departamento de licenciamento, antes que a marca se tornasse mais exigente quanto à qualidade dos produtos que levavam seu nome. "Era muito deprimente", diz ele. "Eu nem mesmo quero descrever alguns dos absurdos que aconteceram lá."

Sob a influência de Mabille a linha de produtos licenciados melhorou, passando a aproximar-se da visão do novo estilista da Dior, John

Galliano. Quando Galliano perguntou quem estava por trás dessa mudança, foi apresentado a Alexis Mabille. O jovem aprendiz logo se viu trabalhando diretamente com o seu chefe, o qual solicitou que ele criasse uma linha de joias. Isso terminou dando a Mabille a autoconfiança de que precisava para lançar sua própria casa de moda. "É uma coisa de família", diz ele. "Fundei a empresa com minha mãe e meu irmão. A imprensa parece considerar isso fascinante, juntamente com o fato de que minhas coleções são relativamente acessíveis."

Ele negou qualquer insinuação de que tenha queda para o *marketing*, embora seja, claramente, querido pela mídia francesa. Mas tem talento para criar conceitos simples porém interessantes. Uma das suas coleções apresentou variações sobre o tema gravata-borboleta em tecidos inesperados, numa época em que este era o acessório mais anacrônico imaginável. Mabille encomendou uma série de fotografias e as enviou a mais ou menos 40 fotógrafos de moda. As imagens foram subsequentemente reproduzidas em toda parte, a ponto de a gravata-borboleta ter se imiscuído outra vez em alguns guarda-roupas masculinos. Mabille, desde essa época, vem adotando esse acessório como tema. Ele também gosta de deixar indefinidos os limites entre roupas masculinas e femininas, embora estremeça ao ouvir a palavra "andrógino". "Simplesmente acredito que ambos os sexos devem ter acesso à mesma variedade de cores, materiais e formas. Os homens devem poder usar um terno cinza um minuto e uma blusa cor-de-rosa com paetês no seguinte – e as mulheres também."

Aqui chegamos ao cerne da concepção da receita de alta-costura de Mabille. "O negócio é acabar com os fossos", diz ele. "É ridículo presumir hoje em dia que uma mulher que possa pagar 30 mil euros por um vestido de alta-costura da Dior não seja também capaz de comprar um simples par de calças *jeans* de vez em quando. Portanto, quando fui convidado a mostrar meu conceito de alta-costura como convidado da Chambre, misturei-a com *prêt-à-porter* de propósito. Até ousei misturar primavera-verão com outono-inverno. Chamei essa coleção de 'Sem Estação, Sem Razão'. A imprensa adorou."

Mas, para sua decepção, Mabille vem observando a multiplicação dos fossos. "Assim como há coleções separadas por estação para homens e mulheres, há pré-coleções e coleções entre-estações. A carga de trabalho dos estilistas está esmagadora."

Esta tendência surgiu devido à batalha para obter lucros. A jornalista de moda Suzy Menkes insinuou que a indústria está constantemente a ponto de sofrer um colapso nervoso. "Essas empresas são tão enormes que não podem nem mesmo dizer que perderam a cabeça, que perderam o rumo, que não sabem o que estão fazendo. Então simplesmente saem desesperadas à procura de qualquer coisa que atraia os consumidores; pagam zilhões aos estilistas ou artistas populares, para as pessoas virem e se sentarem na primeira fila. Qualquer coisa vale, francamente, para tentar manter-se à tona" (Suzy Menkes e Stefano Tonchi, revista *Self Service*, outono-inverno de 2008).

Com tanta coisa em jogo, os desfiles de *prêt-à-porter* se tornaram descaradamente comerciais. Portanto, a estação de alta-costura de Paris está se transformando no último polo de experimentação – para as grandes marcas da moda, certamente, mas também para jovens costureiros com ideias novas. Suas roupas não são necessariamente feitas à mão nos ateliês tradicionais, mas são exclusivas de uma forma nova. Possuem um quê de artesanal, de espontâneo. Suas coleções combinam imaginação, inovação e arte pura. A combinação e mistura de peças veio dar alento à alta-costura.

# 2

# Os últimos artesãos

*"Se eu quisesse ser rico, faria outra coisa."*

QUALQUER SENTENÇA CONTENDO A PALAVRA "LUXO" costuma também ter a palavra "autenticidade" em seguida. Há uma chance bastante forte de a palavra "artesão" aparecer também. No mundo de hoje, conectado em todos os sentidos, quando a mão humana mais provavelmente está prestes a digitar no teclado de um computador do que a pegar uma ferramenta, a antiga figura do artesão assumiu um brilho nostálgico. A produção dos artigos de luxo, como a de quase todos os outros artigos, ficou similar a uma *commodity*. Portanto, é a coisa mais natural do mundo que um objeto criado em um ateliê minúsculo, pelos dedos seguros e firmes de um artesão habilidoso, deva ser valorizado por sua pureza.

Os marqueteiros, naturalmente, estão cientes da importância extrema da autenticidade. No final de 2007, a Harvard Business School Press publicou um livro chamado *Autenticity: What consumers really want,* de James H. Gilmore e B. Joseph Pine II.[4] Ao resumir sua obra para a revista *Advertising Age*, os autores começaram com o pé direito. "Entre todos os outros problemas enfrentados pela propaganda", afirmaram eles, "há um problema fundamental que vem recebendo

[4] Autenticidade: o que os consumidores realmente querem. (N.T.)

menos atenção do que deveria: a hipocrisia dos marqueteiros. Os marqueteiros e suas agências cúmplices não conseguem deixar de exagerar a fineza de cada mercadoria, a grandiosidade de cada produto, a superioridade de cada serviço e a memorabilidade de cada experiência. Essa hipocrisia tem que acabar."

Os autores prosseguiram, dizendo que "na economia experimental de hoje, onde as pessoas cada vez mais evitam os produtos e serviços vendidos como mercadorias preferindo empresas que criam experiências cativantes, a autenticidade está se tornando a nova sensibilidade do consumidor... As pessoas querem produtos genuínos, oriundos de fontes genuinamente transparentes."

De repente, porém, o artigo pareceu mudar de tom, como se os autores estivessem fornecendo o que parecia ser uma série de dicas para que os donos de marcas criassem uma *impressão* de autenticidade.

> Muitos nomes significativos conotam autenticidade logo de cara. Os primeiros da lista são nomes de empresas baseados nos seus fundadores, como... Harley-Davidson e Levi Strauss... Os nomes também ajudam a transmitir autenticidade quando se referem a uma época na qual a vida era mais simples, mais tranquila e aparentemente mais autêntica. Muitas empresas, por exemplo, possuem no seu nome as palavras *Main Street* [Rua Principal] por esse motivo. Outros empregam palavras que evocam eras econômicas anteriores, inclusive "ofício" (que faz pensar em lavradores) ou "oficina" (que nos faz lembrar de mão de obra industrial), como se todos os produtos fossem feitos à mão por um artesão habilidoso em uma oficina ou pequena fábrica. ("Parem com a hipocrisia, marqueteiros", *Advertising Age*, 10 de dezembro de 2007.)

Para mim, as implicações desse artigo ficaram lamentavelmente claras: exatamente como a própria noção de "luxo", a noção de autenticidade estava sendo desvirtuada por marcas que eram tudo, menos autênticas.

# O OUTRO LADO DE FLORENÇA

Não sei bem por que, mas para mim as palavras "feito à mão" sempre evocam a imagem de produtos de couro. Talvez seja um desejo masculino ter um par de sapatos tipo Oxford feito sob medida ou uma mala perfeitamente confeccionada. Este último item, resistente porém maleável, poderia ser inserido sem esforço em um compartimento de bagagem acima da poltrona do avião, embora contivesse roupas para pelo menos uma semana. A mala ficaria ainda melhor com o passar do tempo e atrairia olhares invejosos dos outros passageiros. Já estou procurando essa mala faz tantos anos que quase me convenci de que ela não existe.

Florença parecia um lugar ideal para continuar minha busca. Todos sabem que essa bela cidade italiana é a capital dos produtos finos de couro. "Um dos principais centros de *artesania* do mundo", afirmou Paul Hofmann, ex-correspondente do *New York Times* que morava na Itália em 1981. O artigo de Hofmann evocou um mundo meio desaparecido, feito de habilidade, orgulho e, naturalmente, autenticidade.

> Muito antes que fossem criados os tesouros de arte tão cantados e decantados da Renascença, os artesãos florentinos do final da Idade Média ficaram famosos por sua perícia, e seus produtos eram muito procurados em toda a Europa. As guildas de lã e seda, os ourives e, naturalmente, os curtidores e cortadores de couro acumularam a riqueza que levou ao surgimento de uma classe de artesãos abastados em Florença, e, por sua vez, despertou o interesse pelo aprendizado e pela arte... As guildas ricas e poderosas agora pertencem a um passado distante, mas a tradição do artesanato florentino continua existindo. ("Os refinados artesãos italianos de Florença", *The New York Times*, 8 de novembro de 1981.)

Li também sobre a existência da Scuola de Cuoio, uma escola florentina de coureiros artesanais. Para mim, essa ideia parecia quase tão emocionantemente medieval quanto a das guildas. Mas as ruas elegantes de Florença também rebrilham devido aos nomes das marcas de luxo italianas modernas: Prada, Fendi, Gucci... Esses titãs do luxo tiram vantagem de sua associação com o legado artesanal da indústria italiana de produtos de couro. E a ideia é tão atraente que muitos de nós estamos dispostos a nos deixar seduzir.

"Diane Becker jamais esquecerá sua visita ao laboratório de protótipos da Gucci em Florença. Quase todos os *designers* de padrões, diretores de *marketing* e pesquisadores eram homens elegantes, de cerca de 30 anos, com cabelos impecáveis e ternos pretos. A única exceção era um homem de mais ou menos 70 anos, vestido de maneira informal, um mestre artesão que tinha aprendido couraria artesanal quando menino." ("Por que vale a pena pagar 2.000 dólares por uma bolsa", revista *Bene,* número de verão de 2006). Porém, até mesmo os escritores com inclinações mais românticas são obrigados a admitir que as coisas estão mudando. Eis um trecho do mesmo artigo: "A maioria dos fabricantes usa fios sintéticos porque eles são mais resistentes do que o tradicional algodão... Embora as máquinas façam a maior parte do trabalho hoje em dia, algumas bolsas de luxo ainda são costuradas inteiramente à mão." Um pouco mais adiante, na mesma coluna, Patrizia Gatti, editora da *Vogue Italia*, ofereceu algumas palavras de consolo: "Os nomes mais notáveis têm uma experiência imensa e usam os melhores materiais... A gente nota isso pelos detalhes, pela precisão... eles se mantêm fiéis a suas tradições."

Desejamos intensamente crer nisso. E mesmo assim, inevitavelmente, há outro lado em Florença. Dana Thomas revelou esse outro lado em seu livro *Deluxe*, de 2007, onde ela explicou que a maioria das empresas de luxo italianas trocou os métodos artesanais pelas linhas de produção das fábricas, e isso havia melhorado consideravelmente a produtividade e portanto aumentado os lucros. "Desde 1995, todos os produtos de couro da Gucci vêm sendo projetados em computadores", acrescentou ela, como que para eliminar de nossas mentes a imagem do ateliê à moda antiga, com partículas de poeira suspensas em raios de luz penetrando por janelas altas.

Mesmo os consumidores que não leram o relato de Thomas já devem saber a esta altura que nem tudo é o que parece ser na Itália. O prático tabloide britânico *Sunday Mirror* entrou em cena. "Escândalo da exploração de funcionários pelas grifes de estilistas!" anunciou uma manchete em 2 de dezembro de 2007. "Durante várias gerações", dizia o artigo que a acompanhava, "*Feito na Itália* significou exatamente isso: as bolsas mais chiques de Milão, sapatos de salto de Roma e vestidos de Florença, feitos à mão por artesãos italianos. Mas não significa mais... As refinadas casas de moda da Itália estão cada vez mais se baseando em um exército de imigrantes chineses mal pagos que transformaram a potência têxtil toscana em uma espécie de bairro chinês."

O artigo nos levou à cidade toscana de Prato, "a capital dos produtos de luxo italianos". O quadro que ele pintou não lembrava a Toscana que eu conhecia. "O ar aqui fede a *dim sum* e a tabaco chinês. Veem-se operários parados nas ruas fumando, pigarreando e cuspindo em meio a uma azáfama muito semelhante à do centro de Beijing."

A matéria alegava que os sapatos italianos que saíam por 900 libras no Reino Unido foram "provavelmente feitos por imigrantes chineses que trabalham 12 horas por dia por apenas 3 euros por hora". Acrescentava que a cidade de 4.000 fábricas de tecidos possuía um "exército de 25.000 operários mal pagos", muitos dos quais nem mesmo existiam oficialmente.

Os leitores dos tabloides britânicos sabem que precisam sempre dar um desconto ao lerem os artigos que eles contêm, mas essa descrição drástica parecia realista a ponto de causar preocupação. Algumas semanas depois, quando voltei a Paris, fui tomar um café com um amigo que trabalha para uma grife de moda italiana. "Você ouviu falar no documentário exibido na RAI?", ele me perguntou. "Coisa mais constrangedora!"

O programa do canal de televisão estatal italiano tinha mostrado os operários chineses costurando bolsas para as grifes italianas mais importantes, em "oficinas clandestinas" em Prato e Nápoles. O programa proclamou que bolsas vendidas por mais de 400 euros nas lojas custavam apenas 20 euros para serem confeccionadas. A Gucci imediatamente refutou a reportagem em um comunicado: "Sempre que a Gucci encontra uma situação incoerente com a política interna da empresa e os padrões da Bureau Veritas [a empresa independente que inspeciona a ética de mercado], os fornecedores que não estão obedecendo às normas são imediatamente suspensos." Mas Luca Marco Rinfreschi, que é membro da Câmara de Comércio de Prato, afirmou: "Não se pode negar que esse tipo de situação existe... A globalização influenciou a Itália, assim como o resto do mundo". ("Feito na Itália... por operários sem documentação", AFP, 24 de dezembro de 2007.)

Há uma certa dose de preconceito nessas histórias. Além da questão da incerteza de que os operários chineses sejam oficialmente documentados e propriamente pagos, há uma insinuação mais tenebrosa, que diz respeito a sua competência para fazer esse tipo de serviço. Não há motivo para um imigrante chinês não aprender a fazer produtos de couro italianos. Da mesma maneira, os produtos "Feitos na China" não são, necessariamente, inferiores. O que revoltou a mídia foi a constatação de que ela e os consumidores foram ludibriados. Eles aceitaram a imagem de artesãos habilidosos em oficinas florentinas empoeiradas, mas terminaram precisando encarar a realidade do século XXI, segundo a qual os modelos são projetados em computadores e a produção é feita em série, em fábricas, por operários asiáticos. Onde estava a "autenticidade"?

Embora eu fosse forçado a aceitar que a maioria das empresas de luxo se curvou diante da pressão dos acionistas e aumentou a produção das suas mercadorias, dedicando menos tempo e cuidado a cada produto, recusei me a crer que os artesãos haviam desaparecido da face da terra. Em algum lugar, segundo eu acreditava, devia haver um grupo dedicado de pessoas confeccionando produtos de luxo com suas mãos hábeis. A resposta veio por acidente, quando perguntei a um amigo onde ele havia comprado seu esplêndido par de sapatos. Ele me contou que tinham sido feitos à mão por Pierre Corthay, em uma minúscula sapataria pertinho da Opéra Garnier, em Paris.

## APRENDIZ DE SAPATEIRO

Foi Pierre Corthay quem me contou que as guildas ainda existem. O próprio Corthay foi aprendiz de uma delas: os Compagnons du Devoir. Essa organização de 900 anos de idade dedica-se a garantir que os artesãos de uma ampla faixa de ofícios tradicionais, inclusive carpinteiros, padeiros, pedreiros, ferreiros e sapateiros, transmitam suas habilidades para a próxima geração. Os jovens que entram na guilda aprendem diferentes facetas do ofício escolhido durante uma série de estágios profissionais pela França. É uma situação onde ninguém sai perdendo, pois os artesãos já estabelecidos obtêm assistentes motivados e entusiásticos, ao passo que os jovens, muitos dos quais ainda não têm muitas qualificações, aprendem uma arte manual.

Corthay, cujos pais eram atores, mostrou desde cedo uma tendência para ser criativo, agilidade para trabalhos manuais e uma boa noção de estilo. Quando menino, ele fabricava para si pulseiras com tiras de couro descartadas por uma tia, que usava esse material para fazer esculturas. Ele logo passou a fazer carteiras. "A princípio era só brincadeira, da mesma maneira que uma criança poderia brincar com blocos de montar ou massinha para modelar. Mas à medida que os objetos foram ficando mais complicados isso se tornou uma verdadeira paixão para mim, e percebi que queria fazer isso como profissão."

Seu aprendizado começou em 1979, quando ele tinha apenas 16 anos. Ele se mudava para uma nova cidade mais ou menos uma vez por ano durante seis anos. "É uma experiência imensamente enriquecedora, porque a gente aprende um vocabulário técnico diferente de cada professor. E a abordagem ao trabalho não é a mesma em Paris, Toulouse, Lyon ou Estrasburgo.

Em 1984 ele entrou no setor de calçados de luxo, com um emprego no ateliê de John Lobb em Paris. Dois anos depois, pediram-lhe que se tornasse gerente de um ateliê de outro nome de prestígio, Berluti. O primeiro ano foi um período de transmissão de competência, durante o qual o *chef d'atelier* que estava saindo do cargo, Monsieur Jean, passou a Corthay todo o seu conhecimento. E os quatro anos subsequentes foram passados adaptando-se às exigências e excentricidades dos clientes, que eram, simplesmente, apaixonados por sapatos.

Um dia, Corthay recebeu uma ligação de um proprietário de uma pequena oficina de sapateiro no centro de Paris. O homem estava pensando em se aposentar, e queria saber se Pierre estaria interessado em adquirir sua loja. Portanto, em 1990, Corthay fundou sua própria marca, atendendo a um nicho altamente específico. Seu irmão caçula, Christophe, que também tinha sido aprendiz dos Compagnons, veio trabalhar com ele cinco anos depois. Agora a sapataria emprega 15 pessoas, divididas entre a minúscula empresa de fabricação sob medida em Paris e um ateliê maior no subúrbio de Neuilly Plaisance. Este último produz 2.500 pares de sapatos *prêt-à-porter* por ano. A escala é quase industrial, se comparada aos mais ou menos 130 pares de sapatos sob medida criados na oficina de Paris.

Corthay me levou para conhecer sua loja de Paris. Há uma pequena butique com uma vitrine dando para a rua, onde os clientes podem comprar modelos *prêt-à-porter* ou vir experimentar seus sapatos feitos sob medida enquanto estão sendo confeccionados. Atrás da loja está exatamente o tipo de ateliê sobre o qual andei fantasiando, com bancadas em uma salinha apertada, cheirando a couro. As oficinas continuam sendo no porão. As formas lisas de madeira, feitas de acordo com os pés de cada cliente, enfileiradas em prateleiras, parecem ligeiramente sinistras, à luz amarelada. Corthay mostra-me um modelo de cartolina tridimensional que mais tarde será transformado em um protótipo de couro. Haverá pelo menos uma prova antes de os sapatos em si começarem a ser confeccionados. Pierre me conta que leva pelo menos cinco meses, ou entre 50 e 60 horas de trabalho, para completar um par de sapatos sob medida, dependendo do modelo e do cliente. "Os clientes me contam que a expectativa faz parte do prazer de comprar. A internet é uma ferramenta maravilhosa, mas algumas coisas na vida não deviam ser compradas com dois cliques de um *mouse*. O planejamento, a discussão, as idas e vindas para experimentar os produtos, tudo isso integra uma experiência que, no final, intensifica o prazer da compra."

Uma vez que comecem a ser usados, porém, os sapatos de Corthay costumam durar 20 anos. Os preços vão de 3 a 7 mil libras por um par de sapatos sob medida, bem mais caros do que as 900 libras que custam os calçados *prêt-à-porter*.

Os diferentes aspectos do ofício de Corthay o fascinam, diz ele. "Há o elemento escultural e de modelagem, o fato de que se está trabalhando com substâncias macias e duras, e, naturalmente, a conexão com outras pessoas. Há algo de íntimo nos calçados que não existe no caso das bolsas. Criar um par de calçados para um cliente é um diálogo."

A customização sempre foi um elemento importante do luxo, desde os trajes de alta-costura até a bagagem com monograma. O toque pessoal confere *status* e implica respeito. Desde os costureiros de Savile Row até os *jeans* de denim customizados da Earnest Sewn em Nova York, os clientes estão dispostos a pagar um preço mais alto para tomar parte no processo criativo.

Corthay observa que alguns clientes têm talento para criação de moda. "Eles não seriam capazes de transformar a imagem nas suas cabeças em um objeto, mas têm um sentimento, um instinto para criação. Às vezes, nós só estamos aqui para transformar suas ideias em realidade. Seria arrogância presumir que exercemos monopólio sobre o bom gosto."

Como a maioria das marcas de luxo, Corthay obtém a maior parte dos seus clientes por propaganda boca a boca. Mas ele não tem nada contra abordagens de *marketing* mais sofisticadas. Ele recebe a mídia de braços abertos, e é um contador de histórias encantador e atencioso. O *website* da sua grife é elegante, sofisticado e bilíngue (www.corthay.fr). "Para nós, é uma janela para o mundo. Graças ao *site*, temos recebido solicitações de clientes do Japão, dos Estados Unidos, de todos os lugares, enfim." Ele narra uma história interessante sobre a concepção do *site*. "Sou doido por veículos. Tenho loucura por carros, trens e aviões. E, para mim, o calçado é outro veículo. Portanto, quando precisei fotografar os sapatos para o *site*, trabalhei com um fotógrafo que se especializou em tirar fotos de carros. O jogo de luz na superfície dos objetos é muito semelhante."

Em parte devido à propaganda proporcionada pelo *website*, os sapatos de Corthay estão agora estocados em várias lojas de luxo ao retor do mundo: da Yohji Yamamoto na França até a Bergdorf Goodman nos Estados Unidos, bem como em butiques na Alemanha, Suíça, Bélgica, Holanda, e, naturalmente, no Japão. O Reino Unido, que possui sua própria tradição de calçados sob medida, tem por enquanto permanecido imune ao charme dos calçados feitos à mão na França.

Quando comecei a fazer pesquisas para escrever este livro, uma curta e incisiva entrevista me foi concedida por Tina Gaudoin, editora da revista de luxo do *Wall Street Journal*, a *WSJ*. Mencionei minha convicção de que os artesãos eram os genuínos fornecedores do luxo, ao passo que as empresas que produziam bolsas em massa eram simplesmente varejistas com propaganda sofisticada. Gaudoin respondeu: "Acho que esta é uma queixa simplista. Se olharmos para grupos como o Gucci, por exemplo, dentro dele veremos a Bottega Veneta, que sempre foi uma grife artesanal e ainda mantém essa abordagem. A Hermès, na França, vem fazendo a mesma coisa. Pode ser que a tendência agora seja um interesse em marcas pequenas e artesanais, mas a menos que tenham algum tipo de suporte financeiro, eu sinceramente acho que elas não têm futuro."

Repeti isso diante de Pierre Corthay, que deu de ombros. "Trata-se de uma escolha entre fazer algo que amamos ou ganhar dinheiro. Se eu quisesse ficar rico, faria outra coisa. Obviamente, a empresa precisa dar lucros, colocar comida na mesa e manter o teto sobre nossas cabeças, mas nosso objetivo principal é sentir prazer e orgulho pelo que fazemos. A noção de prazer, para mim, é fundamental. Quando me levanto de manhã, não tenho a impressão de estar indo para o trabalho. Tive uma conversa semelhante com um cliente meu recentemente. Ele disse: 'Pierre, não é difícil ganhar muito dinheiro, mas há uma condição: você precisa pensar somente nisso.' Pessoalmente, interesso-me por outras coisas."

À medida que os consumidores vão ficando mais exigentes, eles provavelmente vão passar a examinar com mais cuidado a proveniência dos artigos caros. E vão descobrir que a paciência e o talento de homens como Pierre Corthay oferecem uma alternativa reconfortante para tudo que é superficial, imaterial e evanescente.

3

# Tudo por um diamante

*"As joias têm um apelo emocional e sentimental que poucos outros produtos possuem."*

NÃO HÁ MUITO *GLAMOUR* NO CENTRO MUNDIAL DE DIAMANTES DE ANTUÉRPIA [AWDC]. Ele se situa em uma rua estreita atrás de uma estação ferroviária imponente que é um monumento a uma abastança já passada, mas agora parece não combinar mais com essa aconchegante cidade belga. No caminho, passa-se por um aglomerado de lojas de comércio de diamantes, a maioria das quais possui fachadas desbotadas que as fazem parecer tão banais quanto tabacarias. As lojas têm nomes como Antwerp Or, Design Jewellery e Golden I.

O Centro Mundial de Diamantes de Antuérpia é o coração de uma rede de um quilômetro quadrado e meio inteiramente dedicada ao comércio de pedras preciosas. Acima das portas, câmeras de segurança acompanham o progresso do cliente e o dos corretores trajados com ternos elegantes, que trazem consigo fortunas em maletas pretas robustas, frequentemente algemadas aos seus punhos, tal qual os filmes de cinema.

O vestíbulo azulejado do Centro de Diamantes parece uma mistura eficiente de sala de espera de hospital e terminal do metrô. Todos vão e vêm passando por borboletas de metal. Ouve-se música de elevador tocando. Na parede está um afresco prismático composto de placas de aço polidas interligadas, presumivelmente para evocar o brilho facetado de um diamante.

Por enquanto, estou perdido. Sei que quero descobrir como funciona a indústria dos diamantes e onde Antuérpia se encaixa no mecanismo geral, mas fora isso sou um bloco de rocha bruta esperando para ser lapidado. Mal sei como se formam os diamantes, como se extraem essas pedras ou como elas são comercializadas. Nunca comprei um diamante na vida.

O homem que pode me ajudar a entender tudo isso chama-se Philip Claes, o diretor de assuntos empresariais do centro, que me recebe cordialmente em sua sala no sétimo andar. Philip está encarregado de proteger Antuérpia da concorrência estrangeira cada vez mais acirrada e manter sua posição como marca líder da indústria de diamantes.

## ORIGEM DA MARCA ANTUÉRPIA

Nas ruas abaixo de nós, Claes me informa, há aproximadamente 1.500 empresas e quatro bolsas de mercadorias, ou *bourses*, que respondem por 80% do comércio mundial de diamantes brutos e metade do comércio de pedras polidas. Juntamente com os bancos de diamantes há laboratórios de classificação de pedras, seguradoras, empresas de segurança e transporte, corretores, consultores, agentes de viagem, e os hotéis e restaurantes que surgiram em torno de todas essas atividades. No todo, o comércio de diamantes belga emprega 34.000 pessoas e tem um faturamento de quase 40 bilhões de dólares por ano. A pergunta óbvia a fazer é: por que Antuérpia?

"Os diamantes começaram a ser comercializados aqui, no século XV", diz Claes. "Só que esta cidade foi uma segunda opção."

Em seguida, recebo uma breve lição de história. Desde o início os seres humanos instintivamente achavam que os diamantes eram especiais. E no entanto essas pedras transparentes são feitas de carbono, um dos elementos mais comuns da Terra. Talvez o fato de os diamantes serem tão imensamente antigos lhes confira um certo poder. A formação dos diamantes começou com a do planeta em si, à medida que ele ia sendo moldado e comprimido por forças inimagináveis. Os diamantes surgiram nas profundezas da terra, como depósitos de carbono cristalizado. Mais tarde, à medida que a superfície ia esfriando, torrentes de rocha líquida, ou magma, trouxeram os cristais para cima. Esses rios de lava se petrificaram, formando tubos verticais. A erosão, em uma etapa posterior, removeu alguns dos diamantes, levando-os para os rios, que provavelmente foi onde alguém os encontrou pela primeira vez.

A primeira narrativa registrada da descoberta de diamantes data de 3.000 anos atrás, na Índia, onde eles eram muito valorizados pela sua característica de refração da luz. Os antigos gregos foram os primeiros ocidentais a entrar em contato com eles. Por sinal, a palavra "diamante" vem do grego, *adamas*, ou "invencível". Entrementes, os romanos acreditavam que os diamantes afastavam os maus espíritos e conferiam saúde ao seu possuidor. Esta crença continuou a existir durante a Idade Média, onde os diamantes eram considerados capazes de curar doenças e proteger quem os usava contra a peste. Neste contexto, a tradição de dar diamantes de presente para a pessoa amada assume uma importância diferente.

O comerciante do século XIII, Marco Polo, trouxe diamantes da Índia para Veneza. Esse viajante barbado, curtido pelo sol e malvestido, deixou cair uma chuva de pedras preciosas das dobras do seu manto andrajoso, confirmando pelo menos uma das lendas que surgiram em torno dele. De Veneza, os diamantes acabaram indo parar em Bruges, a Veneza do norte.

"E foi aí que a sorte nos sorriu", disse Claes, sorrindo, "porque o porto de Bruges sofreu um assoreamento e, portanto, toda movimentação comercial se transferiu para Antuérpia. Aliás, há um documento de 1447 regulando o comércio de diamantes aqui e garantindo que as joias fossem processadas apenas por certos comerciantes reconhecidos."

O comércio de Antuérpia gozou de um segundo período de prosperidade no início do século XX, principalmente devido à comunidade judaica, que chegou em massa para escapar dos expurgos que estavam ocorrendo na Europa Oriental. Muitos deles pretendiam viajar para Nova York nos navios da Red Star Line, a empresa que gerenciava os transatlânticos a vapor que partiam de Antuérpia de 1873 a 1935. "Os diamantes são pequenos, valiosos e fáceis de transportar", explica Claes. "Portanto, eram uma forma óbvia de transportar riqueza para outros países." Porém, nem todos podiam comprar uma passagem para os caros e sempre lotados navios da frota Red Star Line, ao passo que outros simplesmente decidiram ficar na agradável cidade de Antuérpia. E foi assim que o comércio de diamantes começou.

Uma segunda onda de imigrantes judeus chegou durante a II Guerra Mundial. Uma vez mais, o destino escolheu Antuérpia. "Embora nós tradicionalmente fôssemos um centro de comércio de diamantes, sempre competimos com Amsterdã. Mas a ocupação da Holanda durou um ano a mais do que a da Bélgica; portanto, quando as autoridades belgas voltaram de Londres, pouco depois do dia D, elas recomeçaram o comércio em Antuérpia, o que nos deu uma vantagem. Esse foi o verdadeiro segredo do sucesso do qual continuamos a desfrutar hoje em dia."

Muitos descendentes belgas daquelas famílias judias originais ainda estão trabalhando no comércio de pedras preciosas, juntamente com os comerciantes indianos que chegaram na década de 1970. Até essa época, a Índia tinha sido mais conhecida como fonte de diamantes do que de comerciantes ou lapidadores; agora estima-se que 300 famílias indianas estejam atuando no comércio de Antuérpia, responsáveis por até 70% do faturamento do setor. Contudo, as tradições judaicas persistem. Por exemplo, não há contratos formais no bairro dos diamantes em Antuérpia: os negócios são selados com um simples aperto de mão, conhecido como o *mazel*, da frase judaica *mazal u'bracha*, que quer dizer "boa sorte".

O Centro Mundial de Diamantes de Antuérpia também remonta à década de 1970. Foi criado em 1973 para atuar como porta-voz oficial e coordenador de todas as atividades do setor de diamantes de Antuérpia. Ele gerencia o departamento de alfândega belga para fins de importação e exportação de diamantes. É o contato oficial da indústria com os governos internacionais. E é responsável por promover Antuérpia como centro e líder mundial do comércio de diamantes. Entretanto, essa tarefa apresenta desafios consideráveis porque esse setor, como muitos segmentos da indústria do luxo, vem sentindo as pressões da globalização.

A África é o principal produtor de diamantes, mas as pedras também chegam a Antuérpia do Canadá, da Austrália e da Rússia. A mais famosa companhia de mineração do mundo neste ramo, pelo menos para o público em geral, é sem dúvida a De Beers, a empresa de 120 anos que tem contratos com os governos da Namíbia e Botswana. Até recentemente, a De Beers dominava o mercado com uma fatia entre 60 e 70%. Agora, ela conserva cerca de 40% dele e compete com a russa Alrosa, que tem uma fatia quase do mesmo tamanho. O restante está, em sua maioria, dividido entre a BHP Billiton no Canadá, a Rio Tinto da Austrália, e a Harry Winston Diamond Corporation.

No início da presente década, a De Beers começou a perder o domínio do mercado quando suas políticas de comercialização foram analisadas por órgãos regulamentadores nos Estados Unidos e na Europa. Após 1929, quando Ernest Oppenheimer assumiu o cargo de presidente, a empresa se transformou em um monopólio comprando diamantes brutos de seus concorrentes, que foram adicionados a um imenso estoque avaliado no fim da década de 1990 em cinco bilhões de dólares. Além disso, a De Beers vendia apenas para um grupo exclusivo de clientes preferenciais, conhecidos como "sightholders" [atacadistas de pedras brutas]. Em 2005, a Associação de Diamantes Polidos da Bélgica declarou que a De Beers estava quebrando as regras da concorrência na União Europeia através da restrição artificial do fornecimento de diamantes ao mercado. A De Beers deu a mão à palmatória, concordando em deixar de comprar diamantes brutos da Alrosa – sua principal concorrente – e parar de vender as pedras de seus rivais, até o fim de 2009. Ela também reduziu seu estoque de pedras. ("De Beers deixa de dominar o mercado de diamantes", *International Herald Tribune*, 22 de fevereiro de 2006).

Esta estratégia deveria ter proporcionado a entrada de mais diamantes no mercado aberto, permitindo que Antuérpia consolidasse sua posição como centro global da indústria. Só que as coisas não funcionaram exatamente assim. Ansiosa para mostrar que suas transações eram honestas, a De Beers começou a criar complicações em torno dos "sightholders". Fez um pacto para vender o grosso de seus diamantes brutos só para marcas de joalheria já bem consolidadas, as quais, além de vender as pedras brutas, poderiam também tratar de lapidá-las, poli-las, montá-las e vendê-las. Além disso, a De Beers lançou sua própria rede de vendas ao consumidor, a De Beers Diamond Jewelers Ltda. – em parceria com a Louis Vuitton Moët Hennessy (LVMH). Elas agora possuem lojas em todo o mundo.

Esta iniciativa fazia sentido porque a De Beers sempre tinha sido bem mais do que apenas uma marca comercial. Na realidade, ela havia se posicionado cuidadosamente nas mentes dos consumidores como fornecedora das mais finas pedras preciosas do mundo. Devia seu *status* principalmente a uma campanha criada pela agência de publicidade nova-iorquina NW Ayer após a II Guerra Mundial. Em 1947, a jovem publicitária Frances Gerety recebeu a encomenda de criar um *slogan* para uma campanha da De Beers. Depois de passar o dia inteiro queimando os miolos, ela acabou anotando uma frase que resolveu revisar na manhã seguinte. Essa frase era: "Um diamante é para sempre". Em 2000, a revista *Advertising Age* publicou o resultado de uma votação em que este foi considerado o melhor *slogan* de todos os tempos. Quando finalmente se tornou uma marca de varejo, a De Beers já possuía uma forma perfeita de convencer seus clientes.

As outras grandes empresas mineradoras também mudaram para este modelo integrado verticalmente, criando um circuito fechado que, segundo reclamam alguns pequenos vendedores, deixa escapar a maior parte dos diamantes brutos para as mãos de um número cada vez mais restrito de marcas poderosas.

Diante dessas mudanças, Antuérpia foi capaz de manter seu prestígio, pelo menos em certas áreas. "Oitenta por cento dos diamantes brutos vendidos no mundo inteiro ainda são comercializados em Antuérpia", afirma Claes. "Ocasionalmente, eles também são fabricados, (ou seja, lapidados e polidos) aqui. Mas Antuérpia deixou de ser um centro de fabricação importante. Nas décadas de 1960 e 70, cerca de 30.000 pessoas estavam lapidando e polindo diamantes na cidade e em seus arredores. Hoje em dia essas atividades passaram a ser feitas em países com custos de mão de obra mais baixos: Índia, Vietnã, Tailândia, Ceilão e por aí vai. Há entre 800.000 e um milhão de lapidadores e polidores na Índia. Não temos como competir com eles. É um problema conhecido de quase todas as indústrias."

Porém, Antuérpia ainda possui os mais renomados polidores de diamantes do mundo inteiro, cerca de mil artesãos altamente especializados. Por isso, afirma Claes, quando uma joia vem com as palavras "Lapidada em Antuérpia", ela é altamente valorizada. "Os diamantes brutos enormes, importantes, difíceis, vêm para Antuérpia. Em 2006, por exemplo, o Promessa de Lesoto foi vendido e lapidado aqui. Com 603 quilates, era o 15º maior diamante já descoberto."

O diamante foi vendido para a Graff por 12,3 milhões de dólares. Mais tarde, foi cortado em 26 pedras de vários tamanhos, que teriam o valor total de 50 milhões de dólares. No ano seguinte, um diamante bruto de 493 quilates da mesma mina, a Letseng em Lesotho, foi vendido em Antuérpia por 10,4 milhões de dólares (ainda era uma mera miçanga se comparado ao monstruoso diamante Cullinan, encontrado na África do Sul em 1905, e que pesava mais de 3.100 quilates).

Onde quer que sejam lapidadas, pelo menos metade das pedras polidas do mundo volta para Antuérpia, onde são classificadas e vendidas para comerciantes de brilhantes e joalheiros, desde pequenos empresários até representantes de marcas de grande porte com sede em Paris e Milão. Ironicamente, muitas das pedras preciosas seguem a rota da velha Red Star Line rumo aos Estados Unidos, onde 50% dos diamantes do mundo terminam chegando às mãos – ou nas mãos – dos consumidores.

## CLAREZA E CONFLITO

Bem abaixo da sala onde estou sentado com Philip Claes fica um laboratório onde os diamantes polidos que entram em Antuérpia são classificados segundo os quatro Cs, quilates, clareza, cor e corte[5], antes de receberem um certificado de autenticidade (um quilate, aliás, corresponde a 0,2 grama, e é uma palavra originária do árabe e do grego, referindo-se à semente da caroba, usada para calibrar balanças onde as joias eram pesadas na antiguidade). O laboratório opera sob o tradicional nome de Hoge Raad voor Diamant, ou Alto Conselho dos Diamantes. Um certificado do HRD de Antuérpia é considerado uma garantia incontestável de qualidade, o que realça ainda mais o *status* da cidade.

---

[5] Quilates, em inglês, é "carat", portanto começa com "c". (N.T.)

Quando visito o laboratório, um pouco mais tarde, me decepciono ao descobrir que se entra nele por uma porta dupla convencional vigiada por uma câmera de segurança, em vez de se passar por um corredor polonês de guardas armados e uma leitura de retina. O laboratório em si é uma sala ampla, sem divisórias, com janelas em uma das paredes. Luminárias de espectro de "luz natural" nas bancadas são reguladas para aumentar a tênue luminosidade de Antuérpia, garantindo as condições perfeitas para estudar os diamantes. Assim que entra no laboratório, o diamante recebe um número de identificação e um código de barras. Cada vez que um funcionário do laboratório pega o diamante, esse código de barras precisa ser escaneado, e também quando o funcionário passa a pedra adiante. Assim é facílimo determinar a exata localização do diamante no laboratório. Ninguém pode sair no final do expediente sem que todos os diamantes tenham sido rastreados.

Os classificadores não sabem quem são os donos dos diamantes que estão classificando, para não se deixarem influenciar e "melhorar" a classificação de uma pedra defeituosa. Em cada um dos quatro estágios desta jornada no laboratório, o diamante é analisado por três classificadores diferentes, um mais experiente do que o outro, usando uma combinação de tecnologia moderna (por exemplo, o testador de diamantes D-screen, que foi desenvolvido pelo próprio laboratório) e o tradicional método da lupa (lente de aumento manual tipicamente usada pelos joalheiros, capaz de ampliar 10 vezes). Se houver alguma discrepância entre os resultados a pedra é analisada por mais um ou dois classificadores.

Afinal, o que eles estão procurando, exatamente? Depois do tamanho, a clareza. Todos os diamantes revelam resquícios da história do seu crescimento, visíveis sob forma de falhas internas e externas. Essas "inclusões" podem ocasionalmente ser vistas a olho nu, mas é mais frequente que sejam detectadas com a lupa. Os de melhor qualidade (e mais raros) são os chamados "puros na lupa".

Depois que já se estabeleceu o padrão de clareza, a cor é que passa a ser examinada. Embora os diamantes possam ocorrer em diversas cores, inclusive rosa, roxo, vermelho e azul, a maioria é incolor ou ligeiramente amarelada. A melhor classificação é a inteiramente incolor, conhecida como "excepcionalmente branca". A tecnologia pode informar aos classi-

o primeiro passo para criar o que depois se tornou um processo adotado por toda a indústria, desenvolvendo um processo de certificação que exigia a monitoração dos diamantes para garantir que eles não fossem usados para alimentar conflitos. Os diamantes originários da África não podiam ser comercializados em Antuérpia a menos que tivessem um certificado dizendo que não estavam ligados a nenhum conflito."

À medida que aumentou a controvérsia, a indústria de diamantes percebeu que precisava agir para tranquilizar os consumidores e conservar sua boa reputação. "Não queríamos terminar na mesma posição que o tráfico de peles de animais", admite Claes. "Um diamante deve ser algo puro: um símbolo de amor. Não queríamos que essas pedras passassem a representar corrupção e derramamento de sangue."

Em maio de 2000, incentivados pela ONU, os representantes dos países líderes na produção de diamantes se encontraram em Kimberley, África do Sul, para debater formas de parar o tráfico de diamantes de conflito. Isso levou à adoção, em 2002, do Esquema de Certificação de Processo Kimberley (Kimberley Process Certification Scheme), baseado no sistema que começou em Antuérpia. Conhecido como o Processo Kimberley o sistema é aberto a qualquer país que deseja implementar seus requisitos. Em setembro de 2007, 74 países responsáveis por 99,8% da produção global de diamantes já havia aderido ao sistema (www.kimberleyprocess.com). Entre os requisitos, os diamantes de minas legítimas deviam ser monitorados a cada estágio de produção e transportados em recipientes à prova de violação, juntamente com um certificado de Processo Kimberley. Hoje em dia, apenas os membros do Processo Kimberley podem comercializar diamantes brutos, e isso impede que países que não adotam o processo sejam incluídos no circuito. Os certificados são estudados com todo o cuidado em Antuérpia para garantir que são genuínos, que a autoridade relevante os assinou e que o diamante no pacote que o acompanha corresponde à descrição. Dessa maneira estima-se que o número de diamantes de conflito no mercado aberto tenha se reduzido a 0,2%.

"O sistema é eficaz", garante Claes. "Isso significa que não é mais possível contrabandear diamantes de conflito? Não, claro que não, sistema nenhum pode ser 100% à prova de corrupção. E, aliás, outras mercadorias já sofreram esse tipo de abuso na África: principalmente um minério chamado coltan [columbita-tantalita], um dos elementos usados nos telefones celulares. Só que ninguém jamais falou nos 'celulares de sangue'. Tal é o fascínio exercido pelos diamantes."

Polir a marca Antuérpia não envolve apenas o combate à controvérsia e às flutuações do mercado. O AWDC também utiliza técnicas de *marketing* mais tradicionais. Por exemplo, ela promove conferências nas quais os líderes da indústria se reúnem para debater as questões do momento. Ela também organiza uma competição bienal de desenho de joias contendo diamantes que atrai centenas de candidatos do mundo inteiro. Ela possui estandes chamados "pavilhões dos diamantes" nas exposições comerciais. Também publica uma revista de comércio quinzenal chamada *Antwerp Facets* e organiza visitas a oficinas e palestras, ao passo que mostras regulares de joias exóticas ajudam a promover os diamantes na mídia convencional. Em suma, durante mais de 35 anos o Centro Mundial de Diamantes de Antuérpia vem incessantemente procurando posicionar-se como a autoridade líder em matéria de diamantes na Europa, e promover a cidade de Antuérpia como o ponto focal dessa indústria.

Mas o que acontece com os diamantes quando eles saem de Antuérpia?

## DIAMANTES EXCLUSIVOS

A Praça Vendôme concilia a essência dos conceitos que trazem milhares de turistas por ano a Paris: beleza, história, elegância e sofisticação. Dominada pelo hotel Ritz, essa praça extravagantemente vasta é cercada por joalherias finas. A praça deve sua simetria ao arquiteto Jules Hardouin-Mansart, que projetou suas grandiosas fachadas no início do século XVIII para encobrir as casas de famílias de banqueiros poderosos. No centro da praça se encontra a Coluna Vendôme: erigida em 1810 por Napoleão, destruída pelos *communards* (inspirados por Gustave Courbet, o qual mais tarde se arrependeu disso) durante a insurreição de 1871, e substituída três anos depois por uma restauração paga por esse artista. Hoje em dia, o reflexo esverdeado da coluna de bronze ondula nas janelas fumê das limusines pretas que passam pela praça; mulheres de meia-idade com echarpes Hermès ao redor do pescoço lhe atravessam à sombra, ao passarem com seus cachorrinhos minúsculos.

Os joalheiros chegaram no século XIX, liderados por Frédéric Boucheron em 1893. Antes situado perto do Palácio Real, Boucheron tinha notado a construção da nova ópera de Garnier próxima à Praça Vendôme e deduzido, astutamente, que o bairro estava para se tornar a nata da moda. Ele abriu sua butique em 1893. Cartier e Chaumet vieram em seguida. A Praça Vendôme vem atraindo marcas de luxo desde essa época: seu formato octogonal inspirou o desenho do primeiro relógio de pulso da Chanel.

Os salões do *designer* de joias Lorenz Bäumer oferecem uma vista deslumbrante da praça. Bäumer considera o lugar uma inspiração constante: ele coleciona fotos de diferentes épocas de sua história. "Esta praça é um teatro onde a vida parisiense se desenrola", afirma ele. "Ela se tornou a vitrine do luxo parisiense."

Bäumer é um personagem ideal para este livro porque sua abordagem representa muitas das facetas do luxo genuíno. Aos 40 e poucos anos, ele já construiu uma marca respeitada embora ainda pouco conhecida do público em geral. Além disso, ele foi, durante algum tempo, o *designer* não oficial das joias da Chanel. Na época de nossa entrevista, ele tinha acabado de receber uma encomenda para criar uma linha de joias para a Louis Vuitton. Porém, em um setor que passou a ser dominado por um punhado de marcas globais, Bäumer ainda é uma espécie de diamante bruto: um espírito livre e independente. Embora sua loja se situe na Praça Vendôme, ele não tem vitrine. Chega-se aos seus salões (três confortáveis salas de reunião, nas quais estão sendo exibidas apenas algumas joias) de elevador, mas apenas com hora marcada. Ele não faz propaganda. Seus clientes encontram-no via propaganda boca a boca, e ele os mantém oferecendo-lhes um serviço pessoal discreto. Eles ocasionalmente param para tomar chá e comer biscoitinhos enquanto ele lhes permite dar uma olhada rápida nas suas mais recentes criações. Bäumer é uma combinação de estilista de moda, engenheiro, artesão e empresário.

Filho de um diplomata francês e uma bela francesa que trabalhou em "muitos campos artísticos diferentes, desde a alta-costura até decoração de interiores", Bäumer nasceu em Washington, capital dos Estados Unidos. Aliás, poderia ter nascido em quase qualquer lugar, pois a carreira de seu pai levou a família a viajar por todo o mundo. Depois de frequentar várias escolas francesas, Bäumer chegou a Paris para fazer seus exames finais do ensino médio. Depois disso, estudou engenharia na École des Arts et Manufactures. Essa formação não é, de maneira alguma, incompatível com sua vocação. "Eu me especializei em inovação, *design* e produção", explica ele. "O curso baseava-se no ciclo de vida de um produto, desde a semente que é a sua concepção até a venda. Portanto, na realidade, estou fazendo exatamente o que estudei para fazer."

Bäumer sempre adorou criar coisas. Quando criança, o jovem Lorenz fabricava seus próprios brinquedos com quinquilharias. Lorenz passava o tempo todo pintando e desenhando. Ele também demonstrava talento para criar bijuterias. "Eu fabricava joias com tampas de champanhe e peças de papel alumínio roubadas da cozinha. Sentia uma forte magia emanar dessas peças."

Depois de se formar, ele começou a criar bijuterias com a marca LORENZ. "Foi uma excelente maneira de começar, porque assim eu podia me expressar criativamente sem gastar uma fortuna em matéria-prima. Sempre digo que um joalheiro precisa de três coisas: talento, tempo e capital. Mas mesmo sem esse último requisito, as bijuterias possibilitaram me dedicar ao que para mim era a mais avançada concepção de criatividade. Era relativamente fácil conseguir cristais, metais folheados a ouro e pedras coloridas."

Ele aprendeu sozinho a esculpir delicados modelos em cera e formou contatos com ourives e douradores para transformar esses modelos em peças exóticas; ele ainda se lembra com afeto dos enormes broches com figuras de animais cravejados de pedras multicoloridas. Em 1992, quatro anos depois de começar a sua empresa, Bäumer passou a trabalhar com joias finas devido à encomenda feita por um cliente. A peça encomendada era um enganadoramente simples redemoinho de fios de ouro em torno de um diamante. Depois de ele ter entrado neste novo mundo, decidiu que não sairia mais dele. "As joias finas são incomparáveis. Há nelas uma ressonância emocional e sentimental que poucos outros produtos possuem. Pode ser que uma cliente em potencial venha aqui depois de comprar alguns trajes da mais recente coleção da Chanel. Mas talvez ela hesite antes de gastar exatamente a mesma quantia em uma joia, porque quer refletir sobre a decisão, falar com o marido, e daí por diante. Devia ser uma decisão fácil, porque uma joia dura muito mais que um vestido. Porém, há um investimento emocional tão grande quando se trata de joias que comprá-las parece algo importante e significativo. E aqui, na minha opinião, se entra em contato com um dos componentes autênticos do luxo, que é a experiência."

Também é esse o motivo pelo qual Bäumer faz tanta questão de atendimento personalizado. "Quando alguém vem ao meu salão, fala com a pessoa que criou sua joia, cara a cara. Não só isso, mas a pessoa pode encomendar a esse funcionário algo exclusivamente para si. E o resultado final pertencerá ao cliente pelo resto da sua vida. Isso é algo verdadeiramente valioso. É o que distingue a joalheria de outros setores da indústria do luxo. Para mim, a joalheria combina criatividade, valor e atenção aos detalhes de uma maneira que ofusca até mesmo a mais complexa criação de alta-costura."

Isso também explica porque marcas de moda como Chanel, Dior e Vuitton entraram no ramo da joalheria durante as duas últimas décadas. "Quando camisetas de marca falsificadas feitas na Ásia ameaçam comprometer a imagem desses estilistas, ter uma coleção de joias é uma forma ideal de reforçar sua posição privilegiada."

Ironicamente, os clientes da Bäumer esperam que seus modelos sejam, ao mesmo tempo, atuais e eternos. "Eles usam as joias agora, com as modas de hoje, mas, ao mesmo tempo, uma joia é algo que se passa de uma geração para a outra e, portanto, não pode seguir as tendências modernas muito de perto. É um problema bastante típico do nosso setor; é um número de equilibrismo que todo joalheiro precisa realizar com êxito."

Bäumer costuma se descrever como um artista cênico. Diz que desempenha o papel de "maestro" no seu ateliê, ao comandar as oito pessoas que trabalham para ele lá além de vários funcionários externos. Ele me convida para uma visita aos "bastidores" do seu salão. E ali estão os jovens funcionários em sua oficina dividida em baias, estudando belíssimos e detalhados projetos de joias, tão perfeitos e precisos como planos de arquitetura, ou girando modelos tridimensionais dessas joias nas telas de seus computadores. Bäumer cria suas joias no papel à mão, mas os modelos são aperfeiçoados e detalhados na tela.

"Tudo começa com o desenho", conta Bäumer. "Trabalho espontaneamente. Descobri que se analisar demais uma ideia perco o fio da meada. Uso um bloco, um lápis e 15 canetas hidrográficas de várias cores. Desenho a joia vista de diversos ângulos, porque preciso explicar o modelo para minha equipe e para o cliente."

Em seguida os desenhos chegam ao ateliê, onde se criam imagens tecnicamente precisas. "Estamos no século XXI e, na minha profissão, como em todas as outras, a informática revolucionou a forma de trabalhar. O computador é uma ferramenta fenomenal. Posso criar uma joia virtual, girá-la no espaço, mudar instantaneamente as pedras, a cor do ouro, e daí por diante."

Depois que se criou a joia virtual, um modelista a transforma em um protótipo físico. Os modelos costumam ser esculpidos em cera. Depois disso, um ourives transforma a cera em metal usando o tradicional método da "cera perdida", que até hoje dizem que se originou no Egito antigo. O modelo de cera é envolvido por borracha líquida, que seca e depois é cuidadosamente removida do modelo original. A cera derretida é injetada na cavidade. Após ela endurecer, o novo modelo de cera é removido do molde de borracha. Essa forma de cera é coberta por gesso e vai ao forno. O calor derrete a cera, que escorre por um orifício, daí o termo "perdida". Dentro do molde de gesso oco, todos os detalhes do modelo foram reproduzidos fielmente, só que ao contrário. Então se derrama prata (ou ouro) fundida no molde, e se espera que o metal se solidifique e esfrie. Finalmente o invólucro de gesso é removido para que se revele o metal moldado no formato da nova joia.

Depois disso o joalheiro refina a peça, lixando-a e polindo-a, até mesmo cortando-a com laser. As pedras são obtidas de um grupo de fornecedores de diamantes (*diamantaires*) espalhados por Paris. Muitos ficam no 9º distrito (9éme arrondissement) que se pode alcançar por uma rápida corrida de moto da Praça Vendôme. Os diamantes, que provavelmente foram comprados em Antuérpia, serão lapidados e polidos de acordo com a encomenda por esses artesãos, que trabalham em oficinas simples, com barras de metal nas janelas, onde o pó dos diamantes se acumula imperceptivelmente nas bancadas e prateleiras. "Um mero diamante se transforma em uma joia nas mãos de um lapidador perito", afirma Bäumer. Em seu estúdio, vejo o modelo em prata de um anel e os minúsculos brilhantes que serão encravados nele. Cravação é uma atividade realizada por outro artesão. Os minúsculos fios de metal que sustentam as pedras preciosas e as prendem precisam ser invisíveis ao olho nu.

Depois que os brilhantes forem incrustados, a peça volta a ser polida. Depois, finalmente, um gravador acrescenta a assinatura de Bäumer. "Exatamente como expliquei", conclui ele, "é como uma orquestra. Se todas as partes tocarem bem, o resultado final deixará a equipe orgulhosa."

Bäumer tem um profundo orgulho de seu *métier*, que ele claramente considera mais nobre do que outros na indústria do luxo. "Não se guarda um traje durante anos porque ele lembra você do seu vigésimo aniversário de casamento. E embora algumas pessoas possam considerar um carro um presente romântico, não sei se esse presente tem o mesmo impacto que uma joia."

Ele certamente concorda com uma das premissas básicas do *marketing* dos artefatos de luxo, que é a de que os produtos não devem ser facilmente disponíveis. "Em parte por economia e em parte por opção, não possuo e nunca possuirei uma cadeia de joalherias. Quando quero vender meus produtos em Nova York ou Los Angeles, discretamente informo aos meus clientes regulares que estarei na cidade durante dois ou três dias para que eles possam marcar um encontro comigo. As chamadas 'lojas temporárias' são bastante populares na indústria de varejo, ou seja, a ideia de abrir uma loja por tempo limitado para gerar demanda. Minha abordagem, porém, é ainda mais efêmera."

Como já vimos, o alto custo de investimento torna a criação de joias de grife um negócio complexo e delicado, principalmente para joalheiros independentes. Mas alguns têm uma compreensão quase inconsciente dos componentes inerentes que tornarão os clientes em potencial ávidos por suas criações. Quem poderia resistir, por exemplo, à história de uma francesa que se apaixonou pelas pedras preciosas de Jaipur?

# UM CONTO DE DUAS CIDADES

Não resta dúvida de que Marie-Hélène de Taillac produz joias maravilhosas. Estão em exibição para o público ver, na sua butique totalmente contemporânea de Saint Germain. Embora ela ocasionalmente use diamantes, Taillac (o "de" é dispensável em língua francesa) possui uma predileção por pedras coloridas. Porém, essas supremamente delicadas gotas luminosas se tornam ainda mais deslumbrantes quando ela conta a história por trás das pedras. O que, naturalmente, é o motivo pelo qual ela conta essa história tão bem.

Primeiramente, porém, é necessário destacar a importância de Taillac para o setor de joalheria. Em 1996, quando ela lançou sua primeira coleção, o mundo da joalheira de alto nível estava indiscutivelmente ultrapassado. "Primeiro, as lojas onde se compravam joias eram conservadoras, excessivamente decoradas e desconfortáveis. Depois, a gente se sentia sempre como se a joia em si nos fizesse parecer com o retrato de um ancestral; e, além disso, não sei por que, as peças nunca combinavam com *jeans* ou com trajes de estilistas contemporâneos."

Sua ambição era criar uma coleção que incluísse joias genuínas e preciosas na vida cotidiana das mulheres. E ela descobriu a chave para isso na capital do estado do Rajastão.

Não foi inteiramente inesperado o fato de Taillac sentir vontade de ir a Jaipur. Essa francesa sofisticada vem levando uma dessas vidas agitadas, peripatéticas que causam inveja ao viajante contumaz. Nascida na Líbia, ela estudou no Líbano antes de chegar a Paris, que ela ainda considera uma cidade um tanto esnobe e inóspita. Quando seus pais voltaram de uma viagem ao Irã com fotos das joias da coroa iraniana, Taillac ficou fascinada. Quando completou 18 anos, seu plano era estudar no Instituto Gemológico da América (GIA), em Nova York. "Percebi que meu inglês não era bom o bastante, portanto, após terminar o ensino médio decidi passar um ano em Londres aprendendo a língua. A escola era perto da estação de trem de Victoria e eu só havia estado lá uma vez. Estava acostumada a ir a Londres fazer compras, por isso só conhecia as partes da cidade que encantavam os turistas. Quando cheguei à escola de línguas perto da Victoria Station, ela não me pareceu nada convidativa."

A solução óbvia foi encontrar emprego em uma joalheria. Um encontro casual com o joalheiro Nicky Butler proporcionou a ela o cargo ideal, na moderna butique Butler & Wilson situada na Fulham Road. Nicky Butler e Simon Wilson começaram vendendo bijuterias no estilo *art nouveau* e *art déco* antes de criarem suas próprias peças. Acontece que suas enormes e arrojadas criações faiscantes combinavam perfeitamente com as tendências revolucionárias, com ombreiras, vigentes na moda dos anos 1980. A marca criada pelos dois *designers* logo se popularizou, transformando-se numa espécie de culto.

Taillac combinou perfeitamente com esse ambiente boêmio e moderno. Ela acabou se tornando a assessora de imprensa da marca e fez amizade com jornalistas influentes como Hamish Bowles. Com seus estudos quase esquecidos, ela continuou a progredir durante a década de 80, em Londres, trabalhando para o joalheiro Dinny Hall, para o estilista Victor Edelstein – favorito de Diana, Princesa de Gales –, e para o chapeleiro Philip Treacy. Por volta de meados da década de 90, a sua lista de contatos era quase tão impressionante quanto sua experiência profunda do setor do luxo. "O único problema era que eu tinha passado tanto tempo trabalhando para os outros que ainda não tinha descoberto que tipo de trabalho eu mesma queria fazer."

Pensando em tornar-se estilista de moda, ela viajou para a Índia para admirar seus ricos recursos em matéria de tecidos suntuosos. Mas quando ela entrou no Palácio das Gemas de Jaipur, seu destino selou-se. Esse atacadista de pedras preciosas é o mais conceituado de todos os comerciantes e lapidadores que abundam naquela cidade – a Antuérpia das pedras preciosas coloridas. O Palácio das Gemas é administrado pela família Kaliswal e antes fornecia joias aos marajás. Os olhos de Taillac quase saltaram das órbitas quando ela viu a quantidade e a qualidade das pedras preciosas em exibição. "Eu parecia uma criança em uma confeitaria", disse ela. Seu instintivo amor pela joalheria fluiu, preenchendo todo o seu ser, e com ele surgiu o desejo de criar uma coleção só dela.

"Fui até lá com a intenção original de agradar uma amiga japonesa, que havia me pedido para trazer algumas pedras para ela", narra Taillac. "Cheguei em um momento oportuno, porque era o meio do verão e estava extremamente quente. Havia pouquíssimos turistas. Por isso pude ficar algumas semanas absorvendo o clima. Minha primeira coleção nasceu dessa experiência."

É fácil ver por que Taillac considerou Jaipur inspiradora. Um trecho de um artigo de 2006 publicado na revista *Time Style & Design* descreve perfeitamente o clima da cidade: "Macacos balançando, pendurados nas fachadas dilapidadas em estilo barroco, prensas de cana-de-açúcar soltando fumaça... Em toda parte ouve-se o chiado estridente das rodas dos lapidadores". ("Passagem para a Índia", primavera de 2006). Taillac fechou negócio com Munnu Kasliwal, um dos donos do Palácio das Gemas, e hoje em dia ela compra a maioria das suas pedras através de sua empresa. Ela até mesmo abriu um ateliê ao lado do Palácio: mora em Jaipur durante seis meses do ano com seu filho Edouard, criando suas coleções com um grupinho de artesãos leais.

A primeira coleção de Taillac, em 1997, exibia todas as características que tornaram famosas as suas joias: elegantes, porém boêmias, com gemas preciosas coloridas, lapidadas de maneira especial, que pareciam explodir de seus engastes discretos. Taillac aplicou o corte chamado *bricolette* no formato de gota, em geral reservado para diamantes ou pedras como a calcedônia, de cor azul pastel, ou a opala de fogo cor de laranja vivo. Ela misturou pedras preciosas e semipreciosas, sem nenhum remorso. Seus colares eram torrentes faiscantes e coloridas. Taillac combinou a luz brilhante e a vibração da Índia com seu próprio conceito de moda para aquecer o mundo gelado da joalheira fina parisiense.

Graças aos contatos que havia feito durante sua carreira como funcionária de outros estilistas e joalheiros, ela tinha público suficiente para exibir sua primeira coleção. Quase imediatamente, a loja conceitual parisiense Colette, a influente butique londrina Brown's e a loja de varejo de moda de alto nível nova-iorquina Barney's encomendaram algumas peças. Em breve, joalherias japonesas estavam solicitando seus modelos com insistência. A demanda quase nunca parou desde essa época. "Ouvi comentários de que minha primeira coleção era incomumente madura e autoconfiante, mas ela já estava na minha cabeça há mais ou menos 20 anos!" comenta ela. "Além disso, além de um lado criativo, eu também sabia ser empresária. Entendia muito bem o segmento onde estava entrando. Conhecia a Barney's e o meu mercado alvo."

Mas o mercado de joias de luxo não era tão grande assim na época. A Barney's tinha apenas um balcão de joalheria. "Só que depois que ela começou a comprar minhas joias, precisou mudar de lugar o departamento de cosméticos para aumentar o espaço destinado às joias e acessórios. A empresa desenvolveu-se incrivelmente durante a última década."

Marie-Hélène de Taillac, sem dúvida alguma, contribuiu para essa nova onda de interesse em joias finas. Ela tem um talento notável para comunicar sua forma de luxo. Ela confia na propaganda boca a boca e na cobertura da imprensa em vez de campanhas publicitárias, e sua história fascinante atrai uma boa quantidade de mídia. Ela também criou duas butiques que são expressões perfeitas do posicionamento de sua grife.

A primeira, na Rive Gauche, deliberadamente "baniu as noções preconcebidas de como deve ser uma joalheria". Taillac acredita que a forma tradicional de exibir joias na verdade não permite que se vejam a beleza e as cores das pedras. Ela contratou o principal *designer* da Habitat, Tom Dixon, para transformar o pequeno espaço em um prédio tombado do século XIX em um salão aberto e bem iluminado. Paredes espelhadas e balcões com vitrines refletem a luz perolada de Paris nas tábuas corridas cor de mel do assoalho. Estranhas luminárias em formato de globos flutuam acima do salão, enquanto sofás vermelho vivo, paredes azul-celeste e vívidas pinturas de pedras preciosas fazem lembrar as cores da Índia. Os clientes são tratados como convidados e ficam sentados, esperando que as joias venham até eles, como deliciosos docinhos em bandejas brancas. Ao visitarem essa butique os clientes se sentem mimados e privilegiados, o que é tudo que o consumidor de luxo exige.

A segunda butique fica em Tóquio, uma cidade que Taillac descreve como "futurista e graciosa ao mesmo tempo". O mesmo se poderia dizer de sua loja de varejo no coração do bairro de Aoyama. Dessa vez, Taillac contratou o decorador australiano Marc Newson para ajudá-la na criação do espaço. Ela desejava que a butique fosse tão moderna quanto a própria cidade de Tóquio, mas ao mesmo tempo "luxuosa... tranquila, confortável e convidativa". As paredes são laqueadas de azul, o piso revestido de couro flexível bege. Os clientes refestelam-se em sofás de couro, à espera de que os funcionários lhes tragam bandejas de joias. Nas palavras de Taillac, "o efeito geral é de uma bolha futurística ultra luxuosa com nuvens de gemas cintilantes e irisadas passando a flutuar sobre telas ou emolduradas em bandejas brancas e lustrosas. Tem-se a impressão de que a Praça Vendôme está a um milhão de quilômetros de distância e em uma época totalmente diferente."

Uma coisa que identifica Marie-Hélène de Taillac como genuína fornecedora de joias de luxo é aquele raro componente na produção e venda de bens de consumo: a paixão. Taillac sente um genuíno amor pelas pedras preciosas. Ela identifica-se com os indianos que colocam pedras preciosas sob o travesseiro à noite para afastar os pesadelos. Muitos de seus modelos permitem às pedras entrarem em contato com a pele do usuário, porque acredita-se que isso faça bem à sua alma.

"Faz sentido para mim, porque as pedras mudam ligeiramente de cor depois que a pessoa as usa durante algum tempo. Elas são nutridas pela personalidade do usuário. Já li muito a respeito da mitologia que cerca as pedras preciosas e estou convencida de que você jamais escolhe uma pedra por acaso. A escolha tem muito a ver com seu estado emocional. Se a pessoa se sentir fragilizada, escolherá uma gema cor-de-rosa, porque ela promove a autoconfiança. Se a pessoa estiver grávida, pode se sentir inexplicavelmente atraída pelas pedras cor de laranja, porque essa é a cor da fertilidade. Já testei essas teorias muitas vezes, e elas funcionam de verdade."

Marie-Hélène nos revela tudo isso não no tom persuasivo de voz de um vendedor, mas rapidamente, com um entusiasmo quase inocente. Ela pode ser uma empresária habilidosa, mas tem um lado romântico tão largo quanto o rio Ganges.

Com sua coleção e suas butiques, Marie-Hélène de Taillac traduziu seu nome aristocrático e sua experiência no mundo do luxo para a marca de joias contemporânea e elegante MHT. Ao mesmo tempo, porém, ela continua a escrever seu próprio conto de fadas em um ateliê empoleirado acima da poeira e da azáfama urbana de Jaipur. Embora ela tenha quatro artesãos trabalhando a seu lado, ela mesma seleciona as pedras que eles lapidam, e cada um dos itens que ela vende passou por suas próprias mãos. Sua marca vai continuar se expandindo, mas sua abordagem artesanal definirá os limites dessa expansão. E é assim justamente que ela quer que seja.

# 4

# De olho nos relojoeiros

*"Continuar sendo uma genuína marca de luxo é um desafio."*

Nos arredores de Genebra há um bairro chamado Plan-les-Ouates onde se concentram algumas indústrias leves. Os habitantes do lugar chamam-no, brincando, de Plan-les-Watches, a planície dos relógios. Quando se passa de carro pelo bairro, logo se entende o porquê desse apelido. Quase todos os prédios são sede de uma relojoaria internacionalmente famosa. Em questão de minutos, passei pela Rolex, Vacheron Constantin, Patek Philippe e Fréderique Constant. Vou fazer uma visita à Piaget, que concordou em divulgar os segredos que tornaram a Suíça o país líder em produção de relógios de luxo, com exportações anuais de mais de 16 bilhões de francos suíços, ou 10,3 bilhões de euros, na época em que este livro estava sendo redigido.

Os relógios Piaget são montados em um local chamado La Manufacture, uma fábrica construída em 2001 para reunir operários antes espalhados em inúmeras oficinas de Genebra. Vista de cima, conforme me informaram, a fábrica lembra o formato de um relógio de pulso. Cerca de 20.000 relógios saem daqui todo ano, inclusive 150 novos modelos e várias peças feitas sob encomenda. Em uma curta visita, vejo os relojoeiros montando os relógios cuidadosamente à mão. A Piaget também fabrica joias finas, projetadas e manufaturadas nesta fábrica.

Mas La Manufacture é na verdade apenas a fachada da Piaget. Para vislumbrar mesmo a alma da empresa é preciso entrar de novo no carro e rumar para a cadeia montanhosa do Jura. Apesar de os relógios serem finalizados nos subúrbios de Genebra, seus mecanismos são feitos em uma aldeia remota chamada Côte-aux-Fées. A tradução desse nome é Colina das Fadas, mas esse "conto de fadas" tem uma etimologia mais prosaica: em um dialeto local antigo, "faye" significa "carneiro", portanto, a aldeia originalmente se chamava Côte-aux-Fayes. Mas com certeza a versão mais moderna é melhor para fins de promoção da marca.

Chegando-se à serra do Jura em um princípio de tarde de outono, avistam-se encostas verdejantes; há campinas e florestas de pinheiros interrompidas em diversos pontos por casas de campo de tijolos ou de vigas de madeira. Mas dentro de alguns meses esta área se tornará uma imensidão impenetrável, completamente branca. No meio do inverno, as condições serão rigorosas o suficiente para desafiar até mesmo a tecnologia dominadora da natureza do século XXI, e apenas os motoristas mais determinados tentarão abrir caminho através dos montes de neve. No século XIX, Côte-aux-Fayes e suas aldeias vizinhas ficavam totalmente incomunicáveis no inverno.

E esse, segundo dizem, foi um dos fatores que possibilitou o desenvolvimento da indústria de relógios suíça. Os habitantes originais das montanhas do Jura eram em sua maioria fazendeiros, que cuidavam de suas plantações e de seu gado durante os meses quentes do ano. Mas quando o inverno se aproximava, eles eram forçados a ficar dentro de casa. Protestantes ferrenhos, eles eram alérgicos ao ócio. Portanto, enquanto as mulheres permaneciam sentadas ao pé da lareira fazendo rendas, os homens construíam quebra-cabeças de madeira e brinquedos, e mais tarde passaram a montar mecanismos complexos, terminando por fabricar relógios que eles levavam para a cidade para vender assim que a neve derretia.

Há mais uma explicação, também ligada ao protestantismo – ou melhor, ao calvinismo. De acordo com as reformas da Igreja implementadas pelo teólogo John Calvin em 1541, era proibido usar joias e objetos finos. Isso forçou os ourives e joalheiros suíços a voltarem-se para outra ocupação: a relojoaria. A guilda dos relojoeiros de Genebra foi fundada em 1601. Logo a cidade ficou tão cheia de relojoeiros que os recém-chegados acabaram se instalando na área tranquila do Jura, já conhecida por seus artesãos talentosos. Segundo a Federação da Indústria da Relojoaria Suíça, por volta de 1790 Genebra já exportava 60.000 relógios por ano.

Nascido em Côte-aux-Fées, na parte do Jura que fica na Suíça, em meados do século 19, Georges Edouard Piaget só possuía duas escolhas de carreira: fazendeiro ou relojoeiro. Ele preferiu a segunda, tornando-se aprendiz de um artesão local antes de abrir sua própria oficina em 1874. Ele tinha apenas 19 anos. Piaget passou muitos anos, depois disso, sendo apenas fornecedor, antes de tornar-se dono de marca. Ele fornecia mecanismos para outras empresas fabricantes de relógios. Depois de seu casamento com Emma Bünzli em 1881, a loja de Piaget aumentou quase tão depressa quanto sua família, obrigando-o a se mudar para um estabelecimento maior.

Quando o carro termina de subir uma última ladeira e descreve uma curva para entrar no pequeno casario que compõe a aldeia, é possível ver o edifício alto e cinzento onde Piaget morou, trabalhou e ajudou a criar nada menos que 14 filhos – "effet du froid" [consequência do frio], nas palavras de Victor Hugo.

Piaget não chegou a ver o seu nome no mostrador de um relógio de pulso. Ele morreu em 1931, quando a empresa já estava sendo dirigida pelo seu terceiro filho, Timothée. Mas foi a terceira geração que elevou a Casa de Piaget a alturas ainda maiores. Os filhos de Timothée, Gérald e Valentin, tinham talentos específicos que os capacitaram a transformar esta empresa artesanal em uma marca de luxo genuína. Gérald era empresário, amplamente viajado, eloquente, com uma boa cabeça para números. Valentin era um habilidoso relojoeiro, cuja veia criativa o levou a fazer não apenas meros mecanismos, mas relógios requintadíssimos, maravilhas esguias com caixas elegantes. Em 1940, o nome Piaget surgiu em um relógio de pulso pela primeira vez. Dois anos depois, a empresa já tinha um *slogan* publicitário: "Luxo e Precisão".

Em 1945, a Piaget mudou-se do edifício cinzento para um edifício mais branco, muito mais espaçoso, do outro lado da rua. A nova fábrica, grande o suficiente para abrigar 200 operários, era uma visão imponente na aldeia minúscula. E é aqui que os mecanismos de Piaget são feitos, até hoje. Aliás, não só os mecanismos: uma equipe de engenheiros especializados também faz as ferramentas que permitem aos relojoeiros montar essas máquinas de marcar o tempo tão delicadas.

Durante meu passeio, ouvi dizer que até mesmo o mais simples mecanismo possui 163 peças. Um mecanismo de relógio de pulso automático contém mais ou menos 200, um mecanismo "complexo" (um relógio de pulso com adições intrigantes como fusos horários diferentes, as fases da lua e daí por diante) possui mais de 300. E o relógio inteiro começa com a "platina", um disco de metal que lembra uma moeda exótica gravada com ranhuras que mais parecem runas. Esta é a base sobre a qual se monta o mecanismo do relógio. À medida que vou acompanhando esse processo, o acúmulo de camadas interconectadas de minúsculas engrenagens e coroas, finalmente percebo o verdadeiro objetivo dos misteriosos "rubis" que cada relógio de pulso possui. Aliás, diga-se de passagem que eles são mesmo minúsculos rubis perfurados, que agem como mancais de componentes. O cientista suíço Nicolas Fatio de Duillier desenvolveu essa tecnologia no início do século 18 e a patenteou em 1705, embora hoje em dia se usem rubis sintéticos. Um relógio de pulso que se preze contém entre 15 e 21 rubis.

Há algo de hipnótico em observar os relojoeiros. É como testemunhar a montagem de um universo em miniatura, e naturalmente os criacionistas já usaram essa ocupação como uma analogia, alegando que as complexidades da vida justificam a existência de um criador inteligente. Essa polêmica devia ser familiar para o poeta suíço Blaise Cendrars, cujo aprendizado na oficina de um relojoeiro suíço na Rússia, em sua juventude, o transformou em alguém incuravelmente curioso por descobrir como o mundo funcionava. Suas obras da década de 1920 cantavam a modernidade e a mecanização. Ele sentia, conforme suas próprias palavras, uma admiração por "todas essas fábricas lindas, todas essas máquinas engenhosas" ("A Arte da Ficção", *Paris Review*, primavera de 1966). Para os relojoeiros, deve haver algo de profundamente satisfatório no ato de criar esses minúsculos corações mecânicos pulsantes do nada.

À medida que vou passando pela fábrica, noto outra vez que os operários são jovens e cosmopolitas. Alguns deles podem estar usando a lupa clássica tão típica desse ofício, mas nenhum deles tem cabelos brancos nem ombros caídos, como eu havia imaginado. O diretor de recursos humanos da Piaget, Yves Bornand, o meu guia nesta excursão, me conta que há uma demanda considerável por jovens relojoeiros.

Há escolas na Suíça, na França, no Canadá e nos Estados Unidos. Até mesmo a Espanha e a Finlândia possuem uma escola cada, em Barcelona e em Espoo. Algumas dessas escolas mal têm estudantes suficientes para preencher as vagas disponíveis. "Mas não estão se formando novos profissionais na velocidade necessária, embora a demanda por relógios continue alta", disse Bornand. "Os relógios estão longe de ser objetos condenados à extinção."

Será? Eu me lembro de alguns dos meus amigos que não usam mais relógios de pulso porque podem verificar a hora nos seus telefones celulares. Pode ser que os relógios estejam destinados a se tornarem objetos puramente luxuosos, no sentido de não serem essenciais. A indústria em si parece saber que é hora de se preparar para essa eventualidade, atraindo os colecionadores com relógios cada vez mais complexos e caros. Tomemos o famoso Opus 3, desenvolvido por Vianney Halter e Harry Winston. É um relógio de pulso mecânico com um mostrador digital: os números aparecem em uma fileira de seis janelas. Quando se revelou seu protótipo na feira de relógios Baselworld em 2003, ele nem mesmo funcionava. Foram necessários mais cinco anos de desenvolvimento para que um modelo que funcionasse fosse lançado. Esperava-se que o relógio custasse mais de 70.000 dólares. ("Apresente o produto com alarde, depois o faça funcionar", *International Herald Tribune*, sábado-domingo, 14-15 de dezembro de 2008.)

Na crise econômica que começou no fim de 2008, a indústria de relojoaria suíça sofreu como qualquer outra. Em novembro daquele ano, as exportações caíram 15%, pela primeira vez desde março de 2005. O segmento de "luxo acessível" levou o golpe mais sério, sendo que as vendas de relógios que custavam entre 300 e 2.000 euros encolheram 30%. Uma vez mais, porém, a faixa superior do mercado aguentou firme. O mercado de relógios de mais de 2.000 euros retraiu-se apenas 5% (Reuters, 18 de dezembro de 2008).

A Suíça passou por épocas de aperto antes, ameaçada pelos fabricantes de relógios de pulso de quartzo e mostrador de cristal líquido dos Estados Unidos e do Japão, na década de 1970. Mas reagiu, como agora, através da insistência na autenticidade, na confecção artesanal primorosa e no luxo. A Piaget se colocou neste nicho na década de 1950, quando deliberadamente cobrava preços altos por seus produtos e procurava se esforçar por inová-los. Um importante momento decisivo foi o lançamento em 1957 de seus relógios de pulso calibre 9P: o mecanismo mais esguio do mundo. Particularmente atraentes para as mulheres, que naturalmente não queriam máquinas com caixas grandes nos pulsos, esse modelo permitiu que os relógios fossem tão finos quanto papel e tivessem mostradores maiores e mais extravagantemente decorados. A Piaget começou a se afastar da criação de relógios puramente funcionais e a aproximar-se da joalheria fina. O *slogan* que adornava seu catálogo de 1957 era: "Piaget, o relógio da elite internacional".

A insistência da empresa em relógios de pulso como joias possibilitou à Piaget resistir à crise da década de 1970 bem melhor do que algumas de suas rivais. Em vez de se opor à revolução do quartzo, Piaget a assumiu, usando essa tecnologia para desenvolver ainda mais seus modelos ultrafinos. A década também testemunhou o nascimento de um de seus modelos mais bem-sucedidos, o Piaget Polo. Os mostradores dos relógios de pulso foram discretamente integrados em pulseiras planas de ouro, sem nenhuma ruptura visível na linha da pulseira. Sem saliência ou demarcação, o mostrador do relógio de pulso integrou-se na peça como um todo em vez de ser seu foco. O resultado foi um híbrido de joia com relógio de pulso.

Essa foi uma combinação perfeita quando o conglomerado suíço Richemont, que já era proprietário da Cartier, adquiriu a Piaget durante a grande consolidação de marcas de luxo na virada do milênio. A Richemont também é proprietária de outras grifes da relojoaria como Vacheron Constantin, Jaeger-LeCoultre, IWC e Panerai. Mas agora que a Piaget faz parte de um grande conglomerado de empresas, não estará ela sofrendo pressão para aderir à filosofia do "luxo de massa"?

## VENDENDO TEMPO

"Continuar sendo uma genuína marca de luxo é um desafio", admite Philippe Léopold-Metzger, CEO da Piaget. "De vez em quando nos questionamos, imaginando se estamos na rota certa, quando se observa a fatia de mercado que poderíamos atingir com uma diversificação, colocando-nos em uma posição mais voltada para o mercado de massa. Isso poderia acabar influenciando de maneira negativa a imagem de nossos produtos, mas seria possível corrigir esse problema com uma propaganda muito sofisticada. Portanto, a questão é: qual o tamanho crítico para que uma empresa sobreviva? Porque é muito bom ser uma empresa pequena e exclusiva, mas no mercado de luxo de hoje em dia há o risco de que o nome dessa empresa seja esquecido."

Léopold-Metzger acredita que a Piaget está numa posição privilegiada porque goza da proteção da Richemont sem qualquer pressão evidente para gerar um alto volume de vendas. "Eles possuem uma visão de suas marcas a um prazo bem longo. Desejam que sejamos bem-sucedidos, é claro, mas não fazendo algo que possa prejudicar a marca e reduzir sua importância para as futuras gerações."

Uma verdadeira marca de luxo, segundo Léopold-Metzger, concentra-se fortemente em um ou dois objetivos. "Nós só fazemos duas coisas: relógios de pulso e joias. Só usamos um número limitado de materiais: ouro, às vezes platina e pedras preciosas. Deliberadamente possuímos um preço de entrada muito alto: não vendemos quase nada por menos de 2.500 euros para mulheres e 6.500 euros para homens. Mantemos os níveis de produção relativamente baixos. Portanto, em suma, prezamos a exclusividade e a perícia. Mas, ao mesmo tempo, podemos investir em mídia o suficiente para obter visibilidade no nosso mercado alvo."

A propaganda de relógios de pulso de luxo é previsível a ponto de ser tediosa. As marcas tendem a evitar a televisão (excessivamente voltada para o mercado de massa), e concentrar-se em anúncios em revistas "glamourosas". Em sua forma mais tradicional, os anúncios transformam o produto em um astro, colocando o relógio de frente com os ponteiros parados na posição dez para as duas (de forma que o relógio pareça estar "sorrindo"), acima de um comentário espirituoso sobre os materiais requintados e a engenharia precisa empregados em sua confecção.

Uma opção mais cara é contratar uma celebridade. Essa não chega a ser uma estratégia: a Rolex já vem fazendo isso desde 1927, quando orgulhosamente se gabou de que uma mulher chamada Mercedes Gleitze tinha atravessado o Canal da Mancha com um Rolex Oyster no pulso. O piloto Chuck Yeager estava usando um Rolex quando rompeu a barreira do som; Sir Edmund Hilary consultou seu Rolex para saber as horas quando terminou de escalar o Monte Everest. A Omega foi mais além e garantiu aos seus clientes em potencial que os astronautas estavam usando seus relógios durante os voos espaciais da nave Apollo.

Mais recentemente, como afirma a revista virtual *Haute Horlogerie*, a ênfase publicitária passou a ser sobre o *glamour* associado a marca, em vez de exaltar o desempenho. "Antes uma fonte de credibilidade, hoje em dia esses embaixadores vêm com a promessa de notoriedade. Eles não se preocupam tanto em provar, mas sim em seduzir." ("Famosos invadem a *haute horlogerie*", http:// journal.hautehorlogerie.org). A Rolex vem se concentrando em pessoas famosas do mundo dos esportes e das artes, incluindo de vez em quando um explorador. A Breitling expressou seu posicionamento favorável aos aviadores escolhendo como garoto-propaganda John Travolta, piloto e ator. A Tag Heuer voltou sua atenção para os filmes (entre os astros de seus comerciais encontramos Brad Pitt, Uma Thurman e Steve McQueen, ressuscitado dos mortos). A Omega fez o mesmo (James Bond e Nicole Kidman). Aliás, *merchandising* em filmes vem sendo uma outra opção de *marketing* para as marcas de relógios de pulso. A Omega já é o "relógio preferido de James Bond" desde 1995.

A Piaget certamente não ficou imune à atração exercida pelas celebridades. Em 2005, lançou uma campanha onde cartazes criados pela agência de publicidade Saatchi & Saatchi traziam a atriz francesa Marie Gillain. Mas havia alguns fatores de diferenciação: Gillain não era uma estrela internacional de destaque; e a direção de arte era dos artistas franceses Pierre e Gilles, o que emprestou ao anúncio uma atmosfera surrealista e extravagante, que não parecia estar de acordo com uma marca de luxo já bem desenvolvida. Só que isso, segundo Léopold-Metzger, foi inteiramente proposital.

"Queríamos demonstrar que somos uma marca criativa. As empresas fabricantes de relógios de luxo lidam com *status*, portanto muitas delas ficam produzindo modelos icônicos que são instantaneamente reconhecíveis. Mas a inovação faz parte do nosso DNA, portanto queremos enfatizá-la."

Léopold-Metzger diz que embora os relógios da Piaget tenham sido vistos nos pulsos de grandes celebridades, ele sente que isso não é algo que deva ser excessivamente enfatizado. "Gosto de pensar que nossos clientes estão cientes da nossa história e da nossa reputação. Eles não precisam do fator tranquilizador que vem com o conhecimento de que Nicole Kidman usou um certo relógio."

Da mesma maneira, embora a Piaget tenha um *website* atraente (www.piaget.com), ainda não se aventurou a empreender comércio eletrônico. "Não sei se vamos chegar a fazer isso, mas era claramente importante termos um lindo *site*. O mercado que queremos atingir é relativamente jovem, dado o preço de nossos produtos, principalmente nos mercados emergentes da Ásia. Portanto, precisamos nos comunicar de forma inspiradora e jovem. E não creio que os clientes mais jovens levem uma marca a sério se ela não mostrar que sabe o que está fazendo *online*."

Porém, a Piaget é fã da experiência que os clientes podem ter em lojas de tijolo e argamassa. A Piaget possui 65 butiques no mundo inteiro, as quais Léopold-Metzger descreve como "mais poderosas do que qualquer anúncio". Ele explica: "Da mesma maneira que medimos a propaganda por visualizações, podemos medi-la por quantos milhares de clientes entram na loja. E tenho certeza de que a vizinhança exerce um efeito bem mais forte sobre esses clientes do que uma página em uma revista. Tomemos a *Vogue* como exemplo; algumas edições dessa revista contêm 500 páginas, aproximadamente. A menos que se compre uma página dupla, há uma boa chance de que sua propaganda não seja lida. Mas se temos uma loja bonita, com uma decoração magnífica, em uma das ruas mais elegantes do mundo, estamos oferecendo uma imagem bem mais precisa da marca."

Para ver até que ponto a Piaget leva o ambiente da loja a sério como componente da imagem da marca, voltei na manhã seguinte ao centro de Genebra. Eu tinha um compromisso marcado na Rue de la Rhone, a rua mais classuda da cidade. Ali a Piaget montou não uma butique convencional, mas uma "experiência da marca". Para começar, atrás de uma tela de Perspex podem-se ver dois jovens relojoeiros trabalhando em um ateliê em miniatura, com ferramentas semelhantes às que vi em Côte-aux-Fées. Os clientes podem trazer seus relógios à loja para que sejam consertados ou revisados, ou simplesmente podem vir ver de perto como se pratica a arte da relojoaria.

Além disso, desde 2008, o segundo andar da butique vem apresentando uma Galeria do Tempo (não se deve chamá-la de "museu"), dedicado à história da marca. Ela foi montada para tirar vantagem das aproximadamente 700 peças históricas que estavam envelhecendo no cofre da empresa em Plan-les-Ouates. Hoje em dia, há duas exibições temáticas por ano, mais uma exibição permanente contando em detalhes a história da marca. Por exemplo, podem-se ver lá o relógio calibre 12P, com exatos 2,3 mm de espessura, que quebrou o próprio recorde da empresa como criadora do mecanismo automático mais fino do mundo. Ou o relógio que ela projetou em parceria com Salvador Dali. Relógios de ouro maciço, relógios cravejados de brilhantes, todos estão nesta exposição para que os entusiastas babem diante deles. Crucialmente, além de desempenhar o papel de *outdoor* gigantesco tridimensional para a Piaget, a Galeria do Tempo, como o Museu Patek Philippe que fica próximo, evidencia a posição que Genebra ocupa como cidade dos especialistas em relógios de pulso.

A Suíça não monopoliza a produção de relógios de luxo. Desde a reunificação da Alemanha, a cidadezinha de Glashütte, perto de Dresden, vem emergindo como um concorrente improvável graças a marcas como A. Lange & Söhne e Glashütte Original (a primeira, propriedade da Richemont, como a Piaget; a segunda, pertencente ao Grupo Swatch, como a Omega). A indústria de relógios de pulso sobreviveu nesta região como que protegida por uma bolha, fornecendo relógios para os países comunistas do Oriente e ao mesmo tempo evitando a concorrência do Ocidente. Agora concorre no mercado internacional e seus relógios estão obtendo críticas positivas dos especialistas.

Para o público em geral, porém, a Suíça continua sendo a capital por excelência das marcas de relógios de pulso luxuosos. E graças a uma combinação favorável de geografia com história, além de seus próprios esforços promocionais, não é provável que esse país perca esse *status* tão cedo.

5

# Atração por automóveis

*"É possível criar uma imagem de luxo. Se sua marca possui substância, veracidade e longevidade, são outros quinhentos."*

O *Mondial de l'Automobile*, ou seja, o Salão do Automóvel de Paris, é espetacular. Vários hangares gigantescos, formando um espaço de exibição do tamanho de um aeroporto de pequenas dimensões, ficam repletos de lustrosas carrocerias automotivas. E como a indústria automobilística nunca adotou totalmente um posicionamento politicamente correto, muitos desses veículos estão literalmente cobertos de mulheres bonitas. Há muitos profissionais da indústria nesta feira, identificáveis pelos seus ternos e pela energia nervosa que deixam transparecer. Mas esta feira é também um evento familiar; o número de pais e filhos, cada um de olhos mais arregalados que o outro, é impressionante. Realizado em outubro, a cada dois anos, esse é o salão do automóvel mais visitado do mundo. Ele atrai quase 1,5 milhão de visitantes durante suas duas semanas de duração.

Pessoalmente, nunca fui fanático por automóveis. Já fui dono de alguns carros, é claro, especialmente quando tinha 20 e poucos anos e morava no interior. Mas quando moramos na cidade, ter um carro passa a ser irrelevante, assim como antiprático. Aliás, sempre achei os motoristas urbanos arrogantes. Passam o tempo sentados sozinhos em suas máquinas poluidoras, loucos para desrespeitar um sinal vermelho, ignorar uma faixa de pedestres ou xingar um ciclista. Convenhamos, a menos que tenhamos uma família grande ou um emprego que exija deslocamentos constantes de um ponto a outro, só existe um motivo para ter um carro quando se mora em uma cidade grande: *status*.

E, no entanto, não sou imune à atração por automóveis. Adoro filmes com cenas de pegas entre carros. Sempre solto um suspiro de inveja ao ver um carro clássico passando por mim na rua: um Daimler V8, por exemplo, ou um Citroën DS. E ocasionalmente me arrependo de ter deixado de dirigir há tanto tempo que viro um poço de nervosismo quando tenho que dirigir um carro alugado. Consolo-me com o fato de que, quando se mora em uma cidade grande, ter um carro é um luxo.

Talvez seja por isso que no Salão de Automóvel de Paris eu me sinta perversamente atraído pelos mais grandiosos e exuberantes carros de todos. Vou até o Salão 5, o *Pôle Prestige*, onde se exibem os carros de luxo. Mal consigo despregar os olhos do mais recente lançamento da Lamborghini, o qual, como sempre, parece uma versão de carro esporte saída de um sonho infantil. Mas preciso seguir adiante, porque tenho um encontro marcado com uma de minhas marcas prediletas: a Bentley.

## OS MENINOS DA BENTLEY

Tudo começou com James Bond. No mundo cinematográfico, o imortal agente britânico está associado à marca Aston Martin. Mas ele só dirigiu um Aston em um dos livros, *Goldfinger*, e era um carro de trabalho. Bond era apaixonado mesmo pelo seu "cupê Bentley 1930 de 4,5 litros com sobrealimentação, que ele mantinha cuidadosamente regulado para poder andar a 100 km/h quando quisesse" (*O Foguete da Morte*, 1955). Mesmo quando adolescente, sempre desconfiei que o criador do James Bond, Ian Fleming, era um esnobe genuíno, e que, sendo assim, seu agente secreto só podia ter do bom e do melhor.

O chefe do setor de vendas e *marketing* da Bentley, Stuart McCullough, fica compreensivelmente feliz ao escutar isso. "Como você sabe, 'luxo' é uma palavra usada e repetida. Ou seja, até chocolate pode ser descrito como coisa de luxo. Felizmente, tenho a impressão de que esta ideia está recuperando um pouco do seu sentido original. Quanto à Bentley, aspiramos a estar no ápice, a ser um dos luxos mais inalcançáveis. Os preços começam a partir de 115.000 libras esterlinas, mas o céu é o limite. Na nossa fábrica, em Crewe, oferecemos o que, no final das contas, equivale a um serviço de encomenda sob medida. Podemos construir um carro sob medida para você do início até o fim, segundo as suas especificações. Já montamos veículos para clientes do Golfo que custaram um milhão de dólares cada."

Por que escolher um Bentley e não, digamos, um Rolls-Royce? Uma pergunta um pouco capciosa. A Bentley tem um legado vistoso, mas sua história é tão preta e branca quanto uma bandeira quadriculada de corrida automobilística.

Walter Owen Bentley era um homem intrépido, com mania de velocidade. Nascido em uma família londrina abastada em 1888, foi aprendiz na Great Northern Railroad antes de voltar sua atenção para os automóveis, fazendo manutenção nos táxis da National Motor Cab Company. Nas horas vagas ele adorava arriscar-se nas corridas de motocicletas na Ilha de Man ou no novo circuito de Brooklands. Em 1912, seu emprego já não conseguia mais satisfazer suas ambições, de modo que ele se associou a seu irmão H. M. Bentley e se tornaram representantes britânicos de um automóvel francês chamado Doriot, Flandrin et Parant. O veículo era descrito como "rápido, robusto, de caráter desportivo e da mais alta qualidade". Inspirado por um pistão de alumínio usado como peso de papel por um dos diretores da DFP na França, Bentley mais tarde equipou seus próprios carros com pistões feitos desse revolucionário material leve. Essa adaptação permitiu que a Bentley ultrapassasse os seus concorrentes, que ainda duvidavam da capacidade do alumínio para resistir ao calor.

Durante a I Guerra, Bentley empregou seus conhecimentos a nível militar, projetando motores para o caça Sopwith Camel. Finalmente, em 1919, conseguiu voltar sua atenção para sua meta definitiva: a criação de seu próprio automóvel. O Bentley de três litros foi lançado em 1920, inicialmente como protótipo. Por uma feliz coincidência, o primeiro cliente foi um *playboy* e piloto de automóveis rico, chamado Noel Van Raalte, que recebeu seu Bentley de três litros em 21 de setembro de 1921.

A década de 1920 é considerada a época de ouro da Bentley. Houve uma série de triunfos em corridas automobilísticas: um quarto lugar na corrida inaugural das 24 horas de Le Mans em 1923, que se transformou em primeiro lugar no ano seguinte, um feito que se repetiria várias vezes. Enquanto isso, a Bentley estava refinando seus motores para adaptar-se a uma demanda por chassis mais pesados e luxuosos. Isso levou ao Bentley de 6,5 litros e sua versão para competições, conhecida como Speed Six.

Essa também foi a época dos Meninos da Bentley, uma equipe de pilotos automobilísticos que mantinham a Bentley na *pole position*, e que tiveram um impacto indelével sobre a marca. Entre eles contavam-se o ás da aviação Glen Kidston, o jornalista automotivo S. C. H. "Sammy" Davis, o *playboy* Barão D'Erlanger e o herdeiro do Processo Kimberley para diamantes, Woolf "Babe" Barnato. Esse apelido do corpulento Woolf era irônico. Ex-oficial de artilharia e jogador de críquete de primeira, ele tinha herdado uma fortuna de muitos milhões de libras quando tinha apenas dois anos de idade. Seu amor pelas corridas era tanto que ele se tornou acionista majoritário e presidente da Bentley em 1925. Ele venceu Le Mans três vezes seguidas, a partir de 1928.

Mas a depressão da década de 1930 deu início a um período de trevas que iria prejudicar a empresa durante décadas. A Bentley sempre tinha considerado a Rolls-Royce sua arquirrival, daí o ressentimento criado quando a Rolls comprou a Bentley, financeiramente debilitada, no que foi considerado uma fusão hostil, usando o nome British Equitable Trust como fachada na negociação. Considerando-se depois disso pouco mais do que um empregado, W. O. Bentley saiu da empresa. Do período da guerra em diante, os carros da Bentley começaram a se parecer com clones de Rolls-Royce, vendidos a preços mais baixos, com seu legado competitivo diluído. Um dos poucos pontos positivos da fusão foi a mudança da produção de Derby para Crewe, que havia se tornado um polo de engenharia durante a guerra.

A década de 1970 pode ter sido a mais negra de todas, com a Bentley ocupando apenas 5% da produção da Rolls-Royce. Em 1973, a Rolls-Royce Motors, que andava mal das pernas, passou a ser uma empresa à parte, enquanto a fábrica de motores de aviões e de navios que era mais bem-sucedida foi temporariamente absorvida pelo governo, até ser privatizada como Rolls-Royce S.A. pela administração Thatcher. Em 1980, a empresa de engenharia Vickers comprou a Rolls-Royce Motors e, com ela, o nome Bentley. Com a criação dos modelos de alto desempenho

presas após elas se fundirem em 1959. A Mulliner foi responsável pela carroceria do Bentley tipo R Continental. Agora chamada Bentley-Mulliner, é o ramo da empresa responsável pelos veículos sob encomenda, com equipes de encarroçadores, caldeireiros, gênios da eletrônica e marceneiros. Em outras palavras, artesãos, que estão à disposição dos clientes para personalizar seu veículo e oferecer os toques artesanais que o genuíno luxo requer.

"Segundo algumas pessoas, os detalhes internos de um carro são ainda mais importantes do que os externos", afirma McCullough, "especialmente para gente que não quer exibir sua abastança com espalhafato. Essas pessoas podem preferir manter o exterior clássico e investir no interior do carro: marchetaria, incrustações em ouro, iniciais... podemos fazer a maioria dessas coisas."

O interessante é que McCullough admite que carros instantaneamente identificáveis como luxuosos, como é o caso do Bentley, nem sempre atraem as pessoas mais ricas do mundo, a "rede de consumidores de poder aquisitivo ultra alto". "Esse é um dos desafios enfrentados pela indústria de carros de luxo. Vamos imaginar um cara que acabou de comprar um vinhedo de 500 milhões de dólares na Califórnia. Ele tem o seu Gulfstream no Monterey Jet Center, mas para ir do vinhedo até o jato escolhe um veículo tão anônimo quanto um Mercedes preto classe S. Aliás, o Classe S é praticamente o que todos escolhem."

Os imensamente ricos e famosos preferem a discrição: além das janelas de vidro fumê do Mercedes, um carro vagamente elegante, eles poderiam ser qualquer pessoa. Mas em vista disso, como ficam os carros como o Bentley? "Depende do cliente, é claro, mas para algumas pessoas eles são um luxo para se ter em particular. Eles também são altamente colecionáveis: estou falando de pessoas que têm seus próprios museus do automóvel, cheios de 400 ou mais veículos. Por exemplo, sabemos que o apresentador americano Jay Leno tem uma enorme coleção de carros de todas as épocas da história automotiva."

Para sofrer uma *overdose* de carros clássicos, o leitor só precisa ir até o Concours d'Elegance em Pebble Beach, na Califórnia, no mês de agosto. Essas pessoas são verdadeiramente apaixonadas por carros, e presumivelmente atraídas pela perspectiva de dirigir um Bentley do que viajar no banco traseiro de uma limusine.

"Uma coisa não necessariamente cancela a outra", comenta McCullough. "Pode-se ter um Bentley em casa, mas se a pessoa é presidente de uma empresa, principalmente do jeito que as coisas estão hoje em dia, não convém ir ao aeroporto nesse carro. Afinal de contas, estar na rua é estar no meio da sociedade. A pessoa pode estar fisicamente protegida dentro do automóvel, mas o carro pode revelar facilmente quem é o passageiro."

Nem é preciso dizer que a Bentley não necessita de propaganda nos meios de comunicação de massa. Seu *marketing* concentra-se na cobertura pela imprensa, vitórias nas pistas e, naturalmente, propaganda boca a boca. O nome legendário da Bentley já basta para motivar alguns consumidores. Além disso, embora comprar um Bentley seja uma indulgência, não é necessariamente uma frivolidade. "As pessoas aspiram a possuir um carro como o Bentley. Tendem a tomar essa decisão quando atingem uma certa fase da vida, ou um certo nível de experiência. Os clientes não costumam pensar *se têm dinheiro* para comprar um, e sim se *merecem* um."

A essa altura, não pude deixar de perguntar se os clientes da Bentley haviam se conscientizado e estavam agora exigindo veículos que não poluíssem o meio ambiente. Será que em breve surgiria um Bentley híbrido? E recebi a confirmação de que a Bentley estava para revelar detalhes de uma estratégia de biocombustíveis que iria, segundo esperava, reduzir as emissões de $CO_2$ de seus carros em 40%, dentro de três anos. Fiquei até sabendo que a família real talvez estivesse pensando em adquirir Bentleys movidos a etanol. "As emissões totais de todos os carros já construídos pela Bentley equivalem a uma lata de Coca-Cola em uma piscina olímpica", garante McCullough, "Mas, mesmo assim, queremos dar a nossa contribuição."

Ele reconhece que isso estimula um debate sobre a integridade moral dos combustíveis baseados em plantas (por exemplo, será que sua produção não resultaria em desmatamento, erosão do solo ou o uso de terras que talvez fossem necessárias para lavouras alimentícias?). Mas a Bentley pretende apoiar esses combustíveis como um meio de reduzir as emissões de $CO_2$.

Muitos fanáticos por carros certamente sacariam seus revólveres, metaforicamente falando, ao ouvirem a palavra "meio ambiente". Mas talvez eles não precisem se sentir tão vitimizados. Afinal de contas, o que eles têm não é um avião.

# 6

# Jatos particulares compartilhados

*"Viva como um milionário com um orçamento mais modesto."*

Um conhecido meu, fundador de uma grande tecelagem, possui um jato particular. Eu diria que ele "se orgulha de possuir" o jato, mas na verdade ele até parece meio envergonhado disso. "A verdade", diz ele, meio como que se desculpando, "é que às vezes a gente tem que ir a uma reunião longe da sede bem rápido, sem muita complicação".

O que o incomoda é que seu avião é pequeno, relativamente antigo, comprado de segunda mão. O passo mais óbvio quando se está procurando um avião é entrar em contato com uma empresa como a Gulfstream, que fabrica o cobiçado Gulfstream G550; um jato executivo de longo alcance (pode levar você de Nova York a Tóquio rapidamente, com conforto e elegância), que custa por volta de 48 milhões de dólares.

A marca Gulfstream foi criada no final da década de 1950 pela empresa Grumman Aircraft Engineering Co., fabricante de aeronaves militares. Ela deu à sua primeira aeronave civil um nome tirado da Corrente do Golfo, "que flui ao longo do litoral da Flórida, local preferido pelos executivos da Grumman para suas férias (www.gulfstream.com). Na década de 1960 a Grumman criou uma divisão de aviação civil e a instalou em Savannah, Georgia, onde permanece até hoje. Em 1978, um empresário do ramo da aviação chamado Allen Paulson comprou a empresa de Savannah e mudou o nome dela, batizando-a com o nome dos jatos que fabricava. Hoje em dia, a Gulfstream é propriedade da General Dynamics, "gigante da indústria de defesa", que comprou o fabricante de aviões no fim da década de 1990.

O atual carro-chefe da frota da empresa é o Gulfstream 650, uma aeronave de "alcance ultra longo". Quando este jato foi lançado em 2008, descreveram-no como o "maior, mais rápido e mais caro jato particular do mundo". Capaz de voar a 700 milhas por hora ("mais rápido que um Boeing 747"), ele tem capacidade para 18 passageiros, cozinha e bar completos, telas individuais para entretenimento, serviço de telefone por satélite e acesso à internet sem fio durante o voo. O preço do jato é 58 milhões de dólares. E não é preciso preocupar-se com falta de clientes. O analista da indústria aeroespacial Richard Aboulafia do Grupo Teal explicou: "A Gulfstream está apostando no luxo total e absoluto. Sempre há uma parcela do mercado que está disposta a pagar pelo que há de melhor e maior no mercado". ("O que é que voa a 700 mph e custa 58 milhões?" *USA Today*, 24 de março de 2008.)

No mesmo artigo, o porta-voz da Gulfstream, Robert Baugniet, afirmou que 80% dos clientes da Gulfstream eram empresas, 12% eram governos e 7% eram indivíduos de alto poder aquisitivo.

Escondida na parte que fala da história da Gulfstream no *website* da empresa, está uma linha que aponta uma nova direção para a propriedade de jatos luxuosos particulares e a aquisição de outros itens fabulosamente caros. Ela menciona que, em 1994, a Gulfstream assinou um contrato de cinco anos com uma empresa chamada NetJets. Apesar do nome NetJets, a empresa não tem a ver com a internet. Mas tem tudo a ver com uma recente tendência em matéria de luxo: a propriedade compartilhada.

## UMA FATIA DA BOA VIDA

Propriedade compartilhada [ou fracionada] significa a chance de possuir uma parcela de alguma coisa. O conceito é em geral vendido com base em sua praticidade, mas na verdade guarda um paralelo com o luxo de massa. Se a pessoa for rica, mas não *imensamente* rica, ainda pode comprar uma casa de praia ou de campo, um vinhedo, um iate ou um avião, contanto que não se importe em dividir essas propriedades com várias outras pessoas. No mercado imobiliário esse compartilhamento de bens faz mais sentido do que o familiar contrato de "timeshare", porque a pessoa possui uma parcela do prédio em si, significando que é possível vender essa parcela e obter lucro com isso.

A propriedade compartilhada de bens surgiu nos Estados Unidos na década de 1990 antes de pegar na Europa. O jornal *International Herald Tribune* publicou um artigo sobre essa tendência em 2008. "O segmento mais aquecido do mercado na Europa, assim como nos Estados Unidos, é o assim chamado clube de residência privada, um termo refinado para designar propriedades luxuosas que vêm com amenidades e serviços. Os clubes só aceitam um número limitado de sócios, possuem políticas de uso generosas e, como se situam em zonas privilegiadas, em geral são considerados investimentos que podem valorizar". ("Propriedade de imóveis compartilhados chega à Europa", 10 de agosto de 2008.)

Com menos de 350.000 dólares qualquer um se torna sócio de um clube residencial que possui propriedades em toda a Europa. Obviamente é preciso negociar com outros sócios as datas nas quais você deseja utilizar os imóveis, mas à parte essa pequena inconveniência, você está efetivamente obtendo acesso a uma rede de casas de campo em algumas das localidades mais privilegiadas do mundo, sem ter que se preocupar com criadagem nem com manutenção.

Logo, o vírus da propriedade compartilhada de imóveis espalhou-se para quase todos os cantos do mercado de luxo. Um artigo no *The Independent* no início de 2009 confirmou que essa tendência tinha pegado entre os aspirantes a donos de iates, e estava associada à crise econômica. "Para milionários podres de ricos que passaram a ter dificuldade de gerenciar suas fortunas em declínio e seus orgulhos feridos, essa é uma forma prudente de manter as aparências", começava o artigo. Martin Gray, fundador da empresa de "navegação compartilhada" Pure Latitude, comentou: "Todos reconhecem que embarcações são bens extremamente caros e pouco utilizados. É preciso ter uma quantidade de dinheiro imensa para pagar pela manutenção de uma embarcação durante o ano inteiro, e a maioria das pessoas preparadas para fazer isso reconhece que passam muito pouco tempo nos seus barcos. Muita gente que quer tentar velejar mas não consegue pagar essa manutenção acha que investir em propriedade fracionada é dinheiro bem aplicado." ("Agora, até os não milionários podem ter iates", 12 de janeiro de 2009.)

Um *website* chamado Vida Fracionada (www.fractionallife.com) oferece cotas em quase tudo: não só carros, como embarcações, aviões e helicópteros, mas também cavalos de corrida, obras de arte e até bolsas. Um editorial curto no *site* explica esse dilema:

> Enquanto você está lendo este texto, sem dúvida está ciente das oportunidades oferecidas pela propriedade compartilhada para que você viva como um milionário, mas com um orçamento bem mais modesto... Simplesmente não seria apropriado usar uma bolsa de grife fora de moda ao sair de um carro esporte de 150.000 libras, no lugar mais quente de Londres. Mas o que fazer se você não possui a joia correta no pulso para combinar com seu traje/carro/ocasião?

O que fazer? A solução é simples: pede-se emprestada a bolsa adequada. Este *site* explica que a premissa básica funciona do mesmo jeito que uma loja de aluguel de vídeos. "A pessoa paga uma mensalidade, pede emprestado um certo número de itens durante um certo tempo (determinado pelo nível do sócio) e cada vez que devolve um desses itens, pode escolher outro." Diga adeus à hesitação nos acessórios, dê boas vindas a uma quantidade ilimitada de "joias para os braços".

## JATOS BARATOS

Embora pareça um conceito perfeitamente contemporâneo, a propriedade compartilhada de aviões começou em 1986. Naquele ano, o homem que se tornou fundador da NetJets, Richard Santulli, estava pensando em comprar um avião. Mas como explica o *website* da NetJets, "embora a conveniência e a flexibilidade fizessem sentido, o preço não fazia".

Santulli compreendia frações. Era um gênio matemático, cuja capacidade de raciocínio para números o havia levado do Instituto Politécnico do Brooklyn, onde ele era professor de matemática, para a Shell Oil e depois para a Goldman Sachs. De acordo com um perfil seu na revista *Wired*, Santulli foi contratado para desenvolver um programa de computador para o departamento de *leasing* da Goldman Sachs. "Mas como só ele sabia fazer os cálculos, Santulli de repente se viu gerenciando o departamento inteiro, vendendo e fechando os contratos grandes ele mesmo, o que frequentemente envolvia o financiamento de aviões ("Ei, você merece, até mesmo agora", junho 2001). Ele depois saiu da Goldman Sachs e criou sua própria empresa de *leasing*, especializada em contratos de aeronaves.

Em 1984, Santulli encontrou um pitoresco serviço de aluguel de jatos particulares chamado Executive Jet Aviation. A empresa havia sido fundada na década de 1960 por alguns oficiais reformados da Força Aérea (inclusive o General Paul Tibbetts, capitão do *Enola Gay)*, e o ator James Stewart. Santulli comprou essa empresa como uma atividade para as horas vagas, mas foi nessa altura que começou a desejar sua própria aeronave. Ele declarou à *Wired*: "Em termos da quantidade de tempo que passo voando, não fazia sentido possuir um avião, mas quando dividi essa quantidade por quatro, o acesso a um avião começou a fazer sentido."

Depois de cálculos e mais cálculos, que demoraram um pouco para serem feitos porque era preciso chegar ao equilíbrio ideal entre aviões e clientes, Santulli relançou a Executive Jet com o nome de NetJet, em 1986. E foi aí que Robert Dranitzke, diretor de operações da NetJets Europa, entrou na história. "Quando o serviço foi lançado as pessoas consideraram essa ideia uma loucura. Elas perguntavam: 'afinal, o que é que estou comprando por esse preço?' Mas, no fim, todos perceberam que a transação fazia perfeito sentido. Quando se possui um avião, ele fica no solo dois meses por ano para manutenção. A NetJets proporciona a seus clientes acesso a um jato particular 365 dias por ano e, quando a pessoa não precisar mais dele, pode esquecê-lo."

O investidor Warren Buffett certamente tinha bom faro para identificar ideias inteligentes. Conheceu a NetJet em 1995 e, três anos depois, comprou a empresa. A chegada de Buffett ajudou a posicionar a compa-

táveis. Por exemplo, criamos uma fragrância especial para nossos aviões, que mal se percebe, mas é extremamente agradável."

Ele comenta que o serviço da NetJets é voltado para a elite da sociedade. "E essa elite é pequena. Essas pessoas trabalham nas diretorias das mesmas empresas, jogam golfe juntas e encontram-se nos mesmos eventos sociais. Este é o canal de propaganda mais eficiente para nós."

E o futuro, o que trará? Com as questões ambientais constantemente na pauta, não haverá o perigo de se considerar a propriedade de uma fração de um jato uma coisa altamente irresponsável? "Ora, certamente é preferível a propriedade compartilhada de um jato à propriedade de um jato inteiro por uma pessoa só", responde ele, com certa razão.

Naturalmente, a NetJets está ciente de que opera em um setor delicado, de modo que está fazendo de tudo para evitar críticas. Para começar, desde outubro de 2007 a empresa vem incluindo o custo de um plano de combate à poluição em seus preços, sem ter recebido nem mesmo um resmungo de desaprovação dos clientes por isso. A NetJets também comprou aeronaves que utilizam os combustíveis de maneira mais eficiente. Mais radicalmente, ela está investindo em pesquisas na Universidade de Princeton que devem levar ao desenvolvimento de um querosene de aviação de emissões ultra baixas. Como as tendências que começam no setor de luxo costumam se refletir nas empresas convencionais, isso é excelente para todos nós.

A NetJets Europe afirma que 60% de seus clientes são indivíduos e o restante são empresas. Mas as empresas utilizam os jatos bem mais, ou seja, 70% do tempo total de voo da NetJets. Embora poucos de nós estejamos um dia na posição de considerar as viagens particulares indispensáveis aos negócios, podemos todos avaliar sua atração. Como muitos outros produtos e serviços de luxo, esse tipo de atividade nos faz sonhar um pouquinho. Talvez não seja tão surpreendente assim descobrir que o presidente executivo da NetJets Europe é Mark Booth, que antes foi diretor-executivo e fundador da MTV Europe. Para os poucos privilegiados, os jatinhos particulares são o fino da bossa.

# 7

# Os superiates

*"Objetos de puro desejo."*

No porto de Monte Carlo, os únicos sons que se ouvem, antes de quaisquer outros, toda manhã, são os das batidas metálicas de cabos contra mastros de alumínio e do chiado da água da mangueira enquanto alguém lava um convés. Tudo parece muito calmo depois que o trem de Nice chega, após uma viagem curta porém muito concorrida, e seus passageiros saem apressados da estação. Em Monte Carlo não moram muitas pessoas convencionais, mas muitas pessoas comuns trabalham lá. Elas aparam cercas vivas e gramados de barbearias, atendem os fregueses em bares e restaurantes, ou trabalham em escritórios muito elegantes gerenciando o dinheiro de outras pessoas. E viajam todo dia pela manhã para o trabalho, no trem que vem de Nice.

Como todos que vão para o trabalho, essas pessoas costumam se esconder atrás de revistas e jornais ou se isolar usando fones de ouvido. Ignoram a paisagem que passa do lado de fora. No entanto, a viagem de trem é esplêndida, com enormes mansões de um lado e um mar azul e faiscante do outro. Em uma estaçãozinha chamada Cap d'Ail que, aliás, fica em uma das cidades litorâneas mais cobiçadas do mundo, há um cartaz onde se lê: "É proibido atravessar a ferrovia". Claramente, alguém viu meu extrato bancário.

A sensação incômoda de ser um intruso me persegue em Monte Carlo. Em torno do porto, como sentinelas, veem-se fileiras de arranha-céus bonitos da década de 1960, contra penhascos escarpados. O Hotel

Hermitage assoma imponente acima deles, como uma rainha entre seus cortesãos, herança encantadora da Belle Époque. Tudo parece excessivamente limpo: é impossível detectar a camada de óleo ou os detritos que em geral se veem flutuando nos cantos nesses lugares. Ao lado do porto, estão uma série de cafés de frente para o mar e uma piscina pública. Saboreio um café enquanto contemplo as inúmeras embarcações ancoradas ali, que vão de balofas baleeiras infláveis a gigantescos iates dignos de figurar em um museu. Essa visão me faz lembrar do Tony Curtis interpretando o papel de um falso *playboy* no filme *Quanto Mais Quente Melhor*: "Na hora de servir os coquetéis eles içam uma bandeira". Mesmo assim, gosto dessas embarcações nostálgicas muito mais do que de seus descendentes modernos, que são uma mistura espalhafatosa de caça-bombardeiro invisível com potinho de iogurte.

Já vi embarcações como essas antes, muitas vezes. Passei uma parte da minha infância em uma cidade chamada Poole, em Dorset, onde há outro porto maior porém muito menos espetacular do que este. (Logo além do porto de Poole, aliás, há uma ilha chamada Brownsea, que foi certa vez propriedade da família do "Primeiro Cliente da Bentley", Noel Van Raalte.) A cidade é sede do Sunseeker, um estaleiro fundado na década de 1970 com o nome de Poole Power Boats. Ele fabrica iates motorizados fantásticos com nomes como Predator 130 ou Superhawk 43. Não é preciso ter uma imaginação muito fértil para visualizá-los; eles apareceram em filmes do James Bond.

Hoje, porém, não estou procurando iates Sunseeker. Em consonância com minha procura de luxo genuíno, estou aqui para encontrar um tipo de iate que combina o conforto absoluto com uma espécie de perfeição estética. Quando eu era pequeno, a palavra inglesa "wally" era uma gíria que designava uma pessoa cafona, de mau gosto, do tipo que pendura dadinhos de pelúcia no espelho retrovisor e completa a decoração com uma faixa verde aplicada no para-brisas dizendo: "Dave e Shirley". Os iates Wally são totalmente o oposto dessa imagem. Com seus cortantes cascos revestidos de fibra de carbono, conveses de madeira de teca e gloriosas velas brancas, eles são objetos que captam o lado romântico do mar, mesmo (ou principalmente) para um marinheiro de água doce como eu.

A essa altura, com meu café inacabado diante de mim, ainda não vi nenhum iate Wally ao vivo e a cores. Mas sei que neste porto existe um. Devia ser fácil encontrá-lo. Luca Bassani, o fundador da Wally, me instruiu: "É só procurar pelo mastro preto".

## UMA PAIXÃO PELO MAR

Mais ou menos na época em que eu, ainda pequeno, comia peixe com fritas no cais de Poole Harbour, Luca Bassani era um adolescente que saía para velejar do porto de Portofino. Nascido em uma família milanesa abastada, ele passava suas férias inteiras na casa de verão da família, desenvolvendo uma intensa paixão pela navegação e pelo mar. Hoje em dia seu estaleiro ocupa um prédio comercial com uma placa discreta, situado numa extremidade de um condomínio de luxo em Monte Carlo. Ele é bronzeado e rústico, com cabelos eriçados e grisalhos, barba também grisalha por fazer, um sorriso muito branco e um olhar penetrante. Em outras palavras, ele tem cara de marinheiro.

"Embora eu tenha nascido em Milão, passava quatro ou cinco meses do ano em Portofino", conta ele. "Até um certo ponto, sinto-me como se tivesse crescido lá. Foi em Portofino que me apaixonei pelo mar."

Bassani também tem queda para os negócios, pois conseguiu combinar uma carreira competindo em regatas aliada a uma excelente educação, saindo da Universidade de Bocconi em Milão com um título de doutor em economia. Mas seu negócio mesmo eram as embarcações.

"Eu tive um certo sucesso em minha carreira competindo em regatas, mas nunca encontrei um iate que realmente me impressionasse. A uma certa altura, percebi que teria de construir o meu próprio iate. A indústria naval era muito conservadora e antiquada naquela época. Sofria de apego excessivo às tradições. Eu não conseguia entender por que não se usavam tecnologias modernas para construir embarcações maiores, mais rápidos, mais confortáveis e que fossem, ao mesmo tempo, mais simples. Ninguém estava usando fibra de carbono, por exemplo."

Depois de criar um modelo conceitual de seu iate definitivo, Bassani foi procurar um engenheiro naval. A maioria deles, segundo Bassani afirma, "apavorou-se" ao ver o projeto. Porém, um jovem projetista de iates chamado Luca Brenta resolveu aceitá-lo, com todo o prazer. O resultado foi o *Wallygator*, nome inspirado no título de um desenho animado da Hanna-Barbera cujo protagonista era um crocodilo. Apesar do nome engraçado, o iate era uma coisa muito séria. Era revolucionário, com 25 metros, 30 toneladas, proa vertical, casco revestido com uma camada de fibra de carbono Kevlar e um mastro de carbono cujas cruzetas anguladas aerodinamicamente para trás (as vergas saem horizontalmente do mastro) lhe davam a aparência resoluta de um caça. Ele foi lançado ao mar em 1991 e se transformou em um padrão para todas as embarcações da Wally.

Tudo em um veleiro Wally é simplificado e aerodinâmico. A âncora se recolhe sem deixar sinal no casco. Os guinchos e cabos que fazem todo o içamento pesado se encontram ocultos sob o convés claro de teca. Basta apertar um botão no painel da cabine de comando para içar velas, virar por d'avante ou rizar. Cunhos, balaustradas e outros dispositivos que em geral se aglomeram nos conveses dos iates foram eliminados ou reduzidos a ponto de serem quase invisíveis. Isso não só torna o convés seguro, sem obstruções, como também oferece espaço para acomodações luxuosas. O casco preto ou cinza escuro característico do Wally acrescenta um toque anticonvencional final. Bassani, desde o início, deixou claro que queria combinar conforto, desempenho e uma aparência espetacular para criar um "puro objeto de desejo".

"Adorei o primeiro iate, embora ele tenha recebido algumas críticas negativas. Mas consegui uma certa publicidade e tive autoconfiança suficiente para fundar uma empresa com o objetivo de desenvolver minhas ideias. Encomendei outra versão do *Wallygator* e um terceiro iate chamado *Genie of the Lamp*."

Finalmente, em 1997, Bassani vendeu seu primeiro iate para Sir Lindsay Owen-Jones, o diretor-presidente da L'Oreal. Owen-Jones tinha sido um entusiasta do automobilismo antes de voltar sua atenção para o iatismo. De acordo com uma entrevista no jornal francês *Les Echos*, isso parcialmente se deveu a um pedido de sua esposa, que tinha começado a ficar cada vez mais nervosa com as aventuras do marido nas pistas. Owen-Jones disse que inicialmente considerou o iatismo coisa "de vovô", o que talvez tenha sido o motivo pelo qual o formato parecido com o de uma adaga dos iates Wally o atraiu. Ele chamou sua nova maravilha de *Magic Carpet* [6]("Lindsay Owen-Jones, 40 anos de paixão", *Les Echos Serie Limitée,* 11 de julho de 2008).

Essa decisão certamente significou muito para Luca Bassani e para o futuro da Wally. "Uma das peculiaridades desta indústria é que não se pode simplesmente explicar nossas ideias para as pessoas. Se quisermos inovar em termos de projeto de iates, a única forma de mudar é construir iates." Da mesma maneira, ele afirma, apenas a propaganda não provoca novas tendências. "É preciso ter embaixadores. Sir Lindsay Owen-Jones foi importante para nossa empresa porque ele sentia um entusiasmo genuíno pelos nossos produtos. O iate dele era um cartão de visitas lindíssimo, tridimensional. Isso foi fundamental para a Wally, pois nossos iates são muito diferentes do que há por aí, não se parecem com nenhuma outra embarcação marítima. É um desafio cultural comunicar às pessoas o que estamos fazendo."

Bassani dá a entender que alguns membros da comunidade do iatismo desprezam a Wally. "Há um esnobismo ao contrário no comportamento deles. Para eles, tudo é desempenho. Mas eu queria projetar um objeto que as pessoas pudessem usar para recreação. Quero deixar todos de boca aberta quando avistarem um de nossos iates no cais. Para mim, além de ser um estaleiro, a Wally vai ser sempre uma marca de luxo."

Os iates da Wally estão enquadrados em uma classe própria. A Associação Internacional Maxi, que organiza competições e regatas para iates e veleiros acima de 24,08 metros, tem uma Classe Wally à parte que permite aos donos de embarcações construídas por Bassani competirem entre si. "Era óbvio que meus clientes iam querer competir", diz ele, com um sorriso. "Eles tendem a ser gente muito competitiva. Criei a Classe Wally para eles poderem competir contra aqueles que compartilhassem de suas paixões e valores. Isso também enfatiza como nossos produtos são originais. Quando vemos fotos de todos esses iates da Wally no porto juntos, ora, isso é uma excelente forma de propaganda!"

[6] Tapete Mágico. Este iate ainda pode ser visto no *site* da Wally, www.wally.com. (N.T.)

Inevitavelmente, o sucesso dos iates Wally levou Bassani a expandir a empresa e incluir outras áreas. Hoje em dia, além de iates a vela de 10 a 85 metros de comprimento, a Wally fabrica uma linha de sete iates a motor que são tão revolucionários e desejáveis quanto seus primos a vela. O 118 Wallypower se tornou um ícone dos projetos de embarcações de recreio. Uma vez mais, itens que costumam atravancar o convés, como guinchos e antena de radar, foram magicamente escondidos no casco liso, ao passo que a proa vertical e as tomadas de ar laterais dão ao iate uma aparência de predador. O barco é tão futurístico que apareceu no filme de ficção científica *A Ilha*, de Michael Bay (2005).

Falando em ilhas, o mais ambicioso projeto de Bassani até hoje é um "gigaiate" de 110 metros, chamado WallyIsland. Lembrando um super petroleiro de luxo, tem uma área de proa de 1.000 $m^2$ que pode facilmente acomodar uma quadra de tênis, um jardim com piscina e talvez um ou dois helipontos. Com um preço de 90 milhões de euros, o iate ainda não tinha sido construído na época desta entrevista, mas Bassani tinha certeza de que ia encontrar não um, mas vários compradores. Os clientes dos iates a motor de Bassani, que em geral são vendidos a um preço bem mais modesto de 25 milhões de euros, mais ou menos, estão vacinados contra até mesmo as mais virulentas crises econômicas.

Na verdade, o setor de iates gigantescos experimenta pouco mais do que uma mera ondulação quando os mercados começam a se desestabilizar. A revista *Men's Vogue* comparou essa situação a uma "corrida armamentista" na qual os estupendamente ricos tentam passar à frente um dos outros com embarcações cada vez maiores ("Espadas ao mar", novembro de 2008). A revista revelou que o maior iate do mundo era um "colosso de 531,5 pés, que recebeu o nome bastante apropriado de *Eclipse*", encomendado pelo oligarca do petróleo russo Roman Abramovich. O artigo também mencionava o "iate estatal" *Dubai*, com 525 pés de comprimento. O estaleiro que construiu esses gigantes é o Lürssen, na Alemanha, uma empresa de 125 anos que também constrói navios para a marinha alemã. Seu *site* www.luerssen.de inclui vídeos de superiates cortando os mares.

E tudo isso me leva a perguntar a Bassani que métodos ele usa para convencer as pessoas podres de ricas a escolher a Wally e não seus rivais.

## COMO EXPOR IATES

"Os produtos é que escolhem seus clientes", começa ele. "Essas pessoas são claramente abastadas, mas o negócio não para por aí. Elas não são convencionais. Elas se encaram como líderes, criadores de tendências. Elas também, creio eu, têm bom gosto."

A suposta vulgaridade dos superiates é uma área delicada, que o projetista Philippe Starck abordou, em seu estilo caracteristicamente franco. Starck recebeu uma encomenda de um iate no início desta década. "Eles não são projetados para o conforto ou o prazer de seus donos, mas só existem para exibir a vulgaridade de quem tem dinheiro e o poder que o dinheiro traz... Além de tudo isso, à medida que o mercado vai crescendo, mais iates como esses poluem o meio ambiente", afirmou ele em uma entrevista (www.luxuryculture.com, 22 de maio de 2008). Starck voltou atrás quando seu cliente insistiu que um iate não precisava ser vulgar, principalmente com o projetista certo ao leme. O resultado foi uma embarcação elegante, quase clássica, chamada *Wedge Too* (2001). Starck, desde então, vem aceitando outros projetos navais.

Bassani também sente que a qualidade estética de seus iates é uma defesa contra acusações de vulgaridade. Ele também crê que esses iates fazem a indústria avançar. "Um de nossos papéis é inovar, e nossos clientes se veem, eles mesmos, como inovadores, juntamente conosco."

Seus clientes em potencial não moram em uma bolha, segundo Bassani. Os entusiastas do iatismo leem revistas de iatismo. "Quando comecei a sentir interesse por barcos a vela, comprei todas as revistas disponíveis. Com 15 anos de idade eu já era assinante de 20 a 30 revistas. Eu examinava cada imagem com todo o cuidado. Sonhava com imagens de embarcações o tempo todo. Portanto, além de aprender um pouco sobre iates, aprendi a exibir os iates de maneira sedutora."

A Wally publicou uma série de anúncios em revistas de iatismo usando o *slogan* "Thinking Wally"[7]. As imagens não são figuras convencionais de embarcações, mas sim *close*-ups de diferentes aspectos dos iates,

[7] Com a Wally em mente, ou pensando à maneira da Wally. (N.T.)

frequentemente repetidas dando uma impressão de colagem, remetendo a veículos excêntricos e alienígenas. Bassani gosta de confundir os leitores com imagens provocantes: talvez ele apenas mostre a popa de um iate e a esteira de espuma que ele cria atrás de si ao passar. Até mesmo fotos convencionais passam uma mensagem oculta. Uma delas mostra Bassani, sozinho ao leme de um iate de 24 metros, velejando a todo vapor a apenas cinco metros de alguns rochedos. Para um entusiasta, essa é uma clara demonstração do fácil manejo da embarcação.

Bassani procura estar em constante contato com a imprensa especializada em iatismo e costuma convidar jornalistas para virem aos iates novos e experimentá-los. Ele também procura garantir a presença da Wally nas feiras navais internacionais, embora acrescente que "há feiras demais". A maior e mais influente do mundo é a Monaco Yacht Show que acontece anualmente em setembro. Não foi apenas o tranquilo regime de impostos que atraiu a Wally para o principado. "Monte Carlo se tornou a capital do grande iatismo. Aqui estou perto de meus clientes."

Os escritórios da Wally dão para um pequeno porto e ficam quase em frente ao heliponto onde os visitantes ricos chegam de Nice.

Mas Bassani vê a Wally como uma marca global, e para isso ele precisa da internet. "Os milionários encaram a internet de maneiras diferentes. Há alguns que não gostam de escrever mensagens de correio eletrônico e dizem que não têm tempo para navegar na *net*. Mas nossos clientes mais jovens, obviamente, adoram a rede. As marcas de luxo podem desprezar a internet porque é um meio de comunicação de massa. Mas é ela que nos proporciona uma presença global. Ela nos coloca no palco e permite que as pessoas admirem nossos produtos e aspirem a obtê-los. Hoje em dia, não consigo imaginar uma estratégia de *marketing* que não inclua a internet."

Comento que as marcas de luxo não gostam da rede porque acham que ela torna seus projetos acessíveis demais aos falsificadores, acrescentando que seria bem difícil imitar um iate da Wally. Bassani dá de ombros e diz: "Naturalmente, as pessoas 'pediram emprestadas' algumas de nossas ideias, o que é muito lisonjeiro. Mas é difícil copiar alguma coisa quando não se é proprietário da alma do conceito. E creio que é isso que separa os iates da Wally dos outros. Eles têm alma."

# 8

# Imóveis de alta classe

*"O luxo se torna belo e quase real sob a luz do sol."*

Quando Philip Weiser veio à Côte d'Azur pela primeira vez, achou que ia ficar lá durante três anos. Isso foi há 30 anos. Como muitos ingleses que se arriscam a oeste de Nice, Weiser havia descoberto um cantinho do paraíso. E para ser mais preciso, ele descobriu que tinha jeito para vender esse paraíso para os outros. Sua empresa, a Carlton International, vende imóveis de luxo "na faixa mais alta do mercado". Não se trata apenas de mansões que os "baby-boomers", nascidos entre 1945 e 1964, compram para morar após se aposentarem. Elas são também um oásis na Riviera para os ricaços.

É verdade que o mercado de imóveis de alta classe estagnou-se consideravelmente quando a recessão começou. Manhattan levou um golpe particularmente duro. Os ex-mestres de Wall Street foram obrigados a capitular. Embora tijolos e argamassa sejam mais seguros do que a bolsa, investir em imóveis não era mais possível, pelo menos durante um certo tempo. A própria palavra "propriedade" irritava os ânimos, porque a crise econômica tinha sido causada pela catástrofe das hipotecas de alto risco, ou seja, a concessão de empréstimos bancários significativos para quem não podia pagá-los; além disso, houve a manipulação de instrumentos financeiros altamente complexos ligados ao seguro de tais hipotecas. Quando a economia murchou, feito um suflê furado com um palito, os vendedores de coberturas na Central Park West foram forçados a dar descontos de milhões de dólares nos preços de seus imóveis.

Mas era difícil sentir o frio desse congelamento do mercado quando se estava em Antibes, contemplando o mar Mediterrâneo.

A Côte d'Azur usufrui do que um jornalista francês chamou *la rançon du prestige*, ou seja, o resgate do prestígio. Tanta gente quer morar lá que, embora os preços flutuem, certamente nunca entrarão em colapso. Philip Weiser explica: "A Côte é uma área muito limitada em termos de tamanho. De um lado, ela faz fronteira com o mar, e do outro, com as montanhas. Os empreendimentos imobiliários quase pararam, e há normas estritas para garantir que as coisas continuem assim. Isso significa que, sempre que um imóvel fica disponível, alguém vem e o compra num piscar de olhos."

O que há por trás da fascinação quase mística exercida pela Riviera? Weiser cita a cultura, o clima, a estabilidade, a segurança e o fácil acesso a partir das principais capitais europeias Nenhum lugar da Côte fica a mais de 45 minutos de um aeroporto, e mesmo assim ela parece um refúgio perfeito. O escritor Somerset Maugham descreveu a Côte como um "lugar ensolarado para pessoas sombrias". Jim Ring usa essa frase para começar seu maravilhosamente divertido estudo *Riviera: the rise and rise of the Côte d'Azur*[8] (2004). Era, como ele descreve, "a primeira principal atração turística do mundo". Essa faixa de litoral dourada pelo sol, que tinha sido posto avançado do Império Romano, fascinava os viajantes do século XVIII. Eles vinham em uma peregrinação cultural a La Turbie, onde procuravam as ruínas de um monumento ao poderio militar de Augusto. "Eram fascinados por esse emblema arruinado da Roma imperial, porque viam seu país como sucessor de Roma. Insulares, presunçosos, ignorando as línguas estrangeiras e, acima de tudo, ricos, eles eram, naturalmente, ingleses."

Os ingleses já vivem um romance com a Côte d'Azur há tempos. A princípio meramente uma estação de parada na Grand Tour, ela se popularizou como atração turística em si graças ao ex-Lorde Chanceler, Lorde Brougham. Retido na sua viagem a Roma em dezembro de 1834 por uma epidemia de cólera, que tinha forçado os italianos a fecharem

[8] Riviera: a ascensão e a ascensão da Côte d'Azur. (N.T.)

a fronteira, Brougham passou todo o tempo de espera em Cannes. Naquela época, essa "cidade era uma aldeia de pescadores com apenas 300 habitantes, no máximo, com duas ruas de casas provençais do tipo mais humilde possível". Só que a luz solar, o calor, a vista para o mar e a comida saborosa – ele gostou particularmente da *bouillabaisse*[9] – logo exerceram seu encanto. Brougham comprou um terreno, construiu nele uma casa de campo, e quase sozinho transformou Cannes em uma atração turística famosa.

O número de imigrantes pálidos das Ilhas Britânicas passou a aumentar todos os anos a cada inverno, mas cresceu de repente com a chegada, na década de 1860, da ferrovia Paris-Lyon-Mediterranée. Esse foi o trem que, em 1922, ia receber um apelido novo e dolorosamente romântico: *Le Train Bleu.*[10] Jim Ring afirma: "À uma da tarde em ponto, com todo o cerimonial da partida de um transatlântico, o expresso saía da Gare Maritime, cinzenta e varrida pelo vento... Levantar a veneziana na manhã seguinte era o mesmo que sentir um alívio. O frio espectral, a melancolia, a umidade, a neblina, o cinza tinham desaparecido, substituídos por um mundo ensolarado, feito de telhados de terracota, casarios brancos, baías azuis mediterrâneas, colinas altas e verdejantes cintilantes de neve alpina e cobertas por uma vegetação remanescente dos trópicos."

O fotógrafo Jacques Lartigue se deixou seduzir e escreveu, em 1923, que "o luxo se torna belo e quase real sob a luz solar". Ele considerava a Riviera um lugar onde se podia deixar de lado a nossa personalidade urbana formal e as roupas que a acompanhavam, "onde se pode andar silenciosamente de tênis ou alpercatas, onde toda butique oferece futilidades deliciosas" (*Lartigue's Riviera*, 1997).

Esses elementos, portanto, eram o que atraíam todos eles: os artistas e escritores, os modelos e fotógrafos, os residentes abastados e, finalmente, os turistas de temporadas. A fórmula permaneceu imutável durante mais de um século. Mesmo os parisienses, que antes desdenha-

---

[9] Sopa típica da região, feita de frutos do mar. (N.T.)

[10] O Trem Azul. (N.T.)

vam o litoral quente, selvagem, infestado de mosquitos, terminaram se afeiçoando a ele. Embora Ring insinue que a Riviera foi brutalizada pela arquitetura do pós-guerra, especialmente os horríveis arranha-céus da década de 1960, ele admite que os visitantes podem ainda experimentar seus antigos encantos. "O litoral, o sol, a curva da praia, promontório após promontório terminando na água azul do mar, velas brilhando contra o mar roxo, essas coisas ficarão." Como acontece com muitos luxos, porém, o que os hoteleiros e proprietários de firmas imobiliárias realmente estão vendendo é um sonho. "Muito mais poderosa do que a realidade da Riviera é toda aquela ideia da perpetuação da felicidade humana que ela promete."

## O NEGÓCIO DAS CASAS DE CAMPO

Na França, a maioria das imobiliárias não caiu no conto do vigário das hipotecas de alto risco porque seus bancos tinham a tradição de basear os empréstimos na capacidade do requisitante para pagá-los, em vez de no valor dos imóveis. No entanto, os preços dos imóveis na França caíram vertiginosamente no início de 2009. Alguns mencionaram um índice de 12%, outros chegaram a calcular a queda em 20%. Considerava-se esta uma correção pesada para um mercado excessivamente inflacionado, onde os preços haviam subido cerca de 140% em menos de uma década, segundo a associação francesa dos corretores de imóveis, a FNAIM. Para os compradores que estavam ansiosos para adquirir um imóvel na Côte D'Azur, esse era o momento de conseguir uma pechincha.

O termo "pechincha" é relativo, claro. A carteira de imóveis de Philip Weiser começa na faixa de 1 milhão de euros e vai subindo até atingir os 250 milhões, com o preço médio ficando em cerca de 6 milhões. "As pessoas possuidoras de fortunas imensas são melhores clientes do que as que são meramente ricas", diz Weiser. "Quando se é multimilionário, pode-se marcar nove quadradinhos em 10 na lista do que se deseja em um imóvel. Pode-se quase obter a perfeição. Mas outros não podem, e é aí que começa a negociação."

Para aqueles que estão de olho no futuro, ele aconselhou investir em um número limitado de novos empreendimentos imobiliários na Riviera. As construtoras eram obrigadas pela lei francesa a completar a obra mesmo que as vendas não estivessem indo bem. Sem querer ficar com um prédio vazio nas mãos, elas provavelmente venderiam as unidades a preços altamente vantajosos. Investidores receberam recomendações de comprar esses apartamentos com preço baixo, alugá-los a gente que queria experimentar a vida na Riviera, e depois vendê-los quando a economia se recuperasse.

Como você pode já ter deduzido, Weiser era um homem de *marketing* antes de se tornar corretor de imóveis. Durante muito tempo, ele foi diretor de *marketing* da cadeia de hotéis Trust House Forte. Mais tarde, ele foi gerente de uma cadeia de apart-hotéis chiques para turistas em Londres. Ele afirma que "descobriu" o mercado imobiliário por acaso quando lhe pediram que ajudasse uma imobiliária em crise no sul da França. Ele cuidou da firma com todo o carinho até que ela se recuperasse, adquirindo metade da sociedade durante esse tempo. Ele então vendeu essa metade para fundar a Carlton International.

No momento em que estou escrevendo este livro, essa empresa tem em seu *staff* 17 corretores com habilidades linguísticas bastante amplas: além do inglês e francês, há funcionários que falam russo, árabe, holandês e alemão. Entre 80 e 90% dos clientes de Weiser são "não franceses". Ele parece não se incomodar com a conhecida acusação de que os estrangeiros invadiram o litoral francês e fizeram os preços subirem além da capacidade de consumo dos compradores franceses em potencial. "O imóvel sempre esteve disponível para quem pudesse pagar o seu preço. Poder-se-ia dizer também que os franceses decidiram se aproveitar da situação. E se levarmos em consideração o mercado inteiro nesta região, não só as mansões mais caras, o número de contratos fechados com franceses provavelmente ultrapassa o número de contratos fechados com estrangeiros."

A Carlton International, é claro, especializa-se em clientes estrangeiros. E nesse particular a internet é uma ferramenta vital. "É a propaganda perfeita. Pode-se colocar nas páginas da rede *links* para outros sites de imobiliárias no mundo inteiro, pode-se criar uma identidade de marca coerente, e podem-se construir mini *sites* que tratem de projetos ou imóveis específicos. É difícil entender como a indústria imobiliária conseguiu passar sem a internet até agora.

Mas Weiser não deu as costas à imprensa tradicional, de jeito nenhum. Trabalhando com a editora local Luxarro, ele criou uma revista em inglês sobre estilo de vida e interiores, publicada três vezes ao ano, chamada *Carpe Diem*, cujo objetivo é captar o espírito da vida na Riviera. Os artigos típicos podem incluir uma entrevista com um chefe de cozinha local, um artigo sobre a ligação entre Saint Tropez e o cinema, e várias visitas discretamente promocionais a alguns imóveis disponíveis nos catálogos da Carlton. Impressa em papel fosco pesado, com fotos coloridas encantadoras, a revista está mais para álbum fotográfico colecionável de mesa de centro do que para periódico descartável. A editora envia a revista diretamente para os endereços da base de dados da Carlton, e tem cerca de 50.000 leitores. A princípio, essa estratégia parece ser contraintuitiva: é uma boa ideia lembrar constantemente os consumidores do valor de sua marca, quando se está no ramo da moda, mas seria realmente válido adotar a mesma tática quando se vendem casas? Weiser responde: "É preciso lembrar que para a maioria dos nossos clientes as mansões da Riviera são a sua segunda casa. E que, em média, eles trocam de casa a cada cinco anos."

Será mesmo? Por quê? "Mudança nos desejos, mudança nas circunstâncias. Os filhos começam a crescer um pouco, por isso eles querem estar perto do litoral. Estão indo bem nos negócios, portanto querem uma casa maior. Ou vice-versa, é claro."

A necessidade de reter clientes que mudam de ideia e de residência da mesma forma que outras pessoas mudam de carro dá origem a outro elemento crucial da empresa de Weiser: o pós-venda. "A ironia neste ramo é que simplesmente não é possível vender um imóvel aos clientes. Eles é que compram o imóvel de você. A gente pode mostrar as casas, explicar todas as características do imóvel, manter a relação absolutamente profissional e educada, mas, no fim das contas, se o imóvel não corresponder perfeitamente a tudo que eles querem, ou se eles não sentirem que devem fechar negócio, não compram. Somente depois que eles se comprometem é que nós podemos realmente trabalhar."

O departamento de reformas e decoração da Carlton pode entrar em contato com os clientes para garantir que o imóvel se transforme na casa dos seus sonhos. Os serviços da empresa incluem decoração de interiores, compra e instalação de materiais e supervisão do trabalho. O departamento vem empregando os mesmos empreiteiros altamente competentes há anos. A empresa também cuida do planejamento e execução de jardins, paisagismo, plantio, instalação de irrigação automática e da construção de piscinas e quadras de tênis.

E depois que o imóvel já está correspondendo à expectativa do novo dono, a Carlton garante que continue como está. Seu departamento de administração de imóveis "tira o peso da propriedade dos ombros do dono do imóvel", garantindo que a casa, os jardins e a piscina continuem sempre com uma aparência impecável. O departamento manda funcionários cuidarem dos jardins e da piscina semanalmente, recolherem a correspondência e realizarem tarefas administrativas como pagamento de contas, seguros e criadagem. A Carlton também inspeciona periodicamente os imóveis por questões de segurança, e supervisiona os consertos "no caso improvável" de haver ocorrido invasão de alguma residência. Os donos não precisam se preocupar com torneiras pingando, vazamentos causados por tempestades, nem mesmo com lâmpadas queimadas.

"Para mim, essa é a verdadeira diferença entre luxo e qualquer outra indústria. A venda é apenas uma pequena parte do negócio, o que realmente importa é o que acontece depois. Esses clientes querem permanecer leais a você. E você só precisa, em troca dessa lealdade, dar-lhes tudo do bom e do melhor."

Uma outra coisa que os clientes admiram e, aliás, até exigem, é perícia. Os consumidores do luxo desconfiam dos diletantes. "Uma vez cometi o erro de pensar que podia também alugar iates. Mas as pessoas que gostavam de iatismo começaram a comentar: 'O que é que uma empresa imobiliária sabe sobre iates?' E as pessoas interessadas em imóveis passaram a não entender mais o que, exatamente, a Carlton fazia. Hoje em dia acredito que o segredo de criar uma empresa bem-sucedida no mercado de luxo é a especialização. Neste ramo, a experiência e a credibilidade são tudo."

# 9

# Nômades de luxo

*"Eu sei o que os hóspedes querem de um hotel...*
*e não é a mesmice de sempre."*

Minha segunda visita a Monte Carlo em apenas alguns meses é bem mais glamourosa do que a primeira. Começa em um heliporto cuja minúscula sala de espera fica discretamente escondida atrás de um aquário imenso em um canto discreto do aeroporto da Côte D'Azur, em Nice. Hoje, pelo menos, sou o único passageiro. Quando saímos para ir ao heliponto, o piloto de um helicóptero desconcertantemente pequeno aciona o rotor. A um sinal de um dos componentes da equipe de terra, entro na máquina, abaixando-me instintivamente ao sentir o vento produzido pelas pás. O membro da tripulação guarda minha bagagem na parte traseira e eu me sento ao lado do piloto. Segundos depois, meu estômago afunda ao subirmos e partirmos, cortando o ar rapidamente acima da baía.

Costuma-se dizer que o barulho produzido pelas pás do rotor dos helicópteros é "ensurdecedor", mas o som que ouvimos na cabina é um zunido alto acompanhado por um som bem baixo de vibração que consigo sentir através das solas dos sapatos. Abaixo de nós, as ondas azul-marinho estão salpicadas de cristas espumantes. À minha esquerda, Nice, do tamanho de uma cidade de brinquedo, vai passando; vejo de relance a balsa amarelo-vivo que vai para a Córsega e o monumento aos mortos da guerra em seu nicho rochoso abaixo do penhasco. Em seguida, apontamos nosso nariz para o horizonte nebuloso, movendo-nos mais rápido agora sobre um mar pintalgado de manchas prateadas.

Do ar, as torres bege-rosadas de Monte Carlo lembram o trabalho de cupins maníacos. Quando pousamos, uma minivan preta está esperando para me levar. Dentro de 15 minutos estou na sacada do meu quarto no Hotel de Paris, contemplando a vista da baía. Os enormes iates brancos ainda estão ancorados aqui, exatamente onde os deixei.

Então, é assim que os bacanas vivem, pensei comigo mesmo. Bem-vindo ao mundo dos nômades de luxo.

## A MARCA MONTE CARLO

Monte Carlo é um desses destinos que será para sempre chamado de "playground dos ricos", juntamente com poucos outros, como St. Tropez, Mustique, os Hamptons, Capri e St. Moritz. Pode-se facilmente imaginar as etiquetas coloridas no baú a bordo do transatlântico. Mas Monte Carlo é exclusiva, pois, literalmente, é uma marca de luxo. Uma grande parte desta área pertence a uma empresa chamada Monte-Carlo SBM, que está atualmente expandindo-se para vários outros países ao redor do mundo, sob a forma de bandeiras hoteleiras e propriedades de lazer.

Para entender como isso aconteceu, precisamos fazer uma viagem ao passado. Como outros pontos turísticos ao longo deste mesmo litoral, Mônaco (do qual Monte Carlo é o centro comercial) foi colonizado pelos romanos, que apreciavam seu porto protegido e o usavam como parada no caminho para a Gália. Com o colapso do Império Romano, o pequeno povoado desapareceu nas brumas do tempo, voltando a emergir apenas no século XIII quando se tornou entreposto de Gênova.

No dia 8 de janeiro de 1297, Francesco Grimaldi, líder de um clã genovês envolvido em lutas pelo poder com facções rivais em toda a região, liderou um ataque noturno ousado à fortaleza de Mônaco. Dizem que Grimaldi, conhecido como *Il Malizia* ("O Matreiro"), aproximou-se da fortaleza disfarçado de monge franciscano. Depois de ter entrado assim, Grimaldi e seus homens tomaram a fortaleza. Grimaldi nomeou a si mesmo governante oficioso, sucedido por seu enteado, Rainier I. Os genoveses não reconheceram nenhum dos dois como monarcas legítimos; essa honra seria destinada ao filho de Rainier, Carlos I de Mônaco, que é considerado o fundador da dinastia que continua a reinar até hoje.

Durante a primeira parte de sua história, Mônaco foi uma cidade--estado bastante inexpressiva, vivendo dos impostos que cobrava sobre os vinhos, tabaco e limões que passavam pelo seu porto. E quando, em 1848, as comunidades vizinhas de Roquebrune e Menton declararam sua independência do minúsculo império, o futuro do principado começou a parecer bastante sombrio. Notando que as termas estavam atraindo um grande fluxo de visitantes para a Côte D'Azur, o Príncipe Florestan imaginou uma estância balneária que incluiria um hotel, mansões e recreação, principalmente cassinos. Jogos de azar eram contra a lei na França, de modo que isso representaria uma oportunidade e tanto para Mônaco.

Quando Carlos III assumiu o poder, em 1856, tratou de transformar a ideia do seu pai em realidade. A "Société des Bains de Mer et du Cercle des Etrangers à Monaco" foi fundada como um estabelecimento com termas e uma operadora de cassinos. A construção do Cassino de Mônaco começou em 13 de maio de 1858, em uma faixa de terra chamada Plateau de Spélugues onde antes se plantavam oliveiras, limoeiros e laranjeiras. A metamorfose de Mônaco havia começado. Mas houve várias interrupções durante a obra. Quando o cassino foi inaugurado, em 18 de fevereiro de 1863, atraiu poucos clientes. Como Jim Ring observa em seu livro *Riviera* (ver capítulo anterior, "Imóveis de Alta Classe"), Mônaco ainda ficava a quatro horas de distância de Nice via carruagem ou a uma travessia de barco nas águas revoltas da baía. Para que dar-se todo esse trabalho, quando havia diversões deslumbrantes suficientes na cidade mesmo?

Uma solução chegou sob a forma de um homem experiente: François Blanc. O cassino e as termas de Mônaco baseavam-se no modelo alemão, que Blanc conhecia perfeitamente. Filho de um simplório cobrador de impostos da Provença, Blanc era um ex-especulador da bolsa, dono de cassino e batoteiro, que tinha ficado rico transformando o minúsculo principado alemão de Bad Homburg em um centro de jogos de azar e lazer. Seu apelido era "O Mágico".

François Blanc e seu gêmeo Louis, de quem ele jamais se separava, haviam se apaixonado pelos truques de cartas durante a infância enquanto assistiam a um mágico durante um número de circo. Saindo de casa, eles foram trabalhar no circo e se tornaram prestidigitadores habilidosos, enquanto faturavam com jogos de azar como uma ocupação extra. Os dois levavam uma existência boêmia, dirigindo um cassino em Marselha e depois se tornando especuladores na bolsa de Bordeaux. Depois de levarem uma multa pelo que se considerava *insider trading*, ou seja, abuso de informações privilegiadas (um contato lhes passava por antecipação os preços das ações flutuantes na bolsa de Paris), eles se mudaram para Paris, onde lideraram uma sala de jogo sob as concorridas arcadas do Palais Royal. Uma proclamação de 1836, que tornou ilegais os jogos de azar na França, fez com que os dois se transferissem para Luxemburgo, onde abriram outro estabelecimento. Foi aí que eles atraíram a atenção do governante de Homburg, que lhes pediu ajuda para transformar seu principado empobrecido em um centro de jogos de azar. Os dois irmãos aceitaram a concessão, e, em pouco tempo, Bad (que significa "banho") Homburg estava progredindo graças às termas, a um cassino e aos hotéis e restaurantes de luxo.

O gêmeo de François Blanc morreu em 1852. François tinha perdido a esposa antes, no mesmo ano, e para sair da depressão em que caiu, começou a procurar uma forma de aumentar sua renda no inverno, já que Bad Homburg era essencialmente uma estância de jogos de azar própria para o verão. Seu olhar ávido inevitavelmente se voltou para Mônaco. Após um pouco de pesquisa, ele descobriu que a ferrovia que logo chegaria a Nice poderia acabar chegando até o principado. Com uma certa promoção, Mônaco poderia se transformar em um ponto turístico de inverno por excelência.

Ao que parece, o príncipe e François Blanc se conheceram numa reunião engendrada por Monsieur Eynaud, o advogado do príncipe Carlos III, um cavalheiro especialista na arte do eufemismo. Segundo Jim Ring, ele teria dado ao príncipe o seguinte conselho: "Blanc tem uma fortuna colossal... já foi mestre da arte de dissimular o pano verde das mesas de jogo atrás de um véu de elegância e prazer". Acompanhado pela sua segunda esposa, Marie, François Blanc chegou a Mônaco para assumir o comando da sua concessão de jogos de azar e lazer em 1863.

Logo o Plateau de Spélugues já havia mudado de nome, assumindo o título do governador do principado, "Mont Charles", que, traduzido, dá

"Monte Carlo". E Blanc estava seguindo a estratégia que havia adotado em Bad Homburg. Supervisionou reformas da paisagem e iluminação. Lançou um jornal, o *Le Journal de Monaco*, e conseguiu que fosse distribuído pelo *Le Figaro*. Convidou dezenas de jornalistas para virem à estância. Em vez de esperar que a ferrovia chegasse, ele começou um serviço regular de balsas partindo de Nice, bem como uma linha de carruagens para quem desejasse vir pela estrada. Contratou o arquiteto Dutrou para que construísse o Hotel de Paris, "o hotel mais belo da Europa". (Alexandre Dumas, famoso por ter escrito o livro *Os Três Mosqueteiros*, foi um de seus primeiros hóspedes.) Logo em frente a ele, do outro lado da rua, o Café Divan (mais tarde Café de Paris) abriu suas portas em 1868. No cassino, Blanc tirou um dos dois zeros (um vermelho, um preto) de suas roletas, melhorando assim as chances de os clientes ganharem. Por volta de 1870, Monte Carlo já estava atraindo 170.000 visitantes por ano. Na época da morte de Blanc, em 1877, esse número havia subido para mais de 300.000. "O Mágico" havia enfeitiçado os turistas da Riviera com uma mistura embriagante de risco, prazer e opulência, e conjurado um país baseado quase inteiramente no hedonismo.

Hoje em dia, como mencionei antes, a Société des Bains de Mer funciona com o nome de Monte-Carlo SBM e a maioria de suas ações pertence ao estado monegasco. Tem por volta de 300.000 empregados e uma renda anual de mais de 450 milhões de euros. Além do "Casino Monte-Carlo" original, a Sociedade possui mais quatro outros cassinos, quatro hotéis, inclusive os magníficos Hotel de Paris e Hotel Hermitage, o spa Thermes Marins, a boate Jimmy'z, ponto de encontro do *jet set*, e nada menos do que 32 restaurantes, bem como um grande número de outros bares e casas noturnas. Suas salas de conferência oferecem espaço para centenas de seminários a cada ano. E a Société está se expandindo para outros países. Em 2004, ela começou uma aliança estratégica com a operadora de cassinos americana Wynn Resorts, adquirindo uma fração de 3,6% por 45 milhões de dólares. A aliança inclui "uma troca de experiências administrativa e o desenvolvimento de iniciativas de marketing cruzado" ("Wynn Resorts e SBM de Mônaco assinam aliança estratégica", *Business Wire*, 20 de junho de 2003).

Mais recentemente, a SBM de Monte-Carlo anunciou a abertura de um hotel de grife, o Jawhar ("joia") em Marrakesh. O estabelecimento de 80 quartos possui termas e salas para banquetes. A empresa está também procurando outras localidades na Europa.

O reposicionamento de Monte Carlo como marca de luxo realmente começou em 2002, com a chegada do diretor geral Bernard Lambert. Ele considerava que embora a Société des Bains de Mer funcionasse perfeitamente bem como empresa, não estava explorando completamente seu potencial. Com a clientela da estância se tornando cada vez mais jovem e internacional, vindo da Rússia, Europa Central e China, ele sentia que o nome "Monte Carlo" tinha uma ressonância cada vez mais global. Mais do que apenas um local, Monte Carlo era um espírito, um estado psicológico. Para explorar mais essa ideia, Lambert contratou o primeiro diretor de marketing da empresa, Axel Hoppenot, em 2004.

Hoppenot afirma: "Quando cheguei, parecia óbvio para mim que Monte Carlo não vendia apenas fichas de jogos de azar, quartos de hotel, comida, bebida e espaços para conferências. Havia um elemento emocional na marca que atraía as pessoas, acima e além de suas diversas facilidades. É o "conto de fadas" de Monte Carlo. E pensei que esse elemento poderia ser reforçado dentro da estância bem como exportado para outros mercados.

Quando lhe pediram que definisse os valores da marca Monte Carlo, Hoppenot fez uma lista de cinco elementos fundamentais: "O primeiro é a emoção. Estamos em um lugar que faz nossa pulsação disparar, seja por causa dos cassinos, do Grand Prix de Mônaco ou do torneio de tênis Monte Carlo Masters. O segundo é a sensação de liberdade que engendramos. Desde o início, quando as pessoas vinham para cá para jogar jogos de azar porque eles eram proibidos na França, Monte Carlo vem sendo associado à liberdade. Em terceiro lugar, algo que pode parecer contraditório: Monte Carlo oferece uma sensação de segurança. É extremamente estável, com muito poucos crimes. E aliado a isso vem o sentimento de que este é um lugar onde todos se sentem bem. É abençoado com um clima extremamente agradável, e tem muitos estabelecimentos dedicados à saúde e ao bem-estar.

O quarto lugar na lista de Hoppenot é *l'art de vivre*, o conceito francês de "arte de viver", termo com o qual ele se refere ao estilo de vida agradável que Monte Carlo oferece àqueles que possuem os recursos para desfrutar dele: as butiques, os bares, os restaurantes *gourmet* e a vida noturna. Ele acrescenta que Monte Carlo tem a reputação de promover eventos sofisticados como o *Bal de la Rose* anual ("Baile das Rosas"), para auxiliar a Fundação Princesa Grace, que levanta fundos para crianças carentes.

Hoppenot também se apressa em apontar outro tipo de arte. Você estaria errado, afirma ele, ao presumir que Mônaco seja um lugar onde as pessoas não dão importância à cultura. A Ópera de Monte Carlo foi inaugurada em 1879. Diaghilev trouxe o Balé Russo aqui em 1911, com cenários criados por Jean Cocteau. A ópera possui uma programação inovadora e variada, especializando-se em encenar óperas pouco conhecidas. Monte Carlo tem sua própria orquestra sinfônica e balé, bem como um programa de primavera de 25 anos de idade, composto de recitais de música clássica. Entrementes, as salas de concerto no complexo de entretenimento Sporting Monte Carlo já apresentaram personalidades como Eric Clapton, Grace Jones e Leonard Cohen. Hoppenot afirma: "O poder da marca Monte Carlo significa que podemos atrair os artistas mais famosos do mundo".

O elemento final é, naturalmente, a aspiração. As pessoas fabulosamente ricas poderiam tirar férias em qualquer lugar, mas muitas delas preferem vir para Monte Carlo. "Creio que é uma espécie de 'fator de admiração' que as atrai. Quando alguém diz aos outros que vai tirar férias em Mônaco, já sabe qual a reação que vai causar. Enfatizamos isso constantemente, esforçando-nos por surpreender nossos hóspedes com novos eventos e inovações."

Como exemplo ele cita o Festival de Jazz de Monte Carlo, criado no outono de 2006 como uma forma de animar a baixa estação. Da mesma forma, o Moods Studio & Music Bar, situado embaixo do Café de Paris, é uma nova casa para os artistas de jazz, blues e rock.

Depois de mudar sua marca para Monte-Carlo SBM, Hoppenot e sua equipe lançaram várias táticas para promover a marca de forma mais concreta. Um portal na internet, o montecarloresort.com, reuniu as ofertas do grupo todas sob um só teto digital. Criou-se um novo logotipo para enfatizar o nome "Monte Carlo" nas mensagens da empresa. E em 2007 a equipe trabalhou com uma agência de propaganda parisiense para criar uma campanha com o *slogan* "Seja Monte Carlo". A empresa gastou mais de 2 milhões de euros colocando esses anúncios em meios de comunicação de alto nível na imprensa internacional (inclusive no *Financial Times* e nas revistas *Forbes* e *Fortune*) na internet e na tevê, principalmente na CNN e CNBC. Além disso, a Monte-Carlo SBM também lançou sua própria revista em papel *couché*, a *Monte Carlo Society*, distribuída em todos os diversos estabelecimentos.

O posicionamento claro de Monte Carlo como marca lhe deu a legitimidade de entrar em projetos como o hotel de Marrakesh. No futuro, há um tendência para a marca se expandir para áreas como a de cosméticos (ligada a seus *spas*), presentes e lembranças, e *sites* de jogos de azar de alto nível.

Axel Hoppenot afirma: "François Blanc declarou que não era a possibilidade de ganhar que atraía as pessoas para Monte Carlo, mas a sensação de que elas podiam se esquecer de seus problemas e dedicar-se, mesmo por pouco tempo, a curtir momentos de prazer. Neste sentido, quando se vem para Monte Carlo, não há como perder."

## O MUNDO DOS HOTÉIS

Eu já estou contemplando a vista da minha sacada no Hotel de Paris faz um bom tempo... É hora de descer até o saguão e trabalhar um pouco. Com 182 quartos, 74 suítes, três restaurantes e um bar, o hotel é um daqueles edifícios assustadoramente grandiosos que se parecem com cidades em miniatura. Qualquer um pode se perder na recepção do hotel, uma vasta *piazza* de piso de mármore, cujo teto em formato de cúpula possui representações em gesso de tartarugas, arraias, polvos e gigantescos peixes de boca escancarada. Suas colunas de sustentação têm cavalos-marinhos nos capitéis.

Vou até o bar me encontrar com Luca Allegri, o gerente geral do hotel. Allegri é um cavalheiro simpático porém adequadamente delicado cuja barba grisalha bem aparada combina perfeitamente com seu terno garboso. Sua queda para a vida hoteleira está no sangue: seu pai era o *concierge* principal do hotel Splendido em Portofino, do grupo Orient Express, e um dos mais sofisticados do mundo. "Eu trabalhava lá durante as férias escolares, carregando malas e ajudando na cozinha", recorda-se Allegri.

Não há como eu incluir aqui todos os hotéis famosos nos quais Allegri trabalhou depois disso. Entre eles, estão o Mayfair Regent em Nova York, o Connaught em Londres, o Palazzo Sasso em Ravello e Il Pellicano em Porto Ercole. No meio de sua carreira, Allegri decidiu que queria aprender mais sobre o ramo de restaurantes, portanto foi para a França e começou tudo do zero, indo trabalhar de novo na cozinha. Durante esta época, ele conheceu o grande chefe de cozinha francês Alain Ducasse (ver capítulo 16) com quem desenvolveu uma parceria de trabalho informal. Quando Ducasse assinou um contrato para abrir um restaurante no Hotel Plaza Athénée em Paris, Allegri foi trabalhar com ele como diretor de alimentos e bebidas, e depois foi promovido a assistente executivo da gerência.

"O hotel tinha uma marca muito forte. Por exemplo, o bar do Plaza Athénée era um ponto de encontro concorrido das moças da alta sociedade, portanto conseguimos assinar um contrato de *merchandising* com a Lancôme para produzir um brilho labial baseado nos sabores de nossos coquetéis."

O *branding* é importante, diz Allegri, porque os hóspedes de luxo costumam considerar os hotéis em si como seus destinos, em vez de só camas onde passar a noite. "Não deve haver nada padronizado no hotel. Tudo deve transmitir a ideia: 'Isso é diferente, foi por isso que você veio aqui'. Por exemplo, o George V de Paris [onde Allegri trabalhou no período antes da abertura] é famoso pelos arranjos de flores belíssimos que tem na recepção."

Este senso de detalhismo inclui até os produtos encontrados no banheiro. Quando Allegri chegou ao Hotel de Paris assinou contrato com a La Prairie, a marca suíça de cosméticos e produtos para cuidado da pele, porque queria algo que "ao mesmo tempo fosse excelente e estivesse na moda". Esses contratos são considerados mutuamente benéficos porque transmitem mensagens tanto sobre o hotel quanto sobre a marca escolhida. E como os jovens endinheirados ficaram viciados em experiências nos *spas*, dedicam mais tempo a rituais de banho e tendem a julgar um hotel pelo luxo dos seus banheiros, inclusive a qualidade das marcas oferecidas.

Allegri confirma que o primeiro dever de um gerente quando ele chega a um hotel é garantir que cada metro quadrado do imóvel esteja contribuindo para o faturamento. Os preços dos quartos são corretos? A combinação de acomodações é variada o bastante para atrair gente de gostos distintos, ou será que devemos introduzir novos conceitos? A qualidade dos bares e restaurantes é alta o suficiente? Será que se fez uma boa propaganda deles para atrair pessoas que não estejam hospedadas no hotel?

Porém, tudo isso, segundo ele, é administração básica. No nível de ultraluxo é a dimensão humana que realmente faz diferença. "Aprendi com meu pai que o *concierge* é a pessoa mais importante do hotel, certamente no relacionamento com os hóspedes. Um bom *concierge* é um guia, um diplomata e um conselheiro; eles resolvem problemas e reservam mesas no restaurante. Compram entradas de teatro e agendam passeios. Um *concierge* pode ser a diferença entre uma estadia excelente e uma meramente razoável."

Ele acrescenta, porém, que todos os componentes da equipe de um hotel deviam considerar-se embaixadores da marca. "Eles devem portar-se de forma elegante e relacionar-se com os hóspedes de maneira formal. Às vezes, há uma oportunidade de relacionar-se de maneira mais informal com o cliente, mas no meu modo de pensar deve-se sempre manter uma certa distância. Trata-se de um equilíbrio difícil de manter: prestar um serviço excelente, sem exagerar; ser amistoso, sem ser familiar. Estes são os talentos do verdadeiro profissional."

As palavras de Allegri trazem à mente o lema da Horst Schulze, que ajudou a fundar o grupo Ritz-Carlton: "Somos senhoras e senhores que servem outras senhoras e outros senhores". Isso era acompanhado de um credo de serviços completo que ainda se espera que os componentes da equipe do Ritz-Carlton levem consigo onde forem. Ele inclui joias como "Construo relacionamentos fortes e arregimento clientes do Ritz-Carlton para toda a vida", "Tenho o poder de criar experiências exclusivas, memoráveis e pessoais para nossos hóspedes" e "Assumo a iniciativa e resolvo imediatamente os problemas dos hóspedes".

Esta última afirmação não é meramente uma frase vazia: até mesmo os mais novos membros da equipe têm permissão de gastar até 2.000

dólares para resolver o problema de um hóspede sem ter que pedir permissão ao chefe. Como muitos outros grupos hoteleiros, o Ritz-Carlton vem usando tecnologia para refinar sua abordagem no relacionamento com os clientes. Os requisitos e as preferências de cada hóspede, desde solicitações específicas até o tipo de fruta que eles selecionaram para a cesta do seu quarto, são registrados em uma base de dados, permitindo que seu quarto seja personalizado na sua próxima estadia. Os funcionários são incentivados a se lembrarem dos nomes dos hóspedes e usá-los.

Com tantos hotéis de luxo no mundo inteiro administrados, aparentemente, por grupos que elevaram o serviço ao cliente a uma forma de arte, novos estabelecimentos de luxo devem esforçar-se ao máximo para concorrer com eles. Alguns fazem concorrência oferecendo um formato menor de "butique" que fornece aos hóspedes o charme excêntrico dos hotéis administrados por uma família. Outros incluem o hotel em uma "experiência" que vai bem além do mero abrigo. Em geral, o resultado é um hotel "temático" do tipo que há muito vem sendo visto em Las Vegas. Até a recessão dar fim ao desenvolvimento, o Golfo Pérsico estava se tornando um local escolhido para esse tipo de projetos. O Burj al Arab, em Dubai, liderava essa tendência: o perfil em forma de vela de seu hotel de 321 metros de altura é conhecido dos fãs da arquitetura. O hotel se considera um estabelecimento "sete estrelas" devido a toques como mordomos para cada hóspede. Uma adição mais recente é o Palácio dos Emirados em Abu Dhabi, uma mistura de fantasia das noites da Arábia e hotel de luxo europeu. A areia de sua praia particular foi importada da Argélia, porque a areia do deserto local era grossa demais.

Há planos para construir hotéis submarinos de luxo (o Hydropolis, em Dubai, era o primeiro que seria inaugurado, no momento em que escrevi este capítulo), e até um hotel de luxo aéreo chamado "Nuvem Tripulada", idealizado pelo projetista francês Jean-Marie Massaud." [Seus] planos preveem um hotel de 20 quartos para passeios turísticos que pode acomodar 40 hóspedes e 15 funcionários. Um restaurante, uma livraria, um salão de ginástica e um bar oferecerão entretenimento se ficar monótono apenas ver o mundo passar pelas enormes janelas panorâmicas... ("Aeronave de luxo oferecerá aos turistas lazer nas alturas", *Spiegel Online International Edition*, 7 de fevereiro de 2008).

Esses exemplos beiram o excesso de tecnologia. Mas o que fazer se o plano é fundar um hotel sutilmente inteligente em uma cidade com história genuína e muitos concorrentes? Esse foi o desafio que o Mark Hotel teve de enfrentar em Nova York ao se preparar para reabrir no verão de 2009, depois de uma reforma dos pés à cabeça (a propósito, o Mark Hotel é um híbrido; o prédio elegante onde ele está situado, na Avenida Madison com a rua 77, contém 42 apartamentos residenciais e 118 quartos de hotel).

A solução foi misturar a elegância francesa com a sofisticação informal de Manhattan com uma pitada de capricho. Izak Senbahar e Simon Elias, da imobiliária Alexico Group, têm no currículo a experiência de haver trabalhado com projetistas e artistas renomados para dar a suas propriedades um toque cultural. Para o hotel Mark eles contrataram os serviços do *designer* de interiores Jacques Grange, de Paris.

A escolha foi incomum o suficiente para não cair no clichê, porém elitista o suficiente para atrair um mercado alvo dotado de discernimento. Grange fez seu nome projetando apartamentos para clientes particulares como Valentino Garavani, Yves Saint Laurent e François Pinault. Seu estilo combina uma sensibilidade de alta-costura com uma excentricidade de bricabraque atenuado por uma sofisticação impecável. (Se você não está entendendo o que estou falando, dê uma olhada na recepção de mármore preto e branco do The Mark, que consegue ser ao mesmo tempo clássica e surpreendente). As aventuras de Grange nos Estados Unidos começaram quando Louise Sunshine, "estrategista de *marketing* imobiliário de Nova York", visitou o escritório de Grange na Rue du Faubourg Saint-Honoré em 1999. Ela o persuadiu a trabalhar em um complexo de apartamentos chamado One Beacon Court em frente à Bloomingdale's. E em 2006 ela lhe apresentou Alexico e o The Mark ("Um astro francês reinventa um clássico novaiorquino", *The New York Post*, 1º de novembro de 2007).

Grange criou todos os 118 quartos do hotel e 32 de seus apartamentos (o resto vem sem mobília), e também o bar e o saguão. Seu companheiro, Pierre Passebon, cuja galeria em Paris exibe a obra de *designers* contemporâneos de destaque, também entrou como "curador" do projeto. Passebon encomendou aos projetistas de mobília de alto nível, como Ron Arad e Vladimir Kagan, peças exclusivas para o hotel. A dupla francesa e seus colaboradores lideraram o *marketing* do The Mark: artigos aprovadores surgiram na imprensa americana meses antes de o hotel ser inaugurado. Os articulistas descreveram entusiasmados o bar em formato de nuvem, as camas e sofás tamanho gigante, as cortinas de tafetá cor de marfim e os tapetes cujo desenho baseava-se em renda de Iznik.

Para incentivar ainda mais os rumores sobre a sofisticação do hotel, o cartunista e ilustrador francês Jean-Philippe Delhomme foi contratado para criar um elaborado *kit* com brochura para divulgação, bem como imagens para o *website*. O pacote multimídia foi apimentado com *slogans* provocantes em uma mistura de inglês com francês, tais como "l'adresse plus chic de New York" e "c'est um landmark de l'Upper East Side". Essas mensagens criaram um clima de elegância caprichosa que os desenvolvedores e a agência de *branding* Pandiscio esperavam evocar.

Mas o hotel The Mark também contava com uma arma secreta. Tendo mesclado Paris com Manhattan, os construtores acrescentaram a formalidade britânica sob a forma do gerente geral do hotel, James Sherwin. Com um humor irônico borbulhando suavemente sob seu sotaque acerado, Sherwin deve tomar Nova York de assalto. Depois de trabalhar para o Grupo Savoy durante muitos anos, ele vem morando nesta cidade desde 1991 depois de "se apaixonar pela empolgação e pela vida social movimentada deste lugar". Mas seu senso britânico de correção continua intacto: seu quadro de funcionários usa ternos Turnbull & Asser e sapatos John Lobb. O carro particular do hotel é um Bentley.

"Creio que sei o que os hóspedes querem de um hotel de luxo, e não é a mesmice de sempre", diz Sherwin. "Todos estão cansados do clima impessoal das empresas. Quando vêm passar uns dias com a gente ficarão em um hotel com identidade."

O projeto exclusivo do hotel pode também tentar os clientes em potencial a abandonar sua escolha habitual de acomodações quando estão na cidade. Os consumidores ricos, especialmente os mais maduros, costumam sempre fazer tudo do mesmo jeito, e pode ser que odeiem sair de um lugar onde todos sabem o seu nome. O próprio Sherwin já desempenhou um papel de embaixador, divulgando o The Mark junto a seus próprios contatos e a clientes habituais.

Além de cantar os louvores dos toques obviamente mais extravagantes do hotel – o restaurante liderado por Jean-Georges Vongerichten, o cabeleireiro dirigido por Frédéric Fekkai – Sherwin coloca-se no lugar de seus clientes. "Em muitos hotéis o minibar é simplesmente uma pobreza. Aqui, cada quarto tem um bar estilo anos 1930, que se abre e revela garrafas tamanho normal, não simplesmente miniaturas; além disso há uma geladeira com gelo em abundância. Procuramos sempre ir um pouco além do esperado. Somos o primeiro hotel em Nova York completamente equipado com equipamentos Bang & Olufsen, por exemplo.

Os detalhes são importantes quando se trata do serviço, observa Sherwin. Por exemplo, o hotel pode oferecer "*kits* formais de emergência" contendo uma camisa passada, gravata borboleta e abotoaduras, para hóspedes que descobrem que precisam comparecer a um evento formal.

E, finalmente, é claro, há o toque pessoal. "Os grupos hoteleiros norte-americanos gostam de chamar todos os clientes pelo nome, mas às vezes os funcionários aplicam essa regra sem pensar. Pode haver certas circunstâncias, por exemplo, na portaria do hotel, local em que outras pessoas podem presenciar um diálogo, em que os hóspedes podem não querer que se mencionem seus nomes. Nesses casos, é só utilizar os já consagrados 'senhor' e 'senhora'."

## SERVIÇOS DE VIAGEM VIP

Como viajam os ricos? Certamente com muitas malas. Um especialista em cuidar dos fabulosamente ricos é Roshan Pillai, gerente geral do Grupo de Viagens Al Mousim, cuja sede fica em Riyadh, Arábia Saudita. Em 2007, Roshan fundou o departamento de viagens de luxo do grupo especializado em organizar férias para famílias sauditas eruditas. É um serviço de *concierge* com *website* protegido por senha e uma clientela muito exclusiva. Apenas aqueles que receberam convite pessoal da agência têm acesso a esse serviço. O preço médio de uma viagem de férias organizada pelo departamento fica entre 150 e 200 mil dólares. Pillai e sua equipe de seis consultores organizam regularmente férias familiares para grupos de 15 a 20 pessoas: mãe, pai e até seis filhos, além de amigos e membros do quadro de funcionários.

"A chave é o engajamento", diz Pillai. "Este é um serviço prestado sob medida, de modo que o cliente recebe conselhos individuais do seu consultor pessoal.

Uma vez que o cliente tenha contatado o serviço, um consultor vai à casa da família para debater suas ideias e desejos. Ele toma notas e volta depois, num outro dia, para dar sugestões. "Temos que ser criativos, porque nossos clientes sempre querem algo novo. Tentamos bolar um pacote inteiramente diferente para cada pedido de planejamento. Dito isso, há tendências: recentemente a América do Sul virou uma atração turística procuradíssima. Temos organizado, por exemplo, um cruzeiro no rio Amazonas.

Naturalmente, a viagem é pelo meio de transporte mais rápido possível e os quartos de hotel são os melhores que houver. Um consultor da Al Mousim vai de avião até o destino um dia ou dois antes da viagem da família para verificar se os quartos estão em ordem e para dar as boas vindas aos viajantes. O gerente do hotel ou *resort* normalmente está à disposição para receber o grupo quando ele chega. Assim como alguns clientes utilizam seu próprio jato, outros tiram férias em cidades onde possuem um imóvel. Neste caso, a equipe de Pillai organiza todo o resto: traslados, excursões, compras, visitas a mostras e acesso às butiques mais badaladas, a restaurantes e a espetáculos. "Naturalmente, procuramos montar uma programação que tenha uma boa flexibilidade para não pressionarmos nossos clientes", acrescenta ele.

A equipe também passou a fazer viagens empresariais, em geral para eventos internacionais frequentados pela alta sociedade como o Grande Prêmio de Mônaco. Pillai acrescenta que a Europa continua sendo um destino adorado pelos viajantes sauditas, muitos dos quais têm casas de campo ou de praia na França. Aliás, Pillai pertence ao conselho de consultoria da Maison de France, a câmara de turismo francesa, para ajudá-la a atender às necessidades dos visitantes da Arábia Saudita.

O serviço luxuoso da Al Mousim atrai novos clientes via propaganda boca a boca, bem como algumas propagandas ocasionais em revistas. Os abalos econômicos pouco influenciaram a empresa. "Estamos planejando expandir nossa infraestrutura porque neste exato momento estamos tendo que recusar pedidos. Não queremos assumir mais projetos do que é possível para nós e causar uma redução da qualidade do serviço prestado aos nossos clientes atuais."

A Europa Central e Oriental é mais uma fonte de viajantes ricos. Um jovem empresário eslovaco chamado Radoslav Radosa espera atrair esse mercado com a Agência de Viagens de Luxo Radosa. Fundada em 2008, a companhia se especializou em reservas em hotéis e serviços de acompanhantes. Um *website* ao qual se tem acesso apenas por convite, protegido por senha, permite que os clientes entrem em contato com os hotéis mais luxuosos do mundo. Os hotéis pagam uma assinatura para se associarem a esse serviço. "Em retribuição, eles ganham acesso aos futuros clientes. Muitos serviços como esse já existem, mas eles são todos em inglês e voltados para o mundo ocidental. Se os hotéis desejam desenvolver seus negócios, precisam voltar-se para os mercados emergentes, que incluem a Romênia, a Bulgária, a Polônia, o Cazaquistão e a Armênia, bem como a Rússia e os países do Golfo.

Os hotéis de luxo já conhecem o conceito de unir forças sob uma marca comum para fins de *marketing*: exemplos incluem The Leading Hotels of The World, Five Star Alliance, Relais & Châteaux e Design Hotels. Muitas alianças formaram-se para enfrentar os desafios apresentados pelos sistemas de reservas centralizados (SRC). Os precursores da internet, os SRCs capacitavam agências de viagem a reservar quartos em hotéis por computador em vez de pelo telefone. O custo de figurar num sistema desses era proibitivo, e isso dava às cadeias de hotéis uma vantagem de *marketing* incrível. Então, os hotéis independentes se reuniram para custear o serviço e elevar seus perfis. Hoje em dia, membros desses grupos pagam tarifas anuais para tirar vantagem de *sites* compartilhados, para figurar em listas anuais impressas em papel *couché* e participar de campanhas publicitárias conjuntas. Isso é particularmente útil para hotéis tipo "butique" que atraem viajantes abastados, mas não têm verba para propaganda.

Enquanto isso, depois de um dia de entrevistas, estou de volta à varanda do luxuoso Hotel de Paris, que visivelmente não pertence à categoria de hotéis butique. A noite já caiu e reflexos dourados e prateados cintilam nas águas acetinadas do porto. Música *pop* e risadas esparsas sobem de um iate grande enfeitado com fieiras de lâmpadas da proa até a popa. Estou de folga esta noite, mas Monte Carlo ainda está trabalhando. Está ocupada, procurando ficar à altura da fama que tem.

Place Vendôme: um centro do luxo tradicional em Paris.
Foto: Mark Tungate

O sapateiro da alta sociedade Pierre Corthay labutando em seu ateliê.

Foto: Stéphanie Fraisse

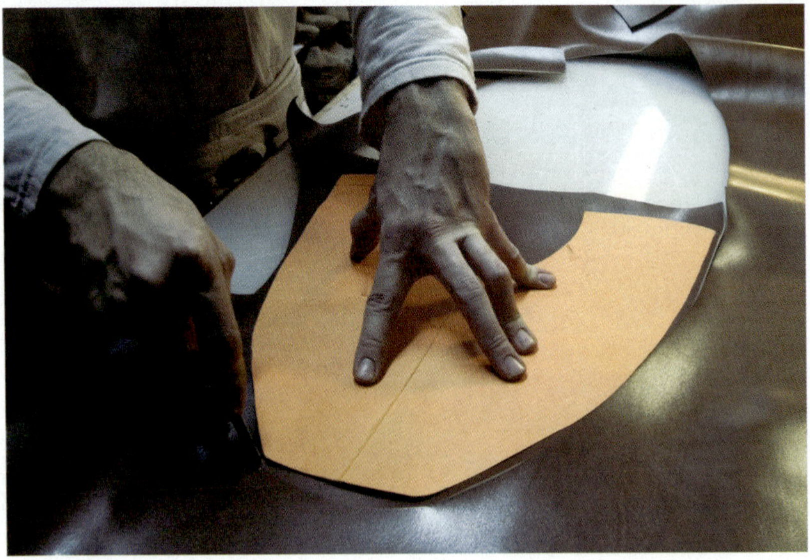

Confecção de um molde no ateliê de Corthay.

Foto: Géraldine Bruneel

Imagens reproduzidas com permissão da Corthay Bottiers.

Fôrmas de calçados no ateliê de Corthay.

Foto: Géraldine Bruneel

Confecção de um calçado sob medida.

Foto: Stéphanie Fraisse

Imagens reproduzidas com permissão da Corthay Bottiers.

O joalheiro Lorenz Bäumer...

Foto: Takao Oshima (reproduzida com permissão de Lorenz Bäumer)

... e um dos anéis criados por ele, o "ouriço".

Imagem cedida por Lorenz Bäumer

Os fundadores da Piaget.

Imagem cedida pela Galeria do Tempo da Piaget

Atuais oficinas da Piaget.

Foto: Mark Tungate

Anúncios dos relógios Piaget das décadas de 1940 e 1970.

Imagens cedidas pela Piaget

As origens de um relógio de pulso suíço.

Os relojoeiros da Piaget não são artesãos de cabelos brancos como as pessoas geralmente pensam.

Fotos: Mark Tungate

A loja de departamentos Mark de Nova York: após uma reforma feita pelo arquiteto francês Jacques Grange, o endereço se tornou um exemplo de luxo inovador.

Imagem gentilmente cedida pela assessoria de imprensa da Mark

Vitral restaurado na loja de departamentos francesa Printemps.

Mosaicos há muito perdidos foram descobertos durante a obra de restauração.

Fotos: Christophe Lemaître (reproduzidas com permissão da Printemps)

Luxo aquático: o iate *Saudade*, da Wally.

Foto: Carlo Borlenghi (reproduzida com permissão da Wally)

Interior do iate *Saudade*.

Fotos: Toni Meneguzzo (reproduzidas com permissão da Wally)

O ícone da Bentley.

Bentley Brooklands.

Imagens cedidas pela Bentley

Recriando o espírito dos "Meninos da Bentley" em uma corrida à moda antiga.

Homenagem ao aniversário de fundação da fábrica da Bentley em Crewe.

Imagens cedidas pela Bentley

Luxo compartilhado: seja dono de uma fração de um avião da NetJets.

Imagem cedida pela NetJets

O futuro do luxo? O carro esportivo elétrico da Tesla.

Foto: Mark Tungate

# 10

# O negócio da arte

*"Os artistas encarnam a ideia do único e do raro, que é a mesma filosofia do luxo."*

A FIAC PODE NÃO SER A MAIS CONCEITUADA feira de arte do calendário, mas se realiza em um dos locais mais aprazíveis para este fim. *La Foire Internationale de l 'Art Contemporaine* acontece na nave do Grand Palais, uma imensa catedral secular com teto de aço e vidro curvilíneo que se destaca bem acima das árvores que margeiam a avenida Champs-Élysées, ali perto. Aberto a tempo para a Feira Universal de 1900, o edifício levou três anos para ser construído. Dentro dele, as vigas de aço arqueadas são pintadas de um tom particularmente francês de verde-claro conhecido como *mignonette*, que dá à estrutura a aparência de uma cidade retrofuturística em um romance de Júlio Verne. O ponto mais alto da cúpula central fica suspenso 45 metros acima de nossas cabeças. Assim como no caso da Torre Eiffel, esta arquitetura é gratuita, útil para a admiração dos que a contemplam. É, portanto, o espaço perfeito para uma mostra de arte contemporânea. De pé no meio do edifício, vendo a luz cascatear sobre os primeiros visitantes do dia, é difícil não sentir o entusiasmo brotar dentro da gente.

Apesar do fato de esta edição da FIAC haver atraído mais de 180 galerias de arte moderna e contemporânea, sendo dois terços delas provenientes de fora da França, e ter constituído um espaço de exibição secundário no pátio do Louvre, a maioria dos envolvidos na mostra me dizem que é um evento bastante modesto. Os principais eventos do ano para o mundo da arte são a TEFAF, a Feira da Fundação de Belas-Artes Europeia (realizada em março, em Maastricht), a Frieze em Londres (que acontece logo antes da FIAC, todo mês de outubro), a Art Basel (que é em junho) e sua outra edição, a Art Basel Miami, que acontece em dezembro.

A FIAC é mais descontraída e acessível do que os outros eventos, e é um ambiente mais confortável para os espectadores. Alguns *marchands* consideram isso uma vantagem. "*La* FIAC desempenha um papel educacional vital", afirma a legendária dona de galeria parisiense, Denise René, cuja galeria é especializada em arte abstrata desde 1944. "Os futuros colecionadores começam aqui."

Frieze e Art Basel são marcas importantíssimas. Criam-se marcas constantemente no mundo da arte. Do mesmo jeito que as feiras tornam-se grifes, muitos dos artistas que exibem suas obras aqui também se tornam marcas de luxo, assim como alguns colecionadores. Tudo isso é puramente lógico. "Gostemos disso ou não, as obras de arte são artigos de luxo", disse o artista francês Fabrice Hyber à revista *Madame Figaro* (*L'art, c'est du luxe*, 26-27 de outubro de 2008).

## COLECIONADORES ESTRELADOS

Para confirmar o paralelo entre obras de arte e artigos de luxo é preciso apenas dar uma olhada mais de perto nos "colecionadores estrelados", como Don Thompson os chama em seu excelente livro de 2008 *O Tubarão de 12 Milhões de Dólares*. Talvez o mais famoso deles seja Charles Saatchi que ajudou a patrocinar o tubarão do título, criado por Damien Hirst, o qual flutua em um tanque de formaldeído com as mandíbulas escancaradas. Saatchi depois vendeu a obra por 12 milhões de dólares, ou 8 milhões de dólares, dependendo da versão de quem é entrevistado.

Como ex-publicitário, Saatchi sem dúvida tem total consciência da importância do *branding*. Ele é famoso por exibir obras de arte anticonvencionais ou "chocantes" que provocam alarido na mídia e atraem multidões, transformando esses artistas em celebridades. Saatchi tem uma queda para descobrir artistas que atiçam as imaginações da imprensa e do público em geral. Ele descobriu Damien Hirst, por exemplo, quando ele, o mais famoso entre todos os artistas ingleses, ainda era estudante no Goldsmith's College em Londres. Hirst iria se tornar o principal artista comercial, apagando as barreiras entre arte e mercado de uma forma que eclipsou em grande parte as experiências de Andy Warhol nesse sentido.

Saatchi despreza os críticos que não ficam à vontade com esse choque entre arte e celebridade. "É melhor ser famoso porque as pessoas falam da sua arte, em vez de falarem sobre as suas fotos de casamento na revista *Hello!*" disse ele em uma entrevista ao *The Sunday Times* ("A revolução continua na nova Galeria Saatchi", 5 de outubro de 2008).

A primeira vez que tomei conhecimento da concepção de arte de Saatchi foi em 1997, em uma mostra hoje notória chamada *Sensation*, realizada na Academia Real de Londres. Nela, foram apresentadas mais de 120 obras pertencentes a Saatchi, de autoria de 42 jovens artistas britânicos. Entre as peças em exposição estavam o retrato que Marcus Harvey fez da infanticida Myra Hindley, com suas feições pixeladas formadas por minúsculas mãozinhas infantis. Viam-se também na exposição as esculturas de Jake e Dinos Chapman, de crianças cujos narizes e bocas haviam sido substituídos por pênis e ânus. Houve protestos diante da galeria, e a mídia divertiu-se a valer gerando polêmica a respeito dessas "obras de arte escandalosas". Inevitavelmente, a mostra conseguiu cobertura da imprensa internacional ("Arte que revoluciona o senso de adequação britânico", em 20 de setembro de 2007) e atraiu por volta de 300.000 visitantes durante os três meses que durou.

Lembro de ter me sentido transtornado ao ver as esculturas das crianças, mas outras mostras me pareceram divertidas e provocantes. O tubarão de Hirst estava em exposição (o nome correto da obra é "A Impossibilidade Física da Morte na Mente de um Ser Vivo"), juntamente com outra peça famosa de Tracey Emin. Intitulada "Todos com Quem Dormi de 1963 a 1995", era uma tenda decorada com os nomes de todos que tinham compartilhado da cama dela, desde parceiros sexuais até um ursinho de pelúcia. (Quando a tenda foi destruída em um incêndio no depósito, em 2004, vários tabloides se ofereceram para reconstituí-la por consideravelmente menos do que a quantia de um milhão de libras que constava da sua apólice de seguro.) E havia algo de fascinante e ao mesmo tempo repulsivo na obra "Self" de Mark Quinn, uma escultura moldada da cabeça do artista feita com aproximadamente quatro litros do seu próprio sangue congelado. Além de suas outras conquistas, a mostra *Sensation* abriu meus olhos para as infinitas possibilidades da arte contemporânea e instituiu Charles Saatchi como um colecionador estrelado por excelência.

Em outubro de 2008, quase exatamente 11 anos depois do meu primeiro contato com a arte de Saatchi, visitei uma nova galeria em um antigo alojamento do exército ao longo da King's Road em Londres. O destaque da mostra inaugural, dedicada aos artistas chineses, era um porão contendo esculturas em tamanho natural de militares idosos, de autoria de Sun Yuan e Pen Yu. As esculturas estavam em cadeiras de rodas robotizadas. As cadeiras colidiam, davam ré e partiam de novo em todas as direções, realizando um balé grotesco. A obra parecia insinuar que esses homens, com aquelas feições de cera, uniformes empoeirados e medalhas tilintantes, não podiam deixar de guerrear, sem motivo algum, nem mesmo estando à beira da morte. Como grande parte da arte de Saatchi, aquela obra era perturbadora e provocadora. Mesmo assim a galeria é altamente acessível, pois os espectadores podem visitá-la de graça e ela fica perto de uma rua comercial bastante movimentada. Saatchi não é apenas um negociante de obras de arte: sua marca tornou possível a ele oferecer ao público acesso a peças de arte contemporânea consideradas "difíceis". O grande desenvolvimento da arte contemporânea e a popularidade de museus como o Tate Modern em Londres e o MoMA de Nova York podem ser parcialmente atribuídos aos instintos de formação de gosto artístico de Charles Saatchi.

A marca "Saatchi" exerce impacto sobre o mercado de arte porque os colecionadores menos visionários seguem sua liderança. Quem passou algum tempo apreciando arte contemporânea sabe que é quase impossível perceber por que um artista "faz sucesso" e outro não. Ler os críticos de arte não ajuda em nada, pois eles costumam dizer que a arte contemporânea é impenetrável, ou, no mínimo, hiperbólica. E, mesmo assim, você, recém-chegado ao mundo dos bilionários, quer investir no mundo sensual da arte contemporânea. Como diz Don Thompson: "Mesmo que a pessoa seja apenas moderadamente rica, não há quase nada que possa comprar por um milhão de libras que gere tanto *status* e reconhecimento como uma obra de arte contemporânea."

Portanto, se você não consegue decodificar a linguagem da arte moderna, o que deve fazer? Comprar o que o Saatchi compra.

Dois outros colecionadores estrelados possuem vínculos diretos com a indústria de artigos de luxo. Eles também são rivais, tanto no mundo da arte quanto no mundo do luxo. Desses, o mais conhecido do público em geral é Bernard Arnault, presidente e diretor-geral da LVMH (Moët Hennessy Louis Vuitton), o qual dizem possuir uma das mais importantes coleções de arte moderna e contemporânea da França. A Louis Vuitton tem uma galeria de arte no último andar de sua loja matriz em Paris; as más línguas dizem que ela foi agregada para ajudar a loja a contornar a proibição de comércio aos domingos na França, pois podia ser legitimamente classificada como atração cultural.

Em 1999, a LVMH comprou a casa de leilões Phillips, de 200 anos de idade, por 100 milhões de dólares, e fundiu-a com a galeria particular dos *marchands* Simon de Pury e Daniela Luxembourg. Mas, aparentemente, a casa não teve o desempenho esperado. Em 2002, a LVMH vendeu a maior parte de suas ações para Simon de Pury e Luxembourg. Um ano depois, livrou-se do resto ("LVMH venderá ações da Phillips para executivos da casa de leilões", *The New York Times*, 28 de janeiro de 2003). Simon transferiu a operação para uma sede sofisticada no Meatpacking District de Nova York, e anunciou que ia concentrar-se em "arte contemporânea, *design*, joias e fotos". Em 2008, a empresa de luxo e vendas a varejo Mercury Group assumiu o controle da Phillips de Pury & Company. A Mercury é dona da loja de departamentos TSUM em Moscou, bem como a Vila de Luxo Barvikha, nos subúrbios dessa cidade.

Voltando à Louis Vuitton, os artigos de luxo em si estão se confundindo com obras de arte. Em 2001, a empresa produziu bolsas e outros itens com desenhos do artista grafiteiro Stephen Sprouse – uma linha que ressuscitou em 2009. A Louis Vuitton também fez uma parceria com Takashi Murakami e Richard Prince. Como Murakami e Sprouse, Prince reformou o logotipo monogramático da Vuitton, mas o desfile de primavera/verão de 2008 dessa marca deu um passo adiante, com modelos vestidas como as "enfermeiras sensuais", que aparecem em uma das pinturas de Prince.

A Vuitton não é a única grife que vem reivindicando legitimidade cultural através de uma parceria com o mundo da arte. A grife francesa Longchamp, por exemplo, recrutou Tracey Emin para criar uma coleção de bolsas que foi um sucesso. A galeria White Cube, em Londres, vendeu um certo número da edição limitada dessas bolsas em sua loja virtual.

Em uma escala bem maior, no início de março de 2008, a Chanel patrocinou uma exibição de arte itinerante, composta de obras inspiradas pelo formato de sua bolsa estofada "2.55". Cerca de 20 artistas, incluindo Daniel Buren, Sophie Calle, Fabrice Hyber e Yoko Ono, exibiram obras em uma estrutura futurista desmontável criada pelo concorrido arquiteto Zaha Hadid. Lançada no telhado de um arranha-céu de Hong Kong, o "pavilhão de arte" nômade devia começar uma turnê mundial passando por Nova York, Moscou e Paris. Montada numa base semelhante a um OVNI, no formato de um *mouse* de computador, em plena recessão, a estrutura e seu conteúdo não podiam estar mais inadequados. A turnê terminou em Nova York, sem grandes alardes.

Outro colecionador famoso da indústria do luxo também é francês: François Pinault, que dirige o grupo PPR. Conforme já mencionamos antes, este grupo reúne uma variedade de marcas de luxo famosas, inclusive Gucci, Yves Saint Laurent e Bottega Veneta. Durante certo tempo, parecia que as aventuras de Pinault no mundo da arte haviam sido mais bem-sucedidas do que as de Bernard Arnault, seu grande rival no mundo dos negócios. Pinault continua sendo o dono da famosa casa de leilões Christie's. Em 2004 ele começou uma fundação particular de arte no Palazzo Grassi em Veneza, tendo abandonado os planos de construir um museu em sua terra natal quando a burocracia francesa o impediu de obter o local de sua preferência, uma ex-fábrica gigantesca da Renault.

Contudo, Bernard Arnault não se deixou intimidar. Em 2006 ele anunciou a criação de um centro de cem milhões de dólares para a arte contemporânea no Bois de Boulogne, nas proximidades de Paris. E para definir essa obra como definitivamente anticonvencional, a estrutura seria projetada por Frank Gehry, o arquiteto famoso por ter criado "edificações de grife" como o espetacular Museu Guggenheim em Bilbao.

É interessante observar que, em diversas ocasiões, ambos os colecionadores confiaram em consultores externos. Três nomes foram associados ao *Monsieur* Arnault da LVMH: Patricia Marechal, Hervé Mikaeloff e Jean-Claude Claverie. O jornal diário publicado na Art Basel provocou eles, chamando-os de "Equipe do Arnault" ("Colecionadores europeus em sua viagem de compras anual", *Art Basel Daily Edition,* 14 de junho de 2006). Dois anos depois, mais ou menos, referindo-se a planos de Arnault para uma fundação de arte, Claverie disse à Bloomberg.com: "É uma forma de mostrar que o luxo, que constantemente possui uma imagem arrogante, elitista, egoísta, pode ser generoso." ("LVMH planeja museu num momento em que empresas revisam os gastos com arte", 2 de outubro de 2008).

Por outro lado, o conselheiro do *Monsieur* Pinault é Philippe Ségalot, uma figura pitoresca que se destaca no divertido livro de Sarah Thornton publicado em 2008, *Sete Dias no Mundo da Arte.* Thornton revela que Ségalot não possui formação acadêmica em arte, aliás, começou no departamento de marketing da L'Oréal em Paris. "Não é por acaso que fui dos cosméticos à arte", diz Ségalot à autora. "Estamos lidando com beleza. Estamos tratando de coisas supérfluas, lidando com abstrações." Ele acrescenta que, de todas as pessoas a quem presta consultoria, Pinault é seu colecionador predileto. "Ele tem uma verdadeira paixão pela arte contemporânea e um instinto inigualável para detectar obras-primas. Compreende o que é qualidade. Possui um olho incrível."

No entanto, parece que até mesmo o mais apaixonado colecionador gosta de obter uma segunda opinião antes de fazer um investimento.

Para alguém de fora, é difícil dizer se os colecionadores se sentem atraídos pelo investimento ou pela arte. Será que estão simplesmente procurando bugigangas impressionantes com que preencher suas casas? Será que se divertem comprando e vendendo obras de arte, exatamente como ao investir no mercado de ações? Será que gostam do aspecto social do envolvimento com pessoas de sua própria espécie em leilões e feiras de arte? Ou buscam a imortalidade através de coleções exibidas em museus com os seus nomes? Em um comentário no artigo da Bloomberg mencionado antes, o historiador de arte Didier Rykner afirmou: "Se os bilionários franceses querem fazer museus, mesmo que seja para sua própria glória, sou totalmente a favor, especialmente se isso beneficiar o público."

Mas provavelmente não é só isso. Alguém do mundo da arte me disse que comparando as coleções de Pinault e Arnault, era possível concluir que eles tinham gostos específicos e bem formados. "Eles estão genuinamente por dentro do que acontece no mundo artístico", insistiu meu informante. "Costumam ver-se, em eventos sociais, cercados por pessoas com conhecimento profundo de arte. Se eles não soubessem de nada, seriam logo desmascarados. Esses homens e outros como eles, não são meros colecionadores informais; tenho certeza de que para eles a arte contemporânea é importantíssima.

## ARTISTAS ESTRELADOS

Não faz muito tempo, logo antes do Natal, fui almoçar em um restaurante de Londres chamado St. Alban. O espaço aberto e aerodinâmico estava decorado como um salão de aeroporto da década de 1970, com tudo, até mesmo sofás coloridos. Mas o que mais me chamou a atenção nessa sala já bastante chamativa foi a enorme obra de arte na parede ao fundo. Se eu não soubesse como ela tinha sido feita, poderia ter presumido que se tratava de um vitral de seis metros de comprimento no qual as cores predominantes eram o azul-turquesa e o violeta. Mas eu sabia perfeitamente que aquela obra caleidoscópica era composta de centenas de asas de borboleta naturais. Tinha sido criada por Damien Hirst, um dos mais bem-sucedidos artistas de todos os tempos.

Quando perguntei a um garçom qual era o nome da peça, ele me disse que se chamava "Jubilation" [regozijo] e que tinha sido emprestada por Hirst aos donos do restaurante, Chris Corbin e Jeremy King. O artista tinha se envolvido no projeto com todo o prazer, porque seu ex-professor de arte, Michael Craig-Martin, era o decorador do restaurante. O garçom acrescentou que, apenas alguns meses antes da minha visita, um cliente havia oferecido um milhão e meio de libras pela obra. Mandaram dizer isso a Hirst, o qual respondeu que não a venderia. A história logo foi publicada na imprensa. Esse é exatamente o tipo de história de sofisticação metropolitana que transformou Damien Hirst em uma grife tão poderosa como é hoje.

Há diversas formas pelas quais um artista emergente pode virar uma grife. Uma delas é ser comprado por um colecionador estrelado que legitime a obra, como Charles Saatchi. Uma outra é atrair cobertura da imprensa que acrescente valor a sua marca. E uma outra ainda é obter apoio de marketing de um *marchand* ou de um galerista. Talvez a melhor seja a aquisição da obra do artista por um museu: os *marchands* usam o termo "qualidade de museu" para descrever peças particularmente caras.

Os museus, em parte, deram início a atual explosão da arte contemporânea: mais de 100 novos museus abriram durante os últimos 25 anos, todos comprando avidamente estoques dos nomes mais famosos. E quando uma geração nova de colecionadores de arte entrou no mercado, durante mais ou menos o mesmo período, a demanda ultrapassou a oferta.

"Todos os anos, as escolas de arte produzem centenas de formandos prontos para o sucesso, cujo trabalho é fornecer obras para galerias e casas de leilão que sejam passíveis de venda no mercado a varejo", explica um artigo no *International Herald Tribune*. "Eles são financiados por equipes de especialistas em relações públicas, críticos, curadores, editores, revistas e teóricos de carreira, que oferecem atualizações sobre o que o mercado está querendo." ("Será que há um lado positivo na crise para o mundo da arte?" 18 de fevereiro de 2009).

Mesmo aqueles que possuem apenas um vago conhecimento de arte contemporânea conhecem as principais estrelas do mercado. O falecido Andy Warhol sentia que sua própria fama era uma forma de arte. Jeff Koons, que antes trabalhava como corretor de *commodities* em Wall Street, obteve notoriedade com, entre outras coisas, uma série de esculturas e pinturas onde se viam ele e a esposa, a ex-estrela pornô conhecida como Cicciolina, em várias posições sexuais. (Don Thompson comenta que Koons certa vez, definiu seu mercado alvo como "colecionadores realmente ricos". O artista também tem jeito para criar *slogans* que "pegam" facilmente, como "abstração e luxo são os cães de guarda da classe alta". Tracey Emin tem a fama de ser uma "pervertida sexy" que uma vez transformou sua própria cama desfeita em obra de arte.

Porém, com sua combinação de humor negro, conhecimento do mercado, influência dentro da indústria e atrevimento puro, Damien Hirst está acima de todos eles. Suas obras são vendidas por um valor muito maior do que as somas que Andy Warhol conseguia obter no seu tempo.

Nascido em Bristol e criado em Leeds, Hirst foi ao Goldsmiths College, em Londres. Fazendo parte da Universidade de Londres, o Goldsmiths orgulha-se de encarar suas disciplinas de uma "forma criativa e anticonvencional" (www.gold.ac.uk). Entre seus ex-alunos incluem-se a artista Bridget Riley e o padrinho do *punk*, Malcolm McLaren. Em 1988, enquanto ainda estava no Goldsmiths, Hirst exibiu obras de 17 alunos de arte da escola junto com suas próprias peças em uma mostra, agora legendária, chamada Freeze.

Hirst já sabia como transformar arte em evento. Don Thompson comenta: "A mostra Freeze foi uma criação pessoal de Hirst. Ele escolheu as obras, encomendou um catálogo e planejou a *vernissage* em um edifício abandonado nas docas de Londres." A exposição não passou despercebida de Charles Saatchi, que logo endossaria e adotaria o Young British Art, o movimento jovem da arte britânica. Em 1990, Hirst foi curador de outra mostra chamada Gambler, e Saatchi também passou por lá. O colecionador comprou uma instalação de Hirst: uma peça chamada "Mil Anos", na qual moscas recém-nascidas eram mortas por um mata-moscas elétrico chiante enquanto tentavam chegar a uma cabeça de vaca apodrecida do outro lado de uma divisória de vidro. (Hirst diz que sua obsessão com a morte começou em parte com um emprego em uma agência funerária.)

No ano seguinte, segundo Thompson, Saatchi encomendou a Hirst a obra "A Impossibilidade Física da Morte na Mente de um Ser Vivo", do tubarão. (Dizem que custou 50 mil libras e que foi vendida, quase 15 anos depois, por 6,5 milhões de libras.) Além disso, em 1991, Hirst conheceu outra pessoa que teria um impacto significativo em sua carreira: Jay Jopling, fundador da influente galeria White Cube. Originalmente situada no tradicional circuito de galerias da Duke Street e St. James, o espaço mudou-se em 2000 para a Hoxton Square no East End, contribuindo para a recuperação daquela área da cidade, antes desprezada, como um dos recantos urbanos mais badalados de Londres.

O tubarão de Hirst faz parte de uma série de meditações sobre a morte, juntamente com um carneiro embalsamado e vacas cortadas, exibidas em tanques de vidro. As "pinturas de borboletas" abordam um tema semelhante, assim como as "obras de armário", que são armários de remédios cheios de frascos com pílulas ou instrumentos cirúrgicos. (Hirst e alguns amigos tiveram, durante algum tempo, um restaurante em Londres chamado Pharmacy, sendo que suas luminárias e acessórios foram vendidos depois em leilão como obras de arte.) Todas essas obras atraíram críticas negativas em artigos de jornal, bem como as "pinturas de manchas" de Hirst. Esses pontos multicoloridos em fundo branco seriam inteiramente inofensivos se não fosse pela forma como foram produzidos. Hirst não os pinta. Seus assistentes é que o fazem. Exatamente como Rubens no século XVII, em Antuérpia, Hirst agora tem um "cardume" para ajudá-lo a produzir suas obras de arte. Aliás, ele tem quatro ateliês de produção, dois em Londres e dois em Gloucestershire, e por volta de 180 funcionários trabalhando em tempo integral. Embora Hirst comande as operações, ele admite, com toda a sinceridade, que não aplica a tinta na tela. Depois que se aceita que Hirst é uma marca de luxo global, porém, isso parece perfeitamente razoável. Você ficaria chocado se soubesse que Miuccia Prada não costurou a roupa que você comprou?

Hirst também é prova de que uma marca poderosa pode bancar um certo grau de proteção contra a recessão. No dia 15 de setembro de 2008, com jornais cheios de relatórios repletos de maus presságios sobre a crise, a Sotheby's começou um leilão de dois dias com 223 obras de arte, novinhas em folha, de autoria de Damien Hirst. Isso era incomum porque peças vendidas em leilão em geral provêm de coleções já existentes em vez de terem saído direto do ateliê do artista para o leilão. Hirst tratou a venda das obras em si como uma obra de arte, dando-lhe um dos nomes evocativos que só ele tem talento para imaginar: "Belo na Minha Mente para Sempre". A peça mais impressionante era "O Bezerro de Ouro", um touro preservado em formaldeído, com cascos dourados, chifres dourados e uma coroa de ouro vistosa. Realizar um leilão de obras novas como este, em vez de passar por um *marchand*, principalmente em uma época como a nossa, foi um ato de pura coragem. Se a obra não vendesse por uma quantia decente, a reputação de Hirst poderia sofrer com isso. Porém, previsivelmente, a mídia resolveu alimentar o suspense, e o leilão gerou manchetes no mundo inteiro.

O resultado foi um triunfo. Levantou 198 milhões de dólares, simultaneamente desafiando a crise econômica, dando aos críticos de Hirst uma solene banana e quebrando um recorde. O recorde anterior para um leilão de obras de um único artista na Sotheby's era de 20 milhões de dólares, estabelecido em 1993, quando se venderam 88 obras de Pablo Picasso. O "Bezerro de Ouro" de Hirst, sozinho, arrecadou 18,5 milhões. E um tubarão tigre preservado em formol faturou 17 milhões de dólares, fazendo seu primo distante parecer uma sardinha perto dele. "O mercado é maior do que qualquer um pode pensar", comentou Hirst. Sua grife não só havia saído da experiência imaculada, como também adquirido um novo brilho de invencibilidade.

## GALERIAS, LEILÕES E FEIRAS

A galeria White Cube de Jay Jopling tem um nome bastante apropriado. Uma galeria de arte contemporânea típica é exatamente isso: uma caixa vazia. "Este ambiente despojado", escreve Don Thompson, "visa reforçar a ideia de que o que está sendo visto é 'arte' e de que as galerias são elitistas."

A decoração espartana também visa intimidar visitantes que só vêm para olhar, assim como a campainha que alguém invariavelmente precisa apertar para entrar. Embora esse ambiente seja essencialmente comercial, "apenas dar uma olhada" é ainda menos incentivado aqui do que em butiques de luxo. Há muitas semelhanças, porém, inclusive as mocinhas bonitas, conhecidas como "galerinas", que lançam um olhar desinteressado na sua direção quando você entra. Sempre preciso combater a vontade de citar Edina (papel que Jennifer Saunders desempenhou) na série da BBC *Absolutamente Fabulosas*, censurando uma galerina esnobe: "Você é uma mera balconista, querida, pra que esse salto alto?"

Aliás, as galerias badaladas como a White Cube e os galeristas de renome como o Sr. Jopling, bem como o titã do mundo da arte Larry Gagosian, do outro lado do Atlântico, são o degrau mais alto de uma escada que começa no ateliê do artista, onde os artistas frequentemente precisam organizar suas primeiras mostras. Com um pouco de sorte, eles então são descobertos por um "*marchand* profissional", que lhes dá acesso a colecionadores sérios. Apenas se sua obra começar a vender para colecionadores estrelados por preços altos e atrair cobertura da imprensa é que eles têm chance de ser convidados a exibir sua obra em uma galeria de luxo. A maioria dos artistas continua nas galerias comuns ou em pequenas galerias em centros comerciais, se é que conseguem chegar a tanto.

Muito ocasionalmente, as galerias se tornam marcas globais. Durante minha pesquisa, encontrei uma galeria assim sob forma da Opera Gallery. Aliás, é uma cadeia de varejo de luxo internacional. Gilles Dyan abriu sua primeira galeria em Cingapura em 1994, seguida por Paris, naquele mesmo ano. Agora ela tem filiais em Dubai, Genebra, Hong Kong, Londres, Miami, Mônaco, Nova York, Seul e Veneza, com mais filiais planejadas para abrirem na época em que este livro estava sendo escrito, possivelmente no Oriente Médio.

Didier Viltart, o simpático diretor da filial londrina da galeria, diz: "Os galeristas bem-sucedidos às vezes têm galerias em talvez duas ou três cidades diferentes, mas é bem incomum encontrar uma galeria que esteja em 10 ou mais cidades. Abrimos espaços em lugares onde haja uma clara demanda por parte dos clientes. Inauguramos uma loja em Cingapura porque percebemos que há muitos novos colecionadores na Ásia. Agora há um grande interesse por parte do Oriente Médio. Há novos colecionadores e também alguns artistas muito talentosos, principalmente do Irã.

As galerias mostram uma mistura de arte "moderna e contemporânea" em espaços semelhantes, onde predominam o preto, o branco e o cinza. Assim como os artistas contemporâneos emergentes, elas vendem os pesos-pesados: entre os "mestres" cujas obras se encontram disponíveis nas galerias Opera no mundo inteiro incluem-se Bonnard, Chagall, Dufy, Matisse, Modigliani, Monet, Picasso, Renoir e Rodin (acesse www.operagallery.com para conhecer a lista completa de artistas).

Pergunto-me em voz alta o que poderia induzir alguém a vender uma peça de um artista excepcional depois que essa pessoa a adquiriu para sua coleção.

ção: você pode não querer que o mundo inteiro saiba que você está vendendo sua pintura."

Na verdade, as casas de leilão podem organizar vendas "particulares", envolvendo um número limitado de compradores em potencial, mas isso não vem ao caso. Acontece que há uma rivalidade intensa entre as galerias e casas de leilão. A vantagem das galerias é que elas constituíram relacionamentos pessoais com os artistas e clientes (Viltart me explica que ele visitou as casas de 95% dos seus clientes e considera muitos deles amigos pessoais). As galerias nutrem as carreiras dos artistas e agem como educadoras dos colecionadores. As casas de leilões, por outro lado, são excelentes para gerar burburinho em torno da venda. Os *websites*, anúncios de página inteira em revistas de arte e jornais, catálogos deslumbrantes enviados com antecedência para colecionadores importantes, mostras pré-venda muito bem apresentadas, festas e exibições particulares para poucos escolhidos – estas são apenas algumas das armas do seu arsenal. As casas de leilão também desenvolveram serviços sob medida para seus "megaclientes", e para elas é normal enviar uma pintura por avião para dar a um comprador em potencial uma oportunidade de vê-la pessoalmente. E, depois, há a venda em si, cheia de suspense, uma encenação teatral complexa, planejada para garantir que a obra seja comprada pelo preço mais alto possível.

Os *marchands*, ou os "galeristas", como preferem ser chamados, veem tudo isso com repulsa, considerando as grandes casas de leilão, como a Sotheby's e a Christie's, mastodontes que só querem esmagar as galerias, as quais são menores e mais humanizadas. O fato de as fronteiras estarem se tornando indefinidas também não ajuda em nada. Como já vimos, as casas de leilão estão começando a vender obras novas em vez de se concentrarem no mercado "secundário" de peças que já passaram pelas mãos de um ou vários donos. Elas também estão começando a comprar as galerias de arte: a Christie's comprou a Haunch of Venison, uma galeria com filiais em Londres e Nova York.

As feiras de arte são a reação coletiva dos *marchands* à ameaça que as casas de leilão representam. Apenas as galerias podem tomar parte em feiras de arte. Esses eventos atraem os colecionadores porque oferecem a chance de ver um grande volume de obras em um prazo curto. E os principais galeristas estão lá para recebê-los, com suas melhores obras, cintilantes e prontas para que eles as examinem de perto. A disputa entre os colecionadores, com seus entusiasmos exacerbados, pode provocar uma elevação nos preços.

A Art Basel, que já acontece faz 40 anos, é considerada a mais poderosa das feiras de arte. É patrocinada pelo banco suíço UBS. Embora galerias de todo o mundo estejam desesperadas para pagar por volta de 200 euros o metro quadrado de um estande no evento, a Art Basel se orgulha de seus altos padrões. Qualquer galeria que participe do evento deve estar no mercado há pelo menos três anos, e um comitê de sete membros composto pelos *marchands* líderes do mercado analisam todas as requisições. Como em outras feiras, a Art Basel é aberta ao público, mas as pessoas de baixo poder aquisitivo podem esperar uma recepção gélida. Os colecionadores genuínos descem literalmente das alturas: no segundo andar da Art Basel há um labirinto de salas VIP às quais as multidões que frequentam o térreo jamais terão acesso. Essa concentração de riqueza inevitavelmente atrai as marcas de luxo. Entre os patrocinadores associados a Art Basel 40 incluíram-se a Cartier e a NetJets Europa. Entre os "anfitriões do salão" estavam Davidoff e Moët Hennessy. O champanhe foi cortesia da Moët & Chandon.

Didier Viltart da Opera Gallery me contou que os colecionadores podem ser surpreendentemente nacionalistas: os compradores ingleses preferem colecionar obras dos Artistas Jovens Britânicos, ao passo que os colecionadores asiáticos tendem a comprar as obras de artistas de sua região, e daí por diante. Como a Art Basel era considerada uma feira europeia, em 2002 seus organizadores criaram a Art Basel Miami para atrair o mercado americano. A edição de Miami é mais sofisticada e mais badalada do que sua equivalente suíça, atraindo um grande número de famosos e, naturalmente, patrocinadores de marcas de luxo. A NetJets oferece a seus sócios entradas para o espetáculo, acesso exclusivo à prévia só para convidados e, naturalmente, seu próprio salão VIP. Em 2008, a Cartier mandou uma cúpula de cristal por avião para abrigar seus convidados durante uma festa no jardim botânico da cidade.

A Frieze londrina é a mais recente de todas as feiras "imperdíveis", lançada em 2003 por Amanda Sharp e Matthew Slotover. Começou como uma extensão da marca de sua revista de arte, que também se chamava Frieze, a qual foi fundada em 1991, depois que eles se formaram em Oxford. Seus contatos no mundo da arte os capacitaram a atrair 135 galerias para participarem da primeira mostra. O número de exibidores mais do que triplicou desde essa época. A "Frieze Week" em meados de outubro é uma reunião anual, durante a qual as casas de leilão organizam festas e vendas para atrair os colecionadores que vêm passar em Londres alguns preciosos dias.

Para combinar com esse cenário londrino, a Frieze tem um sabor bem mais badalado e mais emocionante do que as outras feiras de arte. Mas também faz parte integrante do mundo do luxo. Uma nota do jornal *Daily Telegraph* resume o clima: "No Jantar da Cartier na Frieze, os convidados, entre os quais se incluem Charles Saatchi e a namorada de Roman Abramovich, Daria "Dasha" Zhukova, debaterão um ano de estouro das vendas durante o qual viram-se recordes quebrados nos leilões ao se venderem obras de artistas como Francis Bacon, Lucian Freud, Claude Monet e, naturalmente, Damien Hirst ("Feira de Arte Frieze: super-ricos ignoram a crise econômica", 16 de outubro de 2008).

## O MAIOR LEILÃO DO SÉCULO

Quando comparada à Basel ou à Frieze, a FIAC é realmente bem mais humilde, sendo que pouquíssimos colecionadores estrelados se destacam. Mas muitos galeristas me contaram que a mostra de Paris está adquirindo cada vez mais importância e prestígio. Entre esses estavam Neil Wenman da White Cube, que estava estreando nessa feira. O estande da galeria era dedicado a um novo corpo da obra de Jake e Dinos Chapman. Na verdade, "corpo" não é bem a palavra certa: as esculturas de bronze pintadas reduziram a humanidade a construtos periclitantes feitos de pinhões, pistões e órgãos pingando sangue. Aquelas máquinas defeituosas pareciam ter saído de uma história de terror sombria.

Em seguida a essas obras vinha uma série de retratos vitorianos compenetrados. Porém, os retratos haviam sido desfigurados por cirurgia plástica, cicatrizes e mutilações. "Trata-se de um estudo do envelhecimento e da decadência", explicou Wenman, alegremente. "Sentimos que uma apresentação solo teria mais impacto do que peças de vários artistas diferentes", acrescentou ele. Ele declarou que estava satisfeito com o primeiro dia animado da feira, que se comparava favoravelmente com a recente Frieze. "Nós nos saímos muito bem em Londres. A diferença aqui é que as vendas mesmo são fechadas em particular, nos bastidores."

Quase todos que conheci alegam que embora a economia em queda livre tenha detido os especuladores, os "colecionadores" genuínos continuam a comprar. O problema é que estimativas do número desses colecionadores devotados variavam de dois mil ao todo, no mundo inteiro, até apenas 200 indivíduos.

Alguns meses depois da FIAC, o clima no Grand Palais era bastante diferente. Agora estava anoitecendo, e o magnífico edifício com cúpula de vidro se tornou o palco do que a imprensa francesa apelidou de "A Venda do Século". A Christie's estava leiloando toda a coleção de arte do falecido estilista Yves Saint Laurent e seu parceiro Pierre Bergé. A quantia levantada no leilão, estimada em mais de 300 milhões de euros, seria doada a instituições de caridade.

A arte moderna foi a primeira categoria no leilão de três dias. E como os nomes eram marcas colossais – Matisse, Picasso, Mondrian, sem mencionar o próprio Yves Saint Laurent – o evento havia atraído interesse fervoroso da mídia e do público. Agora algumas dessas pessoas estavam do lado de fora do prédio como que esperando que o clima se infiltrasse pelas paredes. Dentro do edifício, mais de 1200 colecionadores, *marchands* e entusiastas das artes estavam sentados em fileiras de cadeiras diante do palanque. Esses eram os participantes potenciais visíveis do leilão; outros estavam aguardando do outro lado de 100 linhas telefônicas. O teto abobadado bem acima deles brilhava refletindo um pôr do sol azulado. Lustres em forma de discos, do tamanho de OVNIs, pendiam naquele espaço imenso, aquecendo a multidão, juntamente com fileiras de refletores que aumentavam a impressão de que aquela era uma mistura de peça de teatro com desfile de moda. O ar estava carregado de expectativa e perfumes caros.

No final, François de Ricqlès, presidente da Christie's da França, realizou o leilão com uma delicada segurança que, apesar das imensas somas de dinheiro em jogo, tornaram o evento mais civilizado e até gracioso. Quando alguma peça fabulosa era vendida por uma soma astronômica, os participantes aplaudiam educadamente. Nada menos que cinco recordes mundiais foram quebrados naquela noite. O primeiro foi uma escultura em madeira de Brancusi, chamada "Retrato da Senhora LR". Seu valor havia sido estimado entre 15 e 20 milhões de euros. Mas, no final, quando o martelo encerrou o leilão da peça, o lance vencedor foi de 29,17 milhões. Cerca de 15 minutos depois, a "Composição em Vermelho, Amarelo e Preto" de Piet Mondrian foi vendida por 21,56 milhões de euros, o dobro do preço estimado. Um Matisse gloriosamente colorido, de 1911, "Os Cucos no Tapete Azul e Rosa", foi arrematado por 35,9 milhões de euros, ao passo que "A Volta do Fantasma" de Giorgio de Chirico arrecadou uma quantia modesta em comparação a esta, 11,04 milhões. Marcel Duchamp, um dos líderes do movimento dadaísta da arte do absurdo, devia estar sorrindo ironicamente no céu quando um frasco de perfume falsificado cujo rótulo exibia uma foto dele vestido de mulher foi arrematado por 8,91 milhões de euros.

No final do leilão de três dias, a venda da coleção resultou em uma assombrosa soma total de 373,5 milhões de euros. E isso em meio a uma das piores crises econômicas que o mercado da arte já enfrentou.

O sucesso desse leilão deveu-se à convergência de várias grifes. Em primeiro lugar, estavam os artistas em si. Em segundo lugar, a Christie's: uma marca de arte mundial de primeira, cujo dono, como sabemos, é o magnata do mundo do luxo François Pinault. E, por fim, o grupo de Pinault também possui a Yves Saint Laurent, a marca que foi a principal responsável pelo sucesso do leilão. Foi por isso que o *site* da Christie's apresentou com o devido destaque uma imagem do estilista falecido. Foi por isso que pessoas que normalmente não estariam interessadas em arte acotovelaram-se à entrada do Grand Palais para a prévia. E foi por isso, finalmente, que o resultado foi um recorde de vendas. Todos sabem que ser dono de um Matisse é algo sofisticado. Porém, mais refinado ainda é possuir um Matisse que pertenceu a Yves Saint Laurent.

As somas obtidas no leilão fizeram alguns observadores insinuarem que o mercado de arte estava mais resistente à crise econômica do que a princípio se temia. Durante alguns anos, o mercado havia subido a alturas estratosféricas devido a uma bolha de novos-ricos proveniente da Ásia, Rússia e Europa central e oriental. Depois que essa bolha estourou, o mercado repentinamente despencou. Isso não foi necessariamente ruim. Quando a economia americana começou a entrar em crise na década de 1970, os artistas novaiorquinos começaram a colonizar as "terras de ninguém pós-industriais" que depois se tornaram conhecidas como SoHo. Da mesma forma, o movimento dos Artistas Jovens Britânicos, liderado por Damien Hirst, emergiu no momento pior da recessão, no início da década de 1990. Exatamente como os artistas do SoHo, que haviam habitado espaços industriais em ruínas, os jovens britânicos invadiram armazéns, imitando os bailes "rave" ilegais que estavam transformando a música feita para dançar. Hoje em dia, lojas de varejo vazias estão sendo ocupadas por artistas em busca de novos espaços.

Assim como o leilão de Damien Hirst, pouco antes, o espetacular leilão de Yves Saint Laurent provou que a arte é movida a grifes.

# 11

# Varejo de alto nível

*"O primeiro atributo do luxo é a qualidade.*
*O segundo é a recompensa emocional."*

A LOJA DE VAREJO é um vetor de comunicações fundamental para muitas marcas de luxo. Como já ouvimos vezes sem conta, uma das principais diferenças entre um produto de luxo e um de baixa qualidade é o elemento da fantasia. "Ninguém precisa de mais uma bolsa", admitiu Robert Polet, CEO do Grupo Gucci, em uma entrevista ao *The Wall Street Journal*. "Então precisamos criar o que chamo de o fator do 'preciso ter', quando o cliente diz 'Eu preciso ter aquela bolsa de 2000 dólares, e só me preocupo em saber se eles têm esse modelo em estoque. Quero essa bolsa agora'. Esse é o desejo emocional da marca, o poder do sonho." ("Chefe da Gucci vende o poder do sonho", 24 de setembro de 2007.)

Até esse ponto, isso é compreensível, mas Polet prosseguiu, dizendo que ele havia experimentado esse poder quando jovem sentado no carro novo em folha do pai, um Austin Westminster. "Tinha assentos de couro, e sentir o cheiro do couro sentado naquele carro exerceu um tremendo impacto sobre mim."

Esse é exatamente o tipo de reação visceral que as marcas de luxo desejam provocar nas suas lojas de varejo. Elas querem seduzir o comprador com um ambiente elaborado, criar uma Disneylândia do desejo. Se as marcas de luxo assumiram uma abordagem hesitante com relação às lojas de varejo *online* (ver próximo capítulo, "luxo digital"), é porque têm medo que, sem toda a moldura de esplendor sob forma de lojas assombrosas, suas quinquilharias caras possam parecer banais. O poder do contexto tem levado a Prada a encomendar o projeto de suas lojas a arquitetos badalados como Rem Koolhaas e Herzog & de Meuron, e a Louis Vuitton a abrir lojas monstruosas em mercados emergentes na velocidade com que outras marcas colocam *outdoors*.

Aldo Gucci definiu o apelo das grifes autênticas em 1938, quando pendurou um cartaz na primeira loja da marca na via Condotti, em Roma. O cartaz dizia: "A qualidade é lembrada mesmo após se ter esquecido do preço". Ironicamente, poucas pessoas conseguem se lembrar como era o interior original da loja, porque ela foi remodelada para refletir a interpretação de cada *designer* sobre a marca Gucci. A mais recente transformação foi supervisionada por Frida Giannini, que assumiu no lugar de Tom Ford como estilista chefe da Gucci em 2005. Transformando as diversas lojas da cadeia, ela baniu a estética do preto e do cromado da Gucci, substituindo-a por sua própria visão mais leve e nostalgicamente suavizada. No mundo da moda de luxo a loja de varejo precisa evocar corretamente os "códigos" da marca, sem desconectar-se do que está acontecendo na propaganda ou na passarela, senão arrisca-se a desiludir o consumidor. À medida que cada estilista vai recriando os códigos da marca, seus valores originais desaparecem sob camadas de artifício.

Entrementes, marcas de luxo tendem a não tentar exercerem suas magias sozinhas. As lojas de grife ficam invariavelmente em bairros elegantes que transportam os passantes para um mundo paralelo e mais sofisticado. Um exemplo é a Regent Street em Londres, um bulevar sinuoso projetado por John Nash em 1811. Apesar de ter sido reformada por inúmeros arquitetos no início do século 20, ela retém uma beleza e uma simetria que podem competir com qualquer uma das mais finas vias públicas europeias

A Regent Street tem um só dono, a Crown Estates, que iniciou uma reforma de 500 milhões de libras em 2002 para reforçar o posicionamento da rua como um centro comercial de alta classe. "Sabíamos desde o início que a Regent Street tinha uma arquitetura fantástica, mas que não possuía classe nem estilo em termos de varejo", disse David Shaw, chefe do departamento de estratégia e de desenvolvimento da Regent Street.

"Nós andamos... nos concentrando em trazer lojas importantes para a rua que possam oferecer algo acima do que pode ser encontrado em outros bairros comerciais." ("Lojistas de Londres enxergam além das más notícias de hoje", *International Herald Tribune,* 17 de setembro de 2008.)

Os esforços deram frutos sob forma de 60 novas lojas desde 2002, inclusive a primeira butique da Ferrari na Inglaterra. Enquanto isso, o Grupo Alrov de Israel alugou o Café Royal de 150 anos de idade no fim da rua, com planos de transformá-lo em um hotel de luxo. Como é a única proprietária da Regent Street, a Crown Estates pode fazer o papel de "curadora" da avenida visando oferecer um ambiente coerente para as marcas e os visitantes. "O que estamos fazendo é vendo a rua como um todo, não só os edifícios individualmente", disse Shaw. "Não se deve pensar apenas em espaços de varejo, mas também em restaurantes, hotéis e escritórios."

Outro exemplo de uma região "sob curadoria" é a Marylebone High Street, uma das mais atraentes áreas de turismo comercial de Londres. Uma vez mais um único proprietário, a Howard de Walden Estate, é responsável pela identidade de marca dessa rua. A Howard desejava desenvolver uma "aldeia dentro de uma cidade" que distinguiria a Marylebone de outros bairros e proporcionaria uma experiência nostálgica, porém de alta classe. Sua estratégia foi motivada pela percepção de que os clientes estão cada vez mais procurando uma alternativa para marcas globais e ambientes homogeneizados. O senhorio não está disposto a assinar contratos com cadeias multinacionais, e está aberto a propostas de lojistas independentes com conceitos exclusivos. Aqueles que passeiam por essa rua hoje em dia podem se entregar aos prazeres arcaicos de visitar um açougue ou uma peixaria tradicionais, olhar os livros de uma livraria pitoresca com lambris de madeira nas paredes, ou degustar uma xícara de chá e um bolo em um café refinado. Como a Regent Street, esse bairro também tem seu próprio *website*, solidificando sua existência como marca.

Novas obras confirmam a teoria de que as grifes gostam de companhia. Quando o centro comercial de Westfield, de 46 acres (29 hectares) de área foi inaugurado, na zona oeste de Londres, no final de 2008, instantaneamente se tornou um dos maiores complexos comerciais de luxo, oferecendo marcas como Dior, Gucci, Louis Vuitton, Miu Miu, Prada e Valentino.

No artigo mencionado anteriormente, a estilista Amanda Wakeley, que estava para abrir uma loja no *shopping* Westfield, disse que pretendia distinguir sua marca através de um serviço superior. "O cliente precisa se sentir atendido porém não intimidado", comentou ela. Embora alguns clientes possam ter a impressão de que os vendedores de butiques de luxo tomam aulas de esnobação gélida, o serviço é uma preocupação essencial, principalmente quando o alvo são os indivíduos de alto poder aquisitivo.

## ATENDIMENTO AOS CONSUMIDORES VIP

O toque pessoal faz parte da estratégia de marketing da Louis Vuitton. A empresa tem um departamento chamado Relacionamento com Clientes Particulares, cuja missão é tratar dos multimilionários. A companhia estima que haja por volta de 8 milhões de pessoas no mundo inteiro com acesso imediato a um milhão de dólares ou mais. Muitas já são clientes da Louis Vuitton, mas a empresa está ansiosa por atrair quem ainda não é seu cliente. Para seduzir esse mercado esquivo, a Louis Vuitton usa uma combinação de "embaixadores" com "compradores particulares dentro das lojas".

Cada embaixador tem um território definido. Sua missão é atrair os recém-chegados para a marca via eventos especiais e ocasiões sociais. O seguinte trecho de um blogue chamado Fresh Mess nos fornece uma ideia de como isso pode funcionar:

> Anette Stai, uma das primeiras supermodelos, embaixatriz da marca e chefe de marketing da Louis Vuitton Noruega, cumprimentou os convidados ricaços. Taças de Moët & Chandon foram servidas enquanto todos admiravam a deslumbrante exibição de "Produtos Especiais" vindos da França. Em exibição estavam um estojo de maquiagem de couro de 1927, um estojo de violino em couro rústico natural de

> 1895 e uma cesta de piquenique em lona com monograma de 1926, todas em vitrines. Os convidados também receberam uma demonstração do processo de fabricação artesanal da Vuitton, feita por artesãos franceses (19 de junho de 2008).

Uma vez que os embaixadores tenham atraído indivíduos de alto poder aquisitivo para as lojas, os *personal shoppers* podem assumir a liderança e cuidar deles. Podem-se marcar visitas às suas casas ou aos hotéis em que se hospedaram. Se tudo correr de acordo com o planejado, a pessoa será incluída na base de dados da Vuitton de 5.000 VVIC (Clientes Altamente Importantes) ao redor de todo o mundo.

Porém, mesmo o vendedor mediano em uma loja de luxo deve ser mais astuto do que seu equivalente em lojas menos luxuosas. Segundo Chevalier e Mazzalovo no livro *Luxury Brand Management*,[11] "a forma pela qual os vendedores de lojas de luxo abordam os clientes, conversam com eles e negociam com eles é muito específica... O objetivo é estabelecer um relacionamento que vai além de uma mera transação comercial. Muitos relacionamentos pessoais entre vendedores e seus clientes nascem assim."

Em outra parte do livro os autores observam que os mostruários com estojos de joias da típica butique de luxo, que quase desafiam os clientes a tocar as mercadorias, servem parcialmente para incentivar uma interação com os vendedores. Se a pessoa quiser manipular um item, precisa pedir permissão.

Para ter uma noção de como se vendem as mercadorias em lojas de luxo, marco uma entrevista com um conhecido meu que uma vez foi vendedor da Louis Vuitton em Paris. Vamos chamá-lo de Samuel. Eu queria saber que características separavam os clientes podres de ricos dos meros curiosos, como eu. "Uma coisa é certa: todos sabem quando um cliente importante entra na loja", diz ele. "A Louis Vuitton possui um senso bastante acentuado de relações com o cliente, e os gerentes recebem treinamento completo sobre quem é quem."

[11] Gestão de Marcas de Luxo. (N.T.)

A queda de Samuel para os idiomas, especialmente o árabe, significa que lhe pediam com frequência para atender visitantes ricos do Oriente Médio. Ele observa que eles preferiam falar sempre com o mesmo vendedor: "essas pessoas sentem-se especiais e gostam de ser tratadas assim. Depois disso vêm as variações culturais. Quando os visitantes do Golfo vêm à loja matriz de Paris, estão interessados apenas em produtos exclusivos e de edição limitada. Querem os produtos que não estão disponíveis no seu mercado local. Os clientes de mercados emergentes tendem a comprar os produtos mais vistosos e mais caros. Poucos deles saem com apenas uma peça; alguns deles querem sair levando produtos Vuitton dos pés à cabeça. Louis Vuitton é uma marca que os novos-ricos querem possuir porque é internacionalmente reconhecida, para eles poderem comunicar seu *status* em toda parte."

No caso dos multimilionários, o relacionamento cliente–vendedor se inverte. "Eles basicamente nos consideram seus empregados domésticos", diz Samuel. "Quando os abordamos, sua expressão facial inicial é de desinteresse, arrogância ou até mesmo desprezo. Mas depois que mostramos que somos inteligentes, charmosos e temos senso de humor, eles em geral ficam mais simpáticos. Falar a mesma língua obviamente ajuda, mas eles podem preferir que você fale com eles em inglês ou francês, porque querem demonstrar aos seus acompanhantes que são cosmopolitas. Já estive em situações onde eu falava inglês e o cliente respondia em árabe.

Ele também já negociou com clientes russos, dos quais tem lembranças parcialmente negativas. "Eles vão direto ao ponto; não sabem fazer rodeios. Mas têm uma adoração pelo luxo que chega a ser tocante."

Para os clientes como eu, que compro produtos de luxo muito ocasionalmente, o bom atendimento é uma das coisas que faz valer a pena o preço alto. Afinal de contas, consideramo-nos VIPs também. Na minha lista pessoal de "bom atendimento" figura, em primeiro lugar, a J. M. Weston do Boulevard de la Madeleine, onde sabem que eu gosto de comprar sapatos caros. Não só os vendedores têm um ar avuncular bastante tranquilizador, como também passam horas trazendo e levando caixas de sapato sem reclamar, e são verdadeiras enciclopédias ambulantes especializadas em calçados antigos. Mas a melhor parte é a seguinte: cerca de três meses depois de eu ter comprado meu mais recente par de calçados, alguém deixou uma mensagem no meu celular. Era o atendente da J. M. Weston. "Senhor, só queria verificar se tudo está certo com seus sapatos. Se tiver algum problema com eles, ou precisarem ser engraxados, por favor, entre em contato comigo, sem falta."

Naturalmente, preciso de ternos que combinem com os meus sapatos lustrosos. Na butique da Dior na Rue Royale, certo sábado, achei os vendedores distraídos, para dizer o mínimo. Um dos vendedores estava ocupado falando com um trio de turistas vestidos de forma extravagante, e nem mesmo lançou um olhar na minha direção. Sua colega loura estava procurando alguma coisa debaixo do balcão. Quando finalmente consegui chamar a atenção deles durante tempo suficiente para experimentar um terno, não deu certo: as mangas eram compridas demais, a fenda das costas estava torta, e as calças ficaram ligeiramente folgadas na cintura. Mencionei isso à vendedora, que me disse que a costureira que fazia alterações estava fora, almoçando. Dei de ombros, como que dizendo: "Não há problema, vou gastar meu dinheiro suado em outro lugar".

Quando estava para vestir meu *jeans*, uma voz do lado de fora do provador me disse que a costureira havia voltado. Saí e encontrei uma mulher morena minúscula, já de certa idade, vestida de jaleco branco de laboratório e com uma almofada de alfinetes grande no braço como se fosse um relógio de pulso com espetos. Ele deu uma olhada em mim e disse: "Estou vendo exatamente o que há de errado". Depois começou a ajustar tudo, habilidosamente. As alterações foram tantas que o terno teria que ser praticamente remodelado, um serviço que sairia de graça para mim. Descobri que Bianca havia recebido treinamento como *couturière* 30 anos antes. Já trabalhava para a Dior fazia mais de uma década. Seu profissionalismo tranquilizador mudou minha impressão da loja.

E ainda preciso incluir aqui um elogio à Elisabeth da Le Comptoir de l'Homme em Saint Germain. Seria esta perfumaria masculina uma loja de luxo? Como ninguém realmente *precisa* gastar dinheiro em fragrâncias e produtos para a pele, acho que ela se encaixa nesta categoria. Vá até lá em uma manhã de sábado sossegada e Elisabeth preparará um café expresso enquanto puxa conversa sobre todas as coisas maravilhosas que você pode comprar. Você sabia, por exemplo, que o Hammam

Bouquet, da Penhaligon, sempre foi a fragrância predileta do diretor de cinema Franco Zeffirelli? Ele mesmo salvou a firma da bancarrota quando ouviu dizer que ela poderia fechar. Ou que Winston Churchill usava uma outra fragrância da Penhaligon, a Bleinheim Bouquet? Como Sherazade, Elisabeth conta histórias cativantes.

Pessoas como Bianca e Elisabeth é que representam a verdadeira diferença entre os estabelecimentos luxuosos e os banais. Se o toque humano estiver ausente, não há *marketing* sofisticado que possa preencher esse vazio.

## PRIMAVERA PARA A PRINTEMPS

A Printemps não é só uma loja de departamentos, é um monumento tombado. Aliás, com mais de 80.000 visitantes por dia, é um dos prédios históricos mais visitados da França. Mas a Printemps tem um problema. Embora seja uma atração icônica, tendo feito parte da paisagem de varejo francesa desde 1865, fica logo ao lado de outra famosa loja de departamentos: a Galeries Lafayette. Durante mais de um século, esses mastodontes comerciais combateram-se mutuamente, disputando as atenções dos clientes e dos turistas que invadem o Boulevard Haussmann.

No início de 2008, a Printemps anunciou uma mudança drástica de direção. Enquanto a Galeries Lafayette possuía uma identidade acessível, voltada para a família, a Printemps tinha, durante algum tempo, posicionado a loja como um pouco mais chique, um pouco mais coquete e parisiense do que sua rival. Agora ela havia decidido que não era mais suficiente ficar em cima do muro; ela ia diferenciar-se da sua vizinha elevando-se até o nível mais alto do mercado e se tornando um empório do luxo. Quando os ricaços vinham a Paris, segundo a Printemps, deviam ir antes de mais nada à Printemps. Fizeram-se planos para uma reforma de quatro anos que custaria 280 milhões e restauraria a fachada do edifício, no estilo do século XIX, com um cintilante novo átrio no interior.

A razão para esse projeto foi a compra da Printemps, em 2006, por 1 bilhão de euros, pelo Grupo Borletti, que também possui a loja de departamentos italiana La Rinascente, em parceria com um fundo de investimentos. Como a própria La Rinascente, a Printemps via-se entre duas tendências: o surgimento das cadeias de "moda rápida" de baixo custo (Zara, H&M, Primark), por um lado, e o aparecimento do luxo de massa do outro. Os vendedores intermediários do mercado viram-se em um abismo cada vez maior entre as duas tendências. Fazia sentido seguir os passos da Selfridges em Londres ou da Bergdorf Goodman em Nova York e fazer da Printemps uma sede de grifes finas.

O diretor presidente loja é Paolo de Cesare, um ex-executivo dos produtos de beleza Procter & Gamble. Tendo trabalhado no Japão durante três anos, de Cesare sabe o que os consumidores de luxo procuram. Mesmo assim, afirma ele, sua primeira tarefa quando estava refletindo sobre o reposicionamento era definir bem o conceito de luxo: "Para mim essa era a pergunta fundamental: o que estamos tentando fornecer? Então, com minha formação de marketing, naturalmente procurei os clientes e lhes pedi para definirem luxo. Descobri que o primeiro atributo do luxo é a qualidade. O segundo e a recompensa emocional. Preço, exclusividade ou *status* vinham apenas em terceiro lugar. Agora sabemos os que os clientes de mercados em desenvolvimento estão interessados em *status*, mas para os clientes do mundo ocidental ele está se tornando cada vez menos importante, talvez até indesejável. Portanto, decidimos que nosso objetivo era oferecer qualidade e recompensa emocional."

O objetivo da Printemps, segundo a visão de de Cesare, é garantir que os clientes tenham acesso a esses elementos passando por muitos preços e categorias diferentes. A loja estoca mais ou menos 3.000 marcas e está constantemente revisando a seleção para garantir que seja atendido o requisito de qualidade em todos os níveis. "Moda, elegância e sofisticação estão gravados no DNA da empresa, o elitismo não. Nossa interpretação de luxo não é afirmar: 'me mostre sua carteira senão você não entra'. É convidar os consumidores a usufruir de uma experiência de luxo."

De Cesare viu o potencial da Printemps a partir do momento em que pisou pela primeira vez na empresa, dois anos antes de nossa entrevista. "Ela sempre foi uma loja bastante concorrida, mas senti que estava como que no piloto automático. Minha ambição foi lhe devolver o *status* a que tinha direito como uma das grandes referências de lojas de departamento do mundo."

A transformação física da Printemps atraiu considerável atenção dos meios de comunicação. Em uma parte da loja dedicada à moda e aos acessórios, os arquitetos de interiores Yabu e Pushelberg removeram três andares de tetos baixos, de aparência sombria, e os substituiu por um espetacular átrio repleto de ar e luz. O projeto é típico de George Yabu e Glenn Pushelberg, que é minimalista sem ser frio. "Eles fizeram reformas maravilhosas em lojas como a Lane Crawford em Hong Kong, mas também trabalharam em hotéis", conta de Cesare. "Dá para sentir os elementos de hospitalidade e lazer no resultado."

Yabu e Pushelberg trabalharam sob a supervisão da diretora de arquitetura da loja, Patrizia Pressimone, uma italiana dinâmica que trabalhou para marcas como a Benetton, Celine, Versace e Escada. "Se uma casa é uma máquina onde as pessoas vivem, como dizia Le Corbusier, uma loja é uma máquina onde as pessoas gastam dinheiro", diz ela. "Ninguém *tem obrigação* de visitar uma loja de departamentos de luxo, portanto o truque é fazer as pessoas *sentirem uma vontade irresistível* de visitá-la. E depois que elas entrarem, queremos que elas fiquem aqui muito tempo, preferivelmente umas duas horas, e esperamos que durante esse tempo elas gastem algum dinheiro. E há várias técnicas para garantir que isso aconteça."

A arquitetura pode alterar o humor das pessoas, explica ela. As janelas amplas, simétricas, situadas de forma artística, e as entradas largas convidam o freguês a entrar na loja, só para dar uma olhada. Uma vez que ele entre, a temperatura do ar, a iluminação e os materiais nobres em torno do cliente combinam-se para passar uma sensação de bem-estar. A rua de onde o cliente veio, de repente lhe parece ser um lugar mais hostil. Na loja não pode haver tetos baixos e espaços fechados, diz Pressimone. "O que a clientela procura é uma sensação de espaço. Os pisos acima dos clientes precisam estar visíveis para que eles possam ver o resto das mercadorias, que está fora do seu alcance no momento. Mas, ora muito bem, há uma escada rolante bem conveniente para que eles subam até lá."

O modernismo descarado do interior reformado da Printemps contrasta com a fachada, que foi restaurada para revelar toda a glória do seu estilo Belle Époque. Com 45.000 m$^2$ e nada menos que oito cúpulas folheadas a ouro, a loja, que mais parece um palácio, dá a impressão de tentar rivalizar com o espetacular exterior barroco da Ópera Garnier logo na esquina. Com o passar dos anos, porém, a fachada da Printemps havia se encardido devido à sujeira acumulada, e suas cúpulas haviam perdido o brilho. Contratou-se então uma equipe de artesãos para resolver isso. O interior de uma das cúpulas foi transformado em uma oficina onde habilidades quase esquecidas de uma outra era se tornaram subitamente vitais e relevantes.

Paolo de Cesare declara: "Como este edifício é considerado patrimônio nacional, precisamos usar o mesmo material e as mesmas técnicas que os artesãos originais empregaram. Por exemplo, sob as folhas de ouro que recobrem as cúpulas estão placas de zinco, que não se podem encontrar mais em lugar nenhum, portanto tivemos que fazê-las nós mesmos. Da mesma forma, procuramos o fornecedor original em Murano para obter os vitrais. E com todo o cuidado e paciência retiramos as camadas de tinta ou de sujeira de cima dos mosaicos e os restauramos."

O contraste entre o novo átrio e a fachada restaurada do século XIX deve proporcionar aos clientes o mesmo "impacto de quem vê a pirâmide de vidro diante do Louvre", comenta de Cesare.

Ele também queria se entregar a uma obsessão com serviço que desenvolveu enquanto morava no Japão. "Lá eu fiquei muito mimado", lembra-se ele. "Há certos lugares aos quais volto agora onde eles ainda se lembram do meu nome, é fenomenal. Para mim era uma prioridade absoluta que os clientes se sentissem bem-vindos."

Isso significava introduzir um serviço de estacionamento com manobristas, um sistema de cartão de fidelidade reformulado, e uma equipe de *personal shoppers*, bem como uma série de salões VIP onde os clientes pudessem discutir suas necessidades de compra em particular. Mais radicalmente, a Printemps se tornou a primeira loja de departamentos da França a ter um serviço de recepção. Os residentes franceses pagam uma taxa anual de 1.500 euros por esse privilégio, mas ao apresentarem seus passaportes, os clientes internacionais recebem acesso gratuito a um assistente pessoal e um serviço de atendimento telefônico 24 horas, incluindo fins de semana e feriados. No estilo de um grande hotel, o *concierge* pode fazer tudo, desde reservar mesas no restaurante até reservar entradas de teatro e colocar o cliente na lista VIP de uma boate ou encontrar uma babá.

Como observa de Cesare, porém, o bom serviço não é só inovações, como o serviço de *concierge*, nem mesmo os convites aos portadores de cartões de fidelidade para *soirées* exclusivas. A equipe de vendas diária também precisa comparecer. "Descobrimos que alguns dos componentes da nossa equipe estavam nervosos diante da possibilidade de ter que atender clientes exigentes, portanto desenvolvemos um programa de treinamento para eliminar esse problema. Fazemos dramatizações e damos ênfase à importância da aparência e da maquiagem. Ser um bom vendedor resume-se em ter absoluta confiança em si mesmo e nos produtos que você está vendendo.

No Japão ele sempre tinha se sentido impressionado com a forma como os consultores de beleza das lojas eram os perfeitos embaixadores das marcas, mesmo que não estivessem ganhando comissão. "Eles sentiam que representar sua marca da melhor forma possível era o mínimo necessário para cumprir com as obrigações de seu cargo."

Falando em marcas, a Printemps também ajustou sua imagem externa. Alguns meses depois de sua chegada, de Cesare pediu a Stephen Gan, cofundador da influente revista *Visionaire*, para criar uma nova imagem comercial da loja. Trabalhando com o fotógrafo David Sims, Gan criou uma série de painéis fotográficos duplos e cartazes. Cada uma das fotos mostrava o *close-up* do rosto de uma modelo, ao lado de uma longa série de fotos da mesma modelo em um traje super moderno. Esse *look* foi transportado para o *website* da loja e para uma revista distribuída aos clientes. "A imagem anterior tinha uma espécie de clima de conto de fadas", diz de Cesare. "Creio que a atualizamos uns 50 anos."

Se o reposicionamento da Printemps der certo, seus novos donos terão sintetizado a paisagem de varejo glamouroso do século XIX com uma versão experiencial e contemporânea do luxo. E em uma era na qual se pode olhar as vitrines com o clique de um *mouse*, pode ser que seja essa a forma de persuadir os clientes a entrar e ver o que há na loja.

# 12

# Luxo digital

*"Nós nos iludimos ao pensar que a internet não é relevante para nossos clientes."*

SE VOCÊ JOGAR A ESMO um cálice de cristal em Paris, ele provavelmente atingirá alguma conferência de luxo. A organização desses eventos é uma pequena indústria aqui, apoiada por legiões de "consultores de luxo" que se encarregam das listas de convidados. A um certo ponto *la crise*, como a imprensa francesa chamou a crise econômica, afastou as marcas de luxo de sua outra grande preocupação: o que fazer com a internet? As grifes pareciam não ter percebido que os dois assuntos estavam intimamente ligados.

No final de 2006, muito antes de haver algum fiapo de nuvenzinha no horizonte do luxo, compareci ao Congresso Mundial do Luxo no Hotel George V. Enquanto o resto do mundo do varejo estava em polvorosa diante das possibilidades da Web 2.0, os gigantes do luxo ainda estavam tendo dificuldade para entender sua primeira versão. Marcas como Swarovski e Theo Fennell, um joalheiro londrino, falavam de muitas formas diferentes de realçarem sua imagem, desde *merchandising* em filmes até um serviço ao consumidor de primeira. Mas ninguém mencionava as vantagens de promover os produtos *online*.

Significativamente, a *web* começou a aparecer em um debate sobre mercadorias falsificadas. O jornalista Tim Philips, autor do livro *Knock-Off: The true story of the world's fastest growing crime wave*,[12] publicado no ano

[12] Falsificações: a história real da onda de crimes que cresce mais rápido no mundo. (N.T.)

anterior, comentou que, por não possuírem uma forte presença *online*, as marcas de luxo estavam inadvertidamente incentivando os consumidores a comprar produtos falsificados de outros *websites*. "Vocês estão sendo bastante eficientes nesse seu desleixo de permitirem que outros usem suas marcas", declarou ele, enquanto a plateia protestava, contrariada.

Naturalmente, havia formas de comprar produtos luxuosos *online*. A Net-A-Porter, só para citar um exemplo, era um sucesso impressionante. Criado em junho de 2000 por Natalie Massenet, uma ex-editora de moda da revista britânica *Tatler*, esse *site* foi eleito espaço de varejo do ano durante os British Fashion Awards dois anos antes. Desde então, a página havia atingido um status de *cult* entre os "fashionistas" voltados para os avanços tecnológicos.

Mas as marcas de luxo tinham rejeitado, em sua maioria, a ideia de criar lojas virtuais onde se vendessem seus produtos, preferindo usar a *web* como vitrine e, em geral, não muito empolgante. A Louis Vuitton tinha apenas recentemente permitido aos consumidores comprar uma seleção de itens *online*. Outros insistiam que, para que pudesse saborear o luxo em toda a sua glória, os consumidores precisariam visitar suas lojas pessoalmente.

Em uma conversa pouco depois da conferência, Marie Laver, estrategista sênior da agência de planejamento e consumo de mídia *Initiative*, me falou que "vender artigos de luxo *online* é um desafio incrível. As compras de artigos de luxo são de uma natureza altamente sensorial, o que é claramente difícil reproduzir no mundo virtual". Ela acrescentou que um ambiente bem-sucedido de compras *online* precisaria ter três elementos chave: um visual muito forte incluindo matizes auditivas, serviços personalizados e interatividade.

Voltando ao evento, a analista da indústria do luxo Carol Brodie, que se vangloriava do pitoresco título de "CEO do luxo" na revista *The Robb Report*, apresentou-se como exemplo típico de um novo tipo de compradora de luxo. "Sou viciada em compras, mas agora tenho filhos, e como não tenho muito tempo compro *online*", revelou ela às pessoas que compareceram ao congresso. "E sou viciada na Net-A-Porter. Para mim, receber uma daquelas caixas é uma experiência luxuosa em si mesma."

O famoso *site* de moda Style.com havia celebrado uma série de contratos de propaganda com grifes, permitindo que os visitantes acessassem seus *websites* através de *links*. Mas isso não levava necessariamente a uma compra. Dee Salomon, diretora administrativa da Style.com, declarou: "Há uma sensação de que é muito mais provável que os clientes comprem no ponto de venda, onde têm a chance de realmente ver o produto."

Os varejistas de alta classe concordaram. Michael Ward, diretor executivo da Harrods, achava que um *website* jamais conseguiria replicar "a experiência emocional" de escolher uma miudeza em sua loja. Joseph Wan, diretor executivo da Harvey Nichols, uma cadeia luxuosa de lojas de departamentos, tinha opinião semelhante. "Não creio que uma marca *online* que não tenha equivalente em tijolos e argamassa poderá competir com uma loja de varejo de luxo."

Era um ponto de vista familiar. Apesar da proeminência cada vez maior das ferramentas digitais nas vidas cotidianas dos consumidores, os fabricantes de artigos de luxo sentiam que a internet removia a exclusividade e o toque pessoal que o ambiente físico proporcionava. Ironicamente, porém, oferecer um serviço pessoal exclusivo é algo que os *websites* podem fazer como ninguém. Quem já não deu uma espiada em suas "recomendações pessoais" na Amazon.com? Em vez de considerar a internet um primo pobre da vitrine das lojas, parecia claro que as empresas de luxo precisavam começar a fazer experiências com conteúdo mais elaborado, como clipes de vídeo, interatividade e diálogos individuais com seus clientes.

No final daquele evento no ano de 2006, Guy Salter, vice-presidente da associação dos produtos de luxo britânicos Walpole, alertou todos de que estava convencido de que existia "uma nova geração de indivíduos de alto poder aquisitivo que não queria se dar ao trabalho de ir a uma loja". E acrescentou: "Nós nos iludimos ao pensar que a internet não é relevante para nossos clientes. Porém, as lojas virtuais especializadas, que se aproveitaram dessa nossa bobeada para entrar no mercado, nos mostraram como estávamos errados."

## UM ENCONTRO DO LUXO COM A *WEB*: UM AMOR INDECISO

Vamos avançar a fita seis meses, para vermos o que ocorreu em outra conferência, em outro hotel. Em junho de 2007 um grupo seleto de profissionais da indústria do luxo se reuniu no hotel Ritz em Paris. Dessa vez eles tinham vindo falar especificamente do desafio da internet. Apropriadamente, os palestrantes que tentaram demonstrar suas teorias conectando-se com a internet ao vivo no palco, descobriram que o grandioso hotel antigo tinha uma conexão bastante vagarosa.

Embora o setor de luxo tenha aparentemente deixado de fazer grande progresso em sua hesitante aproximação do mundo virtual, a conferência estava cravejada de conselhos pertinentes. A consultora de marketing Evelyne Resnick, especializada em trabalhar com produtores de vinhos franceses, advertiu as marcas de elite por abraçarem a ideia de que seus clientes especiais, considerados mais maduros e menos aventureiros que os clientes de outras marcas, ainda não estavam comprando na internet. "Apenas na França, a pesquisa demonstrou que 85% dos consumidores que ganham mais de 55.000 euros anuais conectam-se regularmente à internet. Esse número é ainda mais alto do que o dos Estados Unidos."

Apesar disso, segundo Resnick, algumas marcas de luxo francesas não tinham absolutamente nenhuma presença na rede. Ela citou o exemplo do Pétrus, o legendário vinho de Bordeaux, cuja falta de presença *online* havia levado uma empresa estrangeira a se apossar do domínio, o que resultou em um *site* não oficial horroroso. "As empresas de luxo temem perder o controle de suas marcas se montarem *sites* na internet", disse Resnick. "Mas, na verdade, o que acontece é o contrário. Se a empresa não estabelecer uma presença *online*, os consumidores o farão por ela."

Os publicitários em geral concordam que, quando se trata de marcas e da rede, os consumidores é que mandam. Os blogues, fóruns, salas de bate-papo e os *sites* de redes virtuais vibram de tantas conversas sobre consumo e serviços. Isso, naturalmente, é exatamente o tipo de perda de controle que as marcas de luxo temem: a fachada cuidadosamente polida não pode ser maculada por marcas gordurosas de dedos de intrusos. Porém, Syrine Fehri, pesquisadora especializada na área nova da "netnografia", o estudo de comportamento humano *online*, disse que havia pouca evidência de "comportamento abusivo e agressivo" dentro das comunidades virtuais, as quais tendiam a exercer uma "autocensura".

de dólares), juntamente com uma fortuna em móveis de luxo, bem como em relógios de pulso, roupas e bolsas de grife. Os debates *online* vão dos assuntos sérios (conflito no Oriente Médio) passando pelos hedonistas (procurando dicas para um fim de semana perfeito no Rio de Janeiro), e terminando no prático (a melhor academia de ginástica de Barcelona). Na página inicial vê-se uma propaganda do relógio de pulso da marca Tudor.

E as grifes estão interessadas no ASW. Em 2007, a Rémy Martin anunciou seu conhaque Louis XIII (cada garrafa custa 1.500 dólares), colocando *banners*, um *microsite* e alguns editoriais pagos no ASW durante um período de três meses. A Rémy também ofereceu uma degustação exclusiva em uma inauguração de galeria de arte, anunciando o evento aos membros. "Essa campanha é um exemplo de como os anunciantes estão levando marcas de nicho, que antes não recebiam muito apoio de *marketing*, para canais digitais novos", comentou a *AdWeek* ("Conhaque de alta classe entra nas redes sociais para atrair o *jet set*", 14 de agosto de 2007).

Em março de 2008, a Mercedes Benz assinou uma parceria com o ASW. O contrato incluía um fórum automotivo patrocinado pela Mercedes, blogues e inclusão no calendário de eventos do *site*. A empresa também se tornaria patrocinadora do recém-criado canal de internet do *site*, chamado ASW TV, tornando-se assim o primeiro patrocinador a transmitir no canal. O Dr. Olaf Göttgens, vice-presidente de comunicação da Mercedes, afirmou que a parceria tornava o "diálogo direto" com os consumidores possível, bem como capacitava a empresa a atingir "um grupo jovem e influente". Em maio daquele mesmo ano, a Cartier anunciou sua coleção de produtos "Love by Cartier" através da criação de conteúdo interativo para o ASW.

Voltando a junho de 2007, tudo isso ainda iria ocorrer em um futuro relativamente distante. Quando saímos para tomar champanhe no terraço, no fim daquela tarde de início de verão, olhei em torno de mim. Tendo em mente que o evento de marcas digitais estava acontecendo no que se considerava o coração da indústria do luxo, não havia tantos participantes assim. A mensagem para as grifes era clara, mas poucas haviam resolvido parar um instante para ouvi-la.

# CASO LOUIS VUITTON

No fim, o progresso veio de um lado inesperado: Louis Vuitton. Durante anos, a face mais visível dessa marca (naturalmente se não contarmos as suas lojas matrizes cada vez mais extravagantes) tinha sido os anúncios com imagens de modelos e atrizes vestidas dos pés à cabeça com seus produtos, publicados nas páginas de revistas caras. Embora fosse econômica, essa era a mais tradicional estratégia de divulgação de marcas de luxo. De repente, porém, a Vuitton percebeu que já havíamos chegado ao século XXI.

Seu primeiro passo, em janeiro de 2007, foi contratar a agência de propaganda Ogilvy & Mather. As marcas de luxo tradicionalmente procuram não assinar contratos com agências de propaganda tradicionais, que são consideradas inferiores por se dedicarem a vender produtos de consumo menos exclusivos. Em vez disso, as empresas de luxo tendem a usar "diretores de criação" internos (nos círculos de moda, em geral, essa pessoa é o próprio estilista), que escolhem a dedo os fotógrafos, cabeleireiros e maquiadores para interpretarem sua visão. Para a Louis Vuitton, a escolha de uma agência grande como a O&M, fundada nos EUA durante o grande estouro do consumo na década de 1950, foi uma mudança quase radical.

A primeira cria dessa união foi bastante decepcionante: uma campanha publicitária na imprensa. Certamente era uma coisa diferente do que havia sido feito antes em termos de propaganda nos jornais e revistas. O "astro" do anúncio mais comentado era Mikhail Gorbachev, com uma mala Vuitton a seu lado enquanto sua limusine passava pelas ruínas do muro de Berlim. A foto, tirada por Annie Liebowitz, destinava-se a lembrar aos consumidores que a Louis Vuitton era, acima de tudo, fabricante de malas e bolsas de luxo. "Jornadas" seria o tema da nova campanha. Porém, embora escolher Gorbachev tivesse sido surpreendente, o anúncio era basicamente uma interpretação de uma estratégia tão velha quanto o tempo: endosso pelos famosos. Outros anúncios da mesma série mostravam Andre Agassi e Steffi Graf descansando em um quarto de hotel em Nova York, com uma mala Vuitton ao seu lado, e Catherine Deneuve elegantemente sentada em um baú da Vuitton no que parecia uma estação de trem de cenário cinematográfico.

Contudo, a imprensa gostou da ideia. O *International Herald Tribune* sentiu que a campanha refletia "uma tendência de algumas empresas de luxo para buscar uma conexão com os consumidores a um nível mais humano. Outrora, muitas casas de moda e outras grifes confiavam, antes de mais nada, na assim chamada abordagem do produto como protagonista, talvez acompanhado por uma modelo, de forma estilizada e estática." O artigo comentava que a participação de Gorbachev buscava atrair a atenção do mercado russo, cada vez maior. No mesmo artigo, o chefe executivo da Ogilvy na Europa, Oriente Médio e África, Dainel Sicouri, afirmava: "O produto é apenas uma parte da história, um companheiro de jornada, não o protagonista." ("Luxo fica menos evidente", 29 de julho de 2007.)

A Louis Vuitton tinha reafirmado sua origem e obtido um pouco de cobertura da imprensa. Seu próximo passo foi bem mais interessante. O braço da O&M junto à internet, a Ogilvy Interactive, em Paris, pediu aos famosos que descrevessem seus lugares preferidos. Essas narrativas foram ilustradas com fotos, som e vídeo em um novo *website* chamado "Jornadas", acessado através de um link no portal da Louis Vuitton. Calorosas, emocionantes e executadas de forma elegante, essas colagens *online* eram genuinamente divertidas. Elas injetavam o tão procurado "fator humano" na marca Vuitton e faziam o consumidor se sentir conectado aos VIPs que tinham contado suas histórias. Quem poderia resistir a viajar para Edimburgo com Sean Connery, San Francisco com Francis Ford Coppola ou para Londres com Keith Richards? A execução da campanha das "Jornadas" na rede recebeu diversos prêmios.

A Louis Vuitton agora parece estar dedicada a construir sua marca no mundo digital. Como mencionamos antes, um dos desafios mais delicados que as empresas de luxo enfrentam é o poder que foi conferido aos consumidores pela internet. Todos nós agora somos cidadãos jornalistas. Queiram as marcas de luxo entrar num diálogo com seus clientes em potencial ou não, podem acreditar que os consumidores já estão batendo papo e escrevendo blogues sobre elas, e nem sempre para elogiá-las. Em vez de tentar abafar esse burburinho de fundo, a Vuitton resolveu interagir ativamente com a geração da rede, ou os "nativos digitais", se o leitor preferir. Um funcionário da sede de Paris trabalha em tempo integral para estabelecer um bom relacionamento com as comunidades virtuais via blogues, Facebook, Twitter e outros aplicativos. A empresa preocupa-se com o fato de que, embora haja centenas de "páginas de fãs" dedicadas à sua marca na rede, nenhuma é oficial.

Em junho de 2008, a Vuitton resolveu usar o poder dos blogues para ajudar no lançamento das suas "caminhadas sonoras", que eram uma ideia inovadora em si. Continuando o tema das "jornadas", a Vuitton tinha pedido a três atrizes que narrassem um passeio pelas suas cidades prediletas. Os usuários poderiam então baixar os arquivos MP3 resultantes do *site* da Vuitton para seus iPods ou aparelhos semelhantes e seguir os passos das atrizes. As primeiras três caminhadas foram gravadas por Gong Li (Pequim), Joan Chen (Xangai) e Shu Qi (Hong Kong). A Vuitton enviou seis dos mais influentes blogueiros do mundo para Hong Kong para testar a caminhada sonora, equipando-os com iPods gratuitos. Havia um acordo tácito de que os blogueiros iriam postar artigos sobre essa experiência nos seus blogues.

A Louis Vuitton não é a única marca de luxo que recorreu aos blogueiros. Em setembro de 2007, a Chanel convidou 14 blogueiros de todo o mundo para visitarem o ex-apartamento de Coco Chanel em Paris e seus laboratórios de produção de perfumes em Neuilly. A participante britânica Susanna Lau do blogue Style Bubble fez um comentário positivo a respeito: "Esta é uma marca francesa bem antiga que está avançando segundo a mudança dos tempos, não só em sua presença na internet (com websites, atividade viral e vídeos multimídia) mas através da conexão com as pessoas que começam esse diálogo *online*."

Levar os blogueiros no que era essencialmente uma viagem com cobertura pela imprensa foi algo meio arriscado. Ao contrário das revistas de luxo, os blogueiros não vivem dos dólares das propagandas de grifes, portanto não se sentem pressionados a fazer comentários positivos sobre essas empresas. No setor do luxo, os blogueiros agora realizam o papel inquisitivo e crítico ao qual os jornalistas das revistas renunciaram faz tempo, agora que estão com o rabo preso devido à lealdade que devem ao seu departamento de propaganda. As grifes tinham relutado, imaginando se os blogues, erráticos, imprevisíveis e frequentemente amadorísticos, seriam o ambiente ideal para elas. Mas agora elas parecem ter aceitado o fato de que os substitutos da sua base de clientes, cada vez mais velha, estavam todos lendo e/ou escrevendo esses diários *online.*

A Cartier deu um outro salto inesperado na brecha digital em meados de 2008, depois de sua experiência inicial com ASmallWorld.com. Uma vez mais, promovendo sua coleção *Love by Cartier,* cujo alvo eram os consumidores mais jovens, a empresa criou sua própria página de perfil no *site* da rede social MySpace, que tem uma base de usuários forte de fãs de música. Essa página incluía canções que podiam ser baixadas, compostas especificamente para a Cartier por artistas como Lou Reed e Marion Cotillard. Dada a atitude anteriormente bastante esnobe das marcas de luxo para com a rede, a declaração da diretora de comunicações da Cartier Internacional, Corinne Delattre, foi de deixar todos boquiabertos. "Hoje em dia, o mundo está conectado por uma rede. Blogues, *websites* individuais ou coletivos não são mais o sinal de uma nova era, mas uma realidade concreta de toda uma nova geração. Como uma marca importante, precisamos ser capazes de nos comunicar com essa nova geração de adeptos do mundo digital, e a comunidade do MySpace torna isso possível." (Brandrepublic.com, 27 de junho de 2008.)

O espaço digital está mudando também o *marketing* da moda. Em vez de realizar os desfiles tradicionais e caros na passarela, que desempenham o papel de propagandas vivas diante de um público de jornalistas e compradores, algumas grifes resolveram mostrar suas coleções através de vídeos muito bem produzidos. Eles podem ser acessados através de seus *websites.* Os compradores e a imprensa depois são incentivados a ir ver as coleções de perto nos *showrooms* das marcas.

Portanto, pode ser até que elas estejam segurando a lanterninha, mas as marcas de luxo finalmente aderiram à revolução digital.

# 13

# Por concessão da realeza

*"Os clientes internacionais veem nosso selo real como um carimbo da autêntica qualidade britânica."*

NÃO É SEMPRE QUE SE LÊ A PALAVRA "geleia de laranja" num livro que fala sobre marcas comerciais de luxo, porém foi um pote de geleia de laranja Original Oxford da Frank Cooper numa mesa de café da manhã que inspirou este capítulo. Eu, um leitor voraz, sou o tipo da pessoa que, na falta de um jornal para ler e sem mais o que fazer, olha o que está escrito atrás de uma caixa de cereal ou, neste caso, atrás de um vidro de geleia de laranja – e foi aí que me lembrei que a marca Frank Cooper é detentora do direito de utilizar o Selo Real inglês nas suas embalagens. A princípio, achei graça ao imaginar a rainha comendo torradas com geleia de laranja mais ou menos na mesma hora que eu. Será que ela passava a geleia direto na torrada ou a colocava do lado do prato primeiro? Ou seria ela uma dessas pessoas que simplesmente enfiava a faca no pote?

Depois, comecei a refletir sobre o Selo Real, num sentido mais amplo. Como se fazia para obter o direito de usá-lo? Quantas empresas tinham o direito de usá-lo? E o que significava para os seus detentores o fato de o terem obtido?

Com uma rápida busca na internet, consegui o número de telefone da Associação dos Detentores do Selo Real em Londres, o que levou a uma conversa com o seu secretário, Richard Peck.

Trabalhando num pequeno escritório no Buckingham Place (quis dizer mesmo Place, não Palácio de Buckingham), junto com apenas três outros membros na equipe, Richard coordena as relações entre a família real e os detentores do Selo. Por enquanto, eles são cerca de 850 e atuam em diversos ramos da indústria e do comércio. Minha primeira pergunta, portanto, é óbvia: como posso entrar nesse grupo?

"Não pode", diz Peck, deixando-me arrasado. "Os Selos são concedidos somente a fornecedores de mercadorias, o que elimina bancários, contadores, advogados, arquitetos e também, infelizmente, os jornalistas." Portanto, enquanto The Carphone Warehouse tem permissão para usar o brasão da rainha e as palavras: "Por concessão da rainha a..." em seu papel timbrado, eu jamais poderei fazê-lo.

Os Selos são um sinal de reconhecimento àqueles que forneceram produtos e serviços à rainha, ao duque de Edimburgo ou ao príncipe de Gales por mais de cinco anos. Essas Concessões de Selos sofrem revisão a cada cinco anos e podem ser revogadas. "O concessor assina cada requerimento pessoalmente, e investe um interesse bastante pessoal neste processo", enfatiza Peck.

Em voz alta, me pergunto quem teria recebido o primeiro Selo Real, meio esperando que esse sistema remontasse à época da revolução industrial, quando a produção em massa nasceu e, com ela, a necessidade de haver marcas.

"Os Selos existem desde, pelo menos, o século XII", diz Peck. "A primeira relação registrada entre a realeza e o mundo dos negócios foi a concessão por Henry II do Alvará Real Britânico à Companhia dos Tecelões, em 1555. Também existem registros oficiais do século XVIII. Porém, foi no reinado da rainha Vitória que os negociantes reais se reuniram para formar a Associação Real de Comerciantes, que foi o início da organização que existe até hoje.

Minha dedução anterior terminou por se revelar correta, pois a rainha Vitória distribuía concessões como se fossem balas. No início de seu reinado, havia cerca de 200 Detentores do Selo Real. À época de sua morte, havia cerca de 2.000. (Vale dizer que quando um membro da família real morre, a concessão aprovada por ele ou ela ainda vigora durante mais cinco anos.) Nessa época, o escritório do Lord Chamberlain, principal oficial da Corte Real, era responsável por litígios referentes ao uso fraudulento do brasão real, mas em 1907 esse poder passou a ser exercido por uma Associação.

Os benefícios de ser detentor de uma concessão do Selo Real são óbvios. Por um lado, como Peck afirmou, o Selo é "um reconhecimento de uma transação comercial satisfatória e uma marca de aprovação pessoal por um membro da família real". Por outro lado, continua Peck, "é também algo mais do que isso: é uma declaração sobre a companhia e o nível de qualidade e serviço que fornece, o que, obviamente atrai uma clientela maior. Essas companhias se tornam a mais elevada expressão de excelência do comércio e indústria britânicos". Existe uma ou outra especulação ocasional, acrescenta ele, segundo a qual "os fregueses normais"podem não ficar satisfeitos com o nível de serviço que agrada à rainha. "Mas posso lhe garantir que isto não costuma acontecer."

Como muitos britânicos são ligeiramente céticos quanto à opinião da família real ou, pelo menos, não se interessam por saber qual ela é, o Selo Real costuma impressionar mais fora do país.

"O Selo Real é incrivelmente valorizado na Ásia e nos Estados Unidos. Pode parecer até clichê, mas essas concessionárias são empresas que engrandecem a Inglaterra."

Ian Eastwood, diretor-gerente da fabricante de artigos de couro de luxo Swaine Adeney Brigg, concorda entusiasticamente:

"Temos um grande número de clientes internacionais, tanto japoneses e americanos quanto italianos e russos, todos considerando o nosso Selo Real como um carimbo de autenticidade da qualidade britânica. Eles se deixam impressionar pelo fato de termos uma história de 250 anos e valorizam o fato de fornecermos algo muito diferente do que é vendido nos centros comerciais." Eastwood acrescenta que possuir o selo também é uma forte motivação para os que trabalham nas lojas artesanais da firma, em Cambridge. "O conhecimento e o cuidado empregados na fabricação de nossas peças e o serviço personalizado que cada cliente nosso recebe, contribuem para solidificar nossa posição como concessionária do Selo Real."

Até um certo ponto, pode parecer estranho que se devam tranquilizar os consumidores, e até mesmo impressioná-los com a aprovação de um membro da família real para um dado produto. Será que ser "nobre" é garantia de gosto superior ou até de exigência? De fato, o Selo Real é uma dessas coisas que se chamam de "elementos imateriais", ou seja, uma mistura de lenda, mitologia e herança – que gira em torno das marcas de luxo. David Atkinson é o gerente-geral de geleias da Premier Food, empresa proprietária da Frank Cooper. Ele diz: "Fundada em 1874, a Frank Cooper sempre foi conhecida por sua qualidade e tradição. O Selo Real permanece como um detalhe destacado do desenho porque, para os clientes fiéis da Frank Cooper, – tipicamente homens maduros – esse é um reforço muito positivo da seriedade da marca."

## OS SELOS REAIS PELO MUNDO

O Reino Unido não é o único país no qual se permite que os negociantes divulguem seu grau de relacionamento com a nobreza. A Suécia tem um dos sistemas mais elaborados, bem como um dos *sites* mais atraentes (www.hovlev.se). Os Selos Reais suecos datam do século XVII, quando se usava o título "fornecedores da realeza". Entre os primeiros a receberem a bênção real incluíram-se o fabricante de armários e caixões Georg Haupt, o relojoeiro Johan Fredman e o confeiteiro Hans Georg Düben, que tinha uma loja no Centro Velho de Estocolmo. Esta mistura de atividades artesanais sugere, mais uma vez, que "luxo" é mais uma questão de qualidade do que de preço: aqueles que não podiam comprar um dos relógios da Casa Fredman, podiam, ao menos, segundo imaginamos, saborear ocasionalmente um bolo assado na confeitaria real.

Os Selos Reais quase desapareceram na Suécia em 1973, quanto Carl XVI Gustaf chegou ao trono e pensou em eliminá-los num assomo de zelo modernizador. Ao invés disso, ele restringiu o sistema, de modo que, hoje em dia, somente 130 empresas ostentam o título de "Fornecedor de Sua Majestade, o Rei Carl XVI Gustaf", e entre elas incluem-se o fabricante de sapatos Lundhag e o de bicicletas Albert Samuelsson & Co., bem como a óptica Polaris Optic e a fábrica de sabões Victoria Scandinavian Soap. A Dinamarca também tem um sistema de Selos Reais – a cervejaria Carlsberg e a confecção Ecco estão entre os beneficiados – e a Holanda também.

Contudo, nenhum desses mercados é tão intrigante quanto o japonês. Os consumidores japoneses são extremamente favoráveis aos produtos britânicos que ostentam o selo real de aprovação. Só que o Japão também teve seu próprio sistema, a Agência de Fornecedores da Família Imperial Japonesa – até um pouco depois da Segunda Guerra Mundial, quando foi abandonado. Curiosamente, entretanto, o título ainda existe, e é tido em altíssima conta. Os fornecedores da família imperial são conhecidos como *goyotashi* e têm gozado de uma posição privilegiada desde tempos medievais. Até mesmo os produtos "oficiosamente" associados à família real, têm uma enorme vantagem na sua comercialização.

"Os críticos veem esse fenômeno como exemplo típico da fé cega que os japoneses depositam nos produtos de marca", informa um artigo no *website* do jornal mais importante do país, o *Asahi Shimbun* ("Atração real", de 1 de junho de 2006, Asahi.com). Como exemplo, o articulista cita o fabricante de brinquedos Steiff, que conseguiu entrar no país depois que um membro da família imperial literalmente abraçou um de seus produtos. "Os brinquedos caríssimos da Steiff não tinham tido muita aceitação durante anos, mas isso mudou em 1994, quando os telespectadores vislumbraram a etiqueta amarela tradicional da Steiff num ursinho de pelúcia que pertencia à princesa Mako, a filha mais velha do príncipe Fumihito, o irmão caçula do príncipe herdeiro Nahurito. Os canais de televisão sofreram um verdadeiro dilúvio de chamadas de pais e avós fazendo perguntas sobre o brinquedo desconhecido. Num piscar de olhos, os compradores correram para a loja matriz da Steiff no bairro japonês de Ginza em Tóquio, disputando o urso de pelúcia, que só era conhecido pelo nome de "Molly".

Atualmente conhecido como "Princesa Molly", o urso se transformou num brinquedo popular. Os pais também mostraram grande interesse em produtos e serviços preferidos pela Princesa Aiko, filha da princesa herdeira Masako. Livros, chinelos e até mesmo aulas de ginástica calistênica se beneficiaram dessa preferência. "Essas aulas se tornaram imprescindíveis para muitas mães depois que viram a princesinha dançando num vídeo transmitido por *shows* de variedade", diz o *Asahi Shimbun.*

Como era de se prever, a falta de um sistema oficial causa problemas. Uma associação representando fabricantes de quimonos no bairro Nishijin de Kyoto foi forçada a tomar medidas drásticas após um debate sobre quais seriam os verdadeiros fornecedores de quimonos para a família imperial. Em 2004, a Associação Industrial Têxtil de Nishijin decretou que seus associados não poderiam mais usar a palavra *goyotashi* em seus anúncios.

Algumas marcas europeias insistem em ter conexões com a realeza que remontam a um passado bastante distante. É só lembrar do Courvoisier, o "Conhaque de Napoleão". A lenda contada pela marca é que Napoleão visitou as adegas de vinho e licores do negociante Emmanuel Courvoisier e seu sócio, Louis Gallois, no subúrbio parisiense de Bercy, em 1811. Napoleão ficou tão impressionado pela qualidade da mercadoria que levou diversos barris da bebida consigo para Santa Helena. Esta versão, de acordo com os fatos, foi um tanto descuidada, porque Napoleão poderia muito bem ter levado uns tantos barris de conhaque para aliviar a dor do exílio, mas a marca Courvoisier só foi oficialmente criada em 1835, quando o filho de Emmanuel, Felix, a registrou. Sua sede era em Jarnac, não muito distante da própria cidade de Cognac. Menos questionável é o fato de Napoleão III ter concedido à Courvoisier o título de "Fornecedor Oficial da Corte Imperial", em 1869 - cujo certificado se encontra em exposição no museu da marca em Jarnac.

A loja de perfumes Guerlain é outra companhia que enfatiza suas antigas conexões imperiais. Pierre-François Pascal Guerlain abriu sua loja de perfumes no número 42 da Rue de Rivoli em 1828. "Inspirado pela beleza e elegância da Imperatriz Eugenie, ele criou a Eau de Cologne Imperiale em sua honra. Seduzida por essa refinada colônia, a Imperatriz concedeu a Guerlain o título de Perfumista Oficial de Sua Majestade – o topo da hierarquia imperial" (www.guerlain.com). Parece que o tempo não consegue enfraquecer uma conexão com a realeza.

## FABERGÉ: O JOALHEIRO DOS CZARES

A mais fascinante relação histórica entre artesãos e a realeza foi, possivelmente, a de Fabergé com a família imperial russa. Os legendários ovos do joalheiro teriam sido fabulosos o bastante em qualquer circunstância, mas sua conexão com a dinastia extinta dos czares lhes dá um toque romanesco adicional.

O nome de Fabergé, hoje, tem uma nova relevância porque, após mais de um século no ostracismo, está regressando como marca de luxo do século XXI. A jornada de volta às suas raízes vem sendo bastante tortuosa.

Peter Carl Fabergé nasceu com o nome Carl Gustavovich Fabergé em São Petersburgo, em 30 de maio de 1846. Como sugere o sobrenome, sua família tinha origem francesa – eram huguenotes que haviam fugido da França depois da revogação do Edito de Nantes, que tornou efetivamente ilegal a sua fé protestante. Carl foi trabalhar com o pai na sua joalheria em 1864 e, oito anos mais tarde, assumiu a gerência.

A Páscoa de 1885 foi um momento decisivo na vida de Fabergé. A Páscoa é a celebração mais importante do calendário ortodoxo russo. As famílias haviam trocado ovos de Páscoa coloridos e artisticamente decorados durante séculos, mas o Czar Alexander III queria um presente especial para sua mulher, a Czarina Maria Fedorovna, para comemorar o vigésimo aniversário de casamento deles. Sabendo que Maria era uma das admiradoras dos ovos de Fabergé, ele encomendou ao artesão a criação de um ovo excepcional. Fabergé entregou-o no palácio na manhã de Páscoa. A princípio parecia ser apenas um ovo esmaltado. Dentro dele, porém, havia uma gema dourada. No estilo das bonecas russas, a gema se abria, revelando uma galinha dourada. E, aninhada nesta, estava uma miniatura da coroa imperial, incrustada de diamantes, e um rubi no formato de ovo. É fácil imaginar os gritinhos de contentamento que a imperatriz ia dando à medida que abria cada ovo.

Esse ovo começou uma tradição. Todo ano Fabergé recebia uma encomenda para produzir outro, com o único critério de o ovo ser inteiramente diferente dos que haviam sido produzidos antes. Em reconhecimento por esse relacionamento, Fabergé foi nomeado Fornecedor Oficial da Corte. Quando Nicholas II ascendeu ao trono, depois da morte de Alexandre, ele continuou a tradição, dando de presente a sua esposa e a sua mãe ovos de Fabergé. Os ovos imperiais foram exibidos pela primeira vez na Feira Mundial de 1900, em Paris. Isso ajudou a transformar a Casa de Fabergé numa marca internacional. Choveram pedidos para joias finas, artigos de prata e peças de louça. No auge da fama, a Fabergé era a maior empresa da Rússia, com mais de 500 artesãos e filiais em São Petersburgo, Moscou, Odessa, Kiev e Londres. Ela produziu cerca de 150.000 objetos entre os anos de 1882 e 1917.

Durante o caos da revolução, Fabergé abandonou sua empresa e fugiu com a família no último trem diplomático para Riga e, dali, seguiu para Berlim, Frankfurt, Hamburgo e Lausanne. Ele faleceu em 1920 e foi enterrado em Cannes, na França.

A marca Fabergé sofreu uma considerável redução de sua sorte depois disso. Seus filhos, Eugene e Alexander montaram uma loja em Paris, onde tinham uma pequena oficina chamada Fabergé & Companhia, dedicada a restaurar objetos originais da Fabergé e à fabricação de um número limitado de novos artigos. Os detalhes do que aconteceu depois disso são obscuros, mas a maioria dos relatos sugere que a dupla tentou entrar com um processo na justiça contra um negociante que havia começado a comercializar cosméticos e perfumes usando o nome de Fabergé.

Samuel Rubin (1901-1978) tinha sido um comerciante de sabões e azeite de oliva da Espanha até que a guerra civil forçou-o a abandonar o negócio em 1937, quando montou um novo estabelecimento de fabricação de cosméticos e artigos de toalete. Uma das pessoas que Rubin conhecia era o magnata do petróleo Armand Hammer, que era colecionador de ovos Fabergé. Foi Hammer quem sugeriu que Rubin desse à sua fábrica de perfumes o nome de Fabergé em homenagem ao joalheiro dos czares, pensando talvez que a marca tivesse acabado, junto com a linhagem dos Romanov. Não conseguindo pagar as custas do processo contra Rubin, que era muito mais rico, os herdeiros de Fabergé acabaram lhe cedendo os direitos de uso da marca por 25.000 dólares. O próprio Rubin mais tarde vendeu seu negócio para outra empresa, a Rayette, por 26 milhões de dólares, usando o dinheiro para começar a Fundação Samuel Rubin, em Nova York, dedicada a lutar contra a "imoralidade e desigualdade das diferenças entre ricos e pobres" (biografia de Samuel Rubin, Transnational Institute, www.tni.org). Agora renomeada Fabergé Inc., a companhia vendia produtos tais como a colônia pós-barba Brut ("Espalhe por todo o rosto") e Denim ("Para o homem que não precisa se esforçar muito") e os perfumes Babe e Cavale. Uma outra companhia, McGregor, deteve a marca Fabergé durante algum tempo antes que a Unilever a adquirisse por US$ 1,5 bilhão, em 1989.

Tendo despencado das alturas de um luxo embriagador às profundezas do mercado de massa, a Fabergé estava pronta para ser resgatada. A salvação chegou em 2007, quando a Pallinghurst Resources, um grupo de investimento em mineração com sede em Londres, inesperadamente anunciou que havia comprado a marca Fabergé da Unilever, e que além disso planejava aplicar cerca de US$ 450 milhões no desenvolvimento de uma firma de pedras preciosas e artigos de luxo com a marca Fabergé. "A Pallinghurst se dedica a identificar ativos que não foram devidamente avaliados, passaram a ser malvistos ou foram esquecidos, transformando-os com uma forte e nova visão", disse Sean Gilbertson, um sócio da Pallinghurst. "A aquisição da Fabergé é um bom exemplo de uma marca que foi menosprezada, cujo valor não estava sendo compreendido pelo *staff* da Unilever" (Grupo de Investimento liderado pela Pallinghurst vai ressuscitar a Fabergé", Bloomberg.com, 24 de outubro de 2007).

Os novos proprietários procuraram até os conselhos de Tatiana Fabergé, a bisneta de 77 anos de Carl Fabergé. "Há mais de dez anos que sonho com este momento", disse ela. "A maior ambição da minha vida era restaurar os padrões inigualáveis de *design* e manufatura que caracterizaram os tesouros de meu bisavô."

No momento em que escrevi este livro, a Pallinghurst estava pronta para revelar sua nova coleção de joias Fabergé.

Mas o que aconteceu com os ovos originais incrustados de joias feitos pelo Fornecedor Oficial da Realeza para os Czares? Havia, ao todo, 50 desses legendários ovos. Nove foram comprados em 2004 por um magnata russo da área de energia, da família do finado editor Malcolm Forbes. Dez estão sendo conservados no Kremlin. Cinco estão no Museu de Belas Artes da Virgínia. A rainha Elizabeth possui três deles (e talvez até os fique admirando enquanto come sua torrada com a geleia de laranja Frank Cooper). A maioria dos outros está nas mãos de diversos colecionadores do mundo inteiro. E oito desapareceram completamente.

# 14

# Na terra do champanhe

*"Se o nome Champagne significa algo hoje em dia, é porque fizemos o possível e o impossível para garantir que ele seja respeitado."*

O TREM DESLIZA através do Vale do Marne em uma bela manhã de outono. Olhando a paisagem que passa do outro lado da janela, vejo uma ligeira neblina sobre o solo, pairando sobre campos de terra escura, fértil, bem arada. A silhueta de algumas colinas espraia-se sob uma faixa clara de céu. Aos poucos, os campos se afastam e as colinas se aproximam. E aqui, finalmente, estão as fileiras cerradas de parreiras verde-escuras, marchando pelos morros como exércitos a avançar. Marcadores vermelhos e amarelos delineiam alegremente o território de cada cultivador.

Estamos no final de setembro, época da vindima, de maneira que mais de 100.000 trabalhadores temporários surgiram na região de Champagne para colher uvas. Na estação de Epernay, há um ar festivo, energético. Os passageiros são recebidos com uma mesa de armar cheia de *croissants* e copos plásticos contendo champanhe. Mal tive tempo de provar esse café da manhã improvisado, e já sou cumprimentado calorosamente por Daniel Lorson, diretor de comunicações do CIVC, o *Comité Interprofessionnel du Vin de Champagne*. Entre outras coisas, Daniel está encarregado de zelar pela imagem da marca Champagne no mundo inteiro. Depois de uma curta corrida de carro até a sede imponente de tijolos vermelhos do CIVC, que ostenta orgulhosamente a legenda *La Maison de La Champagne* acima de seu pórtico, nós nos sentamos para falar do vinho espumante que se tornou sinônimo de luxo.

A primeira coisa que Lorson me conta é que poucas casas de champanhe possuem seus próprios vinhedos. Elas são, principalmente, as negociantes. E ele explica: "Como em praticamente todas as regiões vinícolas, há dois grupos distintos. O primeiro é composto pelos *vignerons*, ou os cultivadores, dos quais há cerca de 15.000. Em Champagne, eles possuem 90% dos vinhedos. O segundo grupo, os comerciantes, é conhecido por aqui como o grupo das "casas" e controla dois terços das vendas. As casas constroem e nutrem a imagem do champanhe. Os consumidores da Ásia e dos Estados Unidos falam com você sobre Moët & Chandon, Veuve Clicquot e daí por diante, mas podem não estar cientes de que por trás desses grandes nomes estão terceiros, em sua maioria anônimos, que cultivam esses vinhedos.

Embora o vinho efervescente seja produzido em outras partes do mundo, não resta dúvida de que a região de Champagne é diferente de todas elas. Os vinhedos raramente florescem além das latitudes de 50° norte e 30° sul. As duas capitais da região de Champagne ficam no limite mais setentrional do território de vinhedos, sendo Reims a 49° de latitude norte e Epernay a 49,5° de latitude norte. A temperatura média anual é de 10°C (50°F). Dizem que isso dá aos vinhos de Champagne sua original vivacidade. Outros fatores vantajosos são o calcário da área e seu subsolo de greda calcária que oferecem boa drenagem, e suas colinas suaves expostas à luz solar.

Os *vignerons* originais da região de Champagne não produziam champanhe. Os romanos, provavelmente, foram os primeiros a cultivarem vinhedos nessa região, mas a evolução lenta que levou à fábrica de dinheiro efervescente que conhecemos hoje em dia começou na Idade Média. Naquela época, o Bispo de Reims e as grandes abadias eram donos da maioria dos vinhedos. Eles produziam vinhos brancos e *rosés*, mais tarde conhecidos como *clairets*. Por volta do século XVII, os monges já eram verdadeiros peritos na arte de misturar variedades de uva para criar sabores mais equilibrados, uma prática que um dia seria adotada pelas casas de champanhe.

Como várias grandes invenções, a descoberta que faria a fortuna da região foi feita por acidente. Devido à localização setentrional dos vinhedos, as uvas eram colhidas no final da estação. Quando o mosto (suco das uvas recém-espremidas) era armazenado em barris, começava a fermentar. Esse processo era interrompido durante o frio do inverno, e recomeçava a todo vapor na primavera. Originalmente, a maior parte do gás resultante era filtrado e eliminado dos barris, mas por volta do século XVII os *Champenois* já haviam descoberto o potencial existente neste fenômeno, e começaram a controlá-lo para obter um vinho espumante "acídico" chamado Tocane. O problema foi que as garrafas não eram espessas o suficiente para resistirem à pressão interna e costumavam explodir, formando uma chuva de espuma e vidro antes de saírem da adega.

"Na realidade, foram os ingleses que nos ajudaram a resolver essa situação", diz Lorson, sorrindo. "A sua vidraçaria Pilkington foi uma das primeiras a produzir uma garrafa com paredes grossas o bastante para resistir ao processo de fermentação."

Houve outros motivos pelos quais o século XIX foi uma era crucial para a área de Champagne. A fermentação ainda era um processo difícil, mal compreendido, mas por volta de 1820 os *Champenois* começaram a acrescentar uma pequena quantidade de açúcar cristalizado a cada garrafa para incrementar a segunda fermentação. Os testes mostraram que quatro gramas de açúcar por litro resultavam em uma pressão quase uniforme. Enquanto isso, em 1860, Louis Pasteur revelou os organismos microscópicos, as leveduras, que causavam a fermentação. Depois de mais experiências, isso permitiu que os produtores de champanhe influenciassem o curso da natureza. Hoje em dia cria-se o champanhe através de um processo conhecido como *méthode champenoise*.

Em poucas palavras, ele consiste em fermentar o mosto em tanques para remover o açúcar dele. O líquido básico resultante é depois misturado com vinhos de outras variedades de uva, vinhedos e colheitas. A cada ano, os vinhos básicos com bom potencial de envelhecimento são separados como "vinhos reserva" e depois acrescentados à mistura para agregar equilíbrio e maturidade. Os vinhos reserva podem ser armazenados até 10 anos. Ocasionalmente, eles formam até 40% da mistura final. A arte do fabricante de champanhe consiste nesta mistura e combinação de vinhos para chegar a um sabor e aroma pretendidos.

Quando termina o processo de mistura, o vinho está pronto para ser engarrafado. Antes disso, porém, os produtores acrescentam uma pequena quantidade de levedura e açúcar. Isso provoca uma segunda fermentação do vinho quando ele já está engarrafado. As garrafas são inicialmente armazenadas na posição horizontal para que as leveduras cresçam e se multipliquem em uma área grande, em vez de se sufocarem no fundo, enquanto se alimentam do açúcar, produzindo álcool e gás carbônico. Esse processo leva cerca de seis a oito semanas. Depois que todos os açúcares tiverem sido consumidos, as leveduras morrem, formando sedimentos que são removidos antes do arrolhamento definitivo. A essa altura as garrafas já foram inclinadas para baixo, e o sedimento se acumulou nos gargalos. Removê-lo é uma manobra interessante, mas vamos falar dela depois, após uma visita a algumas adegas subterrâneas.

## UM NOME QUE NÃO SE PODE IGNORAR

O consenso geral quando se escreve sobre champanhe é que a região de Champagne se escreve com uma letra C maiúscula, ao passo que a bebida, não. Aos olhos da maior parte do mundo, o champanhe é um produto genérico, como o uísque ou o vinho. Mas esse não é bem o caso. Champagne é uma marca, altamente protegida e defendida por seus guardiães do CIVC. Em 1993, por exemplo, a organização bloqueou um pedido de Yves Saint Laurent para vender uma fragrância chamada Champagne. O Tribunal de Recursos de Paris decretou que o uso do nome Champagne era "exclusivamente reservado para vinhos originários e produzidos em Champagne". Esse não foi, de modo algum, o primeiro caso desse tipo.

A briga data do final do século XIX, quando uma epidemia de filoxera devastou os vinhedos. Filoxera é um insetinho minúsculo, um pouco parecido com um afídeo, que se alimenta das raízes das vinhas, sufocando a planta. Originários da América do Norte, acreditava-se que esses insetos tinham sido trazidos para a Europa em mudas de vinhas importadas mais resistentes. A epidemia devastou os vinhedos de Champagne. Diante da certeza de estarem arruinados, os vinhateiros e os comerciantes uniram forças e replantaram os vinhedos, restabelecendo a reputação de seus vinhos. Para promover e proteger a herança da região, as casas de champanhe mais importantes começaram a entrar com processos contra produtores que usassem a palavra "Champagne" fraudulentamente.

Daniel Lorson afirma: "Alguns produtores do Loire não só estavam usando a palavra 'Champagne' no rótulo, assim como também os nomes de aldeias de nossa região. Dessa preocupação surgiu a ideia de criar uma 'denominação de origem' especial, declarando que apenas vinhos feitos na área de Champagne poderiam ser vendidos com essa qualificação. Aliás, o sistema de 'denominações de origem', que outras regiões vinícolas adotaram depois, começou em Champagne.

Embora o termo "Champagne" tenha sido proposto como "denominação de origem" em dezembro de 1908, não tinha apoio legal e havia controvérsia sobre as fronteiras da região. Cultivadores do território vizinho de Aube, por exemplo, inicialmente excluído da região, começaram uma pequena revolta em 1911 quando uma safra ruim e a proibição de usar o nome Champagne ameaçaram lhes arrasar o sustento.

A situação se resolveu em 1927, quando a legislação governamental delineou estritamente a região de Champagne. A lei também declarou que apenas as uvas *pinot noir, pinot meunier* e *chardonnay* poderiam ser usadas para se fazer champanhe. O selo de aprovação final veio em 1935, quando o governo criou um comitê para supervisionar e classificar as denominações de origem. Champagne se tornou uma *Appellation d'Origine Contrôlée*[13] (AOC) em 29 de junho de 1936. Mas, como veremos, seus problemas não terminaram aí.

O CIVC exerce três papéis principais. O primeiro é representar os interesses tanto dos cultivadores quanto das casas de champanhe. Por exemplo, o CIVC emite todos os números relativos ao desempenho financeiro do setor de champanhes. Ele também regula as datas das vindimas e monitora a qualidade. Além disso, a organização possui um

[13] Denominação de Origem Controlada. (N.T.)

departamento técnico (com uma equipe de 50 pesquisadores), que usa o produto de seus vinhedos de 13 hectares para fazer experiências com inovações em produção de champanhe. Entre outras coisas, o CIVC estudou o fenômeno das bolhas de champanhe.

Os conhecedores colocam grande ênfase na coreografia das bolhas em uma taça de champanhe. Idealmente, elas devem subir graciosamente até a superfície em uma coluna conhecida como "perlage", que se torna ligeiramente mais ampla a caminho da tona, à medida que as bolhas começam a inchar devido à absorção de oxigênio. O anel de bolhas que se agrupa em torno da beirada da taça, na superfície, se chama "colar". A uniformidade das bolhas e uma certa contenção, oposta ao estouro e efervescência, são os efeitos desejados.

Finalmente, e mais importante para nossos fins, o CIVC é responsável por proteger e nutrir a imagem do champanhe.

"É uma tarefa de relações públicas, certamente... mas também uma missão educativa", diz Lorson. "Nós nos baseamos muito na imprensa para que nos ajude a divulgar a mensagem fundamental de que champanhe só pode vir da região de Champagne."

Para se certificar de que a mensagem se divulgue no mundo inteiro, o CIVC possui 13 escritórios ao redor do mundo. O primeiro foi aberto em 1953, nos Estados Unidos, que é onde a maioria dos "ataques" à marca Champagne acontecem. Na Europa, a denominação de origem Champagne é protegida pelas normas da Comissão Europeia, mas no cenário internacional a denominação é muito mais vulnerável. Certos produtores da Califórnia ainda insistem em rotular seu vinho espumante de "champanhe". O escritório norte-americano do CIVC vem distribuindo propaganda impressa avisando que essa prática "pode ser permitida pela lei, mas não é justa". Num esforço para não soarem pomposos, os anúncios viram a mesa tentando fazer piada. "Salmão do Alasca produzido na Flórida? Queijo Monterey Jack feito no Alasca? Maçãs tipo Washington cultivadas em Nevada? Laranjas da Flórida colhidas no Maine? Camarão do Golfo pescado em Nebraska? Um champanhe que não vem de Champagne? Jamais, em tempo algum!"

Os escritórios mais recentes foram os de Pequim, Moscou e Nova Deli. O CIVC também tem acesso a uma rede de 60 escritórios de advocacia em todo o mundo. "É uma máquina gigantesca", diz Lorson, "porém é crucial para a saúde da economia desta região. Se o nome Champagne significa alguma coisa hoje é porque temos feito o possível e o impossível para garantir que seja respeitado."

## OURO SOB A RUA

Após sair do prédio do CIVC sigo o conselho de Lorson e vou para uma rua larga, que tem uma subida suave, chamada Avenue de Champagne. Antes era conhecida como Faubourg de la Folie, ou a "rua da extravagância". Seu nome mais recente, naturalmente, provém do fato de que é margeada por casas de champanhe famosas: Moët & Chandon, Perrier-Jouët, De Castellane e Mercier, para citar apenas algumas. Os residentes de Epernay lhe contarão que é a rua mais rica da França, que vale mais do que a Champs Elysées, devido às milhares de garrafas de champanhe armazenadas em adegas, vários metros abaixo de sua superfície.

Como sabemos, a igreja produzia a maior parte dos primeiros champanhes, que na época não eram espumantes, e eram transportados em tonéis de madeira. Em 1728, um decreto real permitiu o transporte de champanhe em garrafas para preservar sua efervescência. (Antes dessa época, pensava-se que as garrafas eram recipientes frágeis demais para serem transportados.) Essa mudança aparentemente inócua desencadeou uma revolução na fabricação do champanhe.

O primeiro produtor a entrar no mercado, em 1729, foi um jovem vendedor de roupas e secos e molhados chamado Nicolas Ruinart, o qual inicialmente vendia garrafas de champanhe para seus clientes ricos. Pouco depois ele passou a dirigir sua primeira genuína casa de champanhe com tudo a que tinha direito. Ele certamente possuía os contatos certos, pois seu tio, Dom Thierry Ruinart, tinha sido amigo íntimo de um monge beneditino e célebre cultivador de parreiras chamado Dom Pérignon.

A casa que mais tarde iria se tornar a Moët & Chandon foi fundada pouco tempo depois, em 1743. Hoje em dia, Ruinart, Dom Pérignon e Moët & Chandon são todas propriedades do conglomerado LVMH, entre outras, como Veuve Clicquot, Krug e Mercier.

Como é a líder do mercado, a Moët & Chandon é a primeira casa de champanhe que vou visitar. Seu prédio principal certamente transpira grande riqueza. A casa não é uma mera casa, é uma mansão, um mini palácio de Versalhes com fachada branca, jardins formais, lagos ornamentais e chafarizes borrifantes. A loja de presentes é um acréscimo mais recente. A sede administrativa da marca fica escondida em um edifício comum em uma esquina mais próxima, mas o Hôtel Moët é sua impressionante fachada pública. Paro no saguão com piso de mármore para bater papo com um grupo de visitantes americanos e japoneses, e os sigo numa visita à adega.

As primeiras casas de champanhe têm uma vantagem porque encontraram em Epernay um labirinto de depósitos de greda calcária que tinham sido escavados pelos romanos. Esses depósitos se tornaram adegas ideais. A Moët & Chandon possui 28 quilômetros (ou 18 milhas) de espaço de adega, a grande maioria do qual já estava escavada desde o século XVIII. Segundo nosso guia, esses espaços mal iluminados possuem 80% de umidade e uma temperatura razoavelmente estável de 10°C.

Embora Claude Moët tenha fundado a casa, afirma-se que seu herdeiro Jean-Rémy foi o responsável pela reputação cintilante da marca. Quando soldados cossacos e prussianos estavam ocupados saqueando as adegas em 1814, Jean-Rémy notou que os militares bêbados estavam na verdade lhe fazendo um favor, porque "cantariam os louvores" de seu produto quando voltassem para casa. A Moët estava para se tornar uma marca global. O neto de Jean-Rémy, Victor Moët, e seu cunhado, Pierre-Gabriel Chandon, assumiram a empresa em 1832.

Porém, foi uma figura mais recente e altamente pitoresca que transformou a casa no gigante que é hoje em dia. Ele também exerceu um impacto direto na estrutura da indústria do luxo contemporânea.

O conde Robert-Jean de Vogüé nasceu em 1896 em uma família aristocrática proeminente de Ardèche. Apresentou-se como voluntário para lutar na Primeira Guerra Mundial, quando estava com 20 anos, voltando com uma Croix de Guerre. Uniu-se à Moët & Chandon em 1930, e mostrou ser bom em *marketing*. Por exemplo, embora o nome Dom Pérignon estivesse há muito associado à produção de champanhe, pois o monge tinha sido um dos primeiros a mesclar com sucesso variedades diferentes de uva, a marca não existia no mercado até 1936, quando Vogüé a lançou. A ideia surgiu de um vinho de edição limitada que tinha sido até então apenas consumido em família. Esta *cuvée* (safra) logo se tornou mais venerada do que as anteriores.

A carreira de Vogüé foi interrompida pela II Guerra Mundial, durante a qual ele uma vez mais voltou coberto de glória, lutando na resistência, e ganhando, devido a suas aventuras, o apelido de "Marquês Vermelho". Ele foi preso pela Gestapo em 1943 e mandado para um campo de trabalhos forçados onde ficou até que os britânicos o libertaram um ano e pouco depois. Ele voltou à Moët & Chandon e à presidência da empresa. Na década de 1950, ele transformou a casa de champanhe de empresa familiar em grande empresa de capital aberto, emitindo ações que passaram a ser negociadas no mercado. Com os lucros, ele conseguiu comprar casas rivais como a Ruinart e a Mercier.

Mas Vogüé tinha planos mais visionários para a Moët & Chandon. Devido à legislação de 1927 que tinha limitado a produção de champanhe a uma área estritamente definida, ele sentiu que a demanda logo ia ultrapassar a oferta, e que a Moët devia se preparar para sua receita futura expandindo-se para outras áreas da indústria do luxo. Em 1970 ele comprou uma parceria na empresa de perfumaria Christian Dior. Ele também começou a realizar negociações para uma fusão com a produtora de conhaque Hennessy & Co, que deu origem a Moët-Hennessy em 1971. Em vez de desprezar os Estados Unidos, como se esperava que um produtor de vinhos franceses fizesse, ele lançou a vinícola Domaine Chandon na Califórnia, em 1973. Vogüé morreu cerca de dois anos depois, deixando a empresa nas mãos de seu protegido Alain Chevalier. Em 1987, o estágio final da transformação se completou: a fusão da Moët-Hennessy com a Louis Vuitton, formando a sigla LVMH.

O construtor e financista Bernard Arnault inicialmente entrou como investidor, mas rapidamente se viu envolvido em uma batalha para o controle da empresa, entre ele mesmo, Chevalier e Henry Racamier, o distinto presidente da Louis Vuitton ("Uma batalha pelo luxo até o fim", *The New York Times*, 17 de dezembro de 1989). Arnault saiu vencedor. Desde então, vem elevando o grupo a alturas imensas, mas os alicerces foram lançados por Robert-Jean de Vogüé da Moët & Chandon.

Enquanto nosso grupo passa pelos meandros das adegas dessa venerável casa de champanhe francesa, nossa guia procura sustentar uma impressão de luxo artesanal. Ela nos conta que a Moët & Chandon possui 1.000 hectares de vinhedos, o que a torna a maior proprietária de terras da região, e que também compra uvas de outros viticultores. Ela pede desculpas por "não ter permissão da casa para falar sobre produção". Aliás, como tem uma fatia de 20% do mercado, a LVMH é obrigada a produzir champanhe em escala quase industrial: até 37 milhões de garrafas por ano, segundo o jornal francês L'Humanité ("Bulles Financières", 20 de fevereiro de 2009), com vendas anuais entre 25 e 30 milhões de garrafas. Enquanto isso, o *website* oficial da Union des Maisons de Champagne revela que a casa teve um faturamento 901 milhões de euros em 2008 (www.maisons-champagne.com).

Tendo tudo isso em mente, é difícil acreditar na imagem que a guia quer nos passar, dos funcionários conhecidos como *remueurs*, que giram cada garrafa cuidadosamente à mão, para deslocar os sedimentos provenientes das leveduras. Depois aprendo que na maioria das casas de champanhe essa tarefa é realizada por uma máquina chamada *gyropalette*, que trabalha 24 horas por dia, durante os sete dias da semana.

A resposta da Moët & Chandon às insinuações de que ela se rendeu ao luxo de massa continua sendo a Dom Pérignon. A maior parte do champanhe é feita não com misturas de uvas de diferentes variedades e lugares, mas de uvas de vindimas diferentes. Porém, as casas também lançam champanhes colecionáveis de "safra", feitos das uvas de uma única vindima. Todos os champanhes da Dom Pérignon são de safra (o termo francês é *millésimé*), e cada garrafa fica envelhecendo na adega durante oito anos. Essa qualidade tem um preço. A publicação francesa especializada em negócios *Challenges* revela que cada garrafa de Dom Pérignon representa uma margem de lucro de 50% para seu fabricante ("LVMH fait mousser ses champagnes"[14], 3 de março de 2009). Como uma das fontes anônimas da revista explicou, o custo de produção de um Dom Pérignon não é muito maior do que o de produção de um Moët. A diferença é que uma garrafa sai mais ou menos por 150 euros, e a outra por 30 euros.

[14] LVMH faz seus champanhes espumarem. (N.T.)

# REIS, CZARES E ASTROS DO *RAP*

O segundo dos polos da região de Champagne, Reims, que se pronuncia como *rãs*, com uma ligeira inflexão gutural, está por trás da associação das bebidas com os festejos do mercado de luxo. O primeiro rei da França, Clóvis, foi batizado neste lugar, e se tornou tradição coroar os reis da França na catedral desta cidade. Essas ocasiões eram inevitavelmente acompanhadas por alegres festejos, a maioria dos quais incluía a ingestão do vinho local.

Hoje em dia, Reims é uma cidade calma e agradável com bulevares amplos, margeados por árvores. Um dos passageiros que saiu do trem comigo foi um rapaz com mala Louis Vuitton e um enorme cão preto bem peludo com uma coleira que combinava com a mala. Somando o visitante ilustre com o bulevar majestoso, concluí que Reims era uma cidade opulenta. Eu estava errado. A taxa de desemprego em Reims é bastante alta, e há uma distância social imensa entre as famílias sortudas que gerenciam as casas de champanhe e todas as outras pessoas.

O segundo horário marcado na minha agenda é na Louis Roederer. Comparada à Moët & Chandon, esta é uma casa pequena, que vende em torno de três milhões de garrafas borbulhantes por ano. No entanto, ela faz um dos champanhes mais famosos do mundo: o Cristal.

A sede da Louis Roederer é uma mansão do século XIX. Equilibro-me precariamente em uma cadeira Luís XVI em um saguão decorado com vasos de samambaias e tapeçarias antes de subir, agradecido, para conhecer a relações públicas da casa, Martine Lorson. Sim, este nome parece familiar: Martine é casada com Daniel Lorson, do CIVC. Champanhe é uma indústria onde tudo fica em família.

É possível argumentar que as casas de champanhe vêm tendo bem mais sucesso no *marketing* que os produtores de vinho "convencionais". Isso pode se dever ao fato de que as casas de champanhe são comerciantes, ao passo que os *chateaux* de Bordeaux, por exemplo, ficam no meio de seus próprios vinhedos. "Originalmente, esta região era famosa por seus produtos têxteis", explica Martine, enquanto me leva a uma sala com as paredes cobertas de retratos de família. "Mas quando se tornou evidente que os vinhos espumantes estavam para se transformar em uma indústria lucrativa, algumas famílias que trabalhavam no ramo têxtil se tornaram comerciantes de champanhe.

Talvez essa objetividade tenha lhes dado uma vantagem. As casas de champanhe são sofisticadas e urbanas, situadas em centros urbanos, acima das adegas onde seu produto precioso fica estocado entre 15 meses e três anos, em média. Os vinhos da Louis Roederer permanecem na adega durante cinco anos. De certa forma, esta é uma casa de champanhe à moda antiga – independente, e propriedade familiar.

Louis Roederer herdou a casa de seu tio, um certo Nicolas Schreider, em 1833. Por volta de 1868, Louis estava vendendo 2,5 milhões de garrafas por ano, principalmente para russos que tinham, como Jean-Remy Moët havia previsto 50 anos antes, desenvolvido uma sede implacável por essa bebida. De todos os familiares que seguiram Louis, o mais notável foi Camille Olry-Roederer, que se tornou diretora da casa em 1932 depois da morte do seu marido, Léon. Esta mulher determinada e enérgica administrou a Louis Roederer durante mais de 40 anos. "Quando ela assumiu a casa, o negócio estava um pouco decadente", conta Martine. "As vendas haviam caído após uma sucessão de desastres: a Revolução Russa, que arruinou seu maior mercado, a epidemia de filoxera, a economia global em depressão... vale dizer que se não fosse por Camille, a casa teria ido por água abaixo. Seu marido era consideravelmente mais velho do que ela, portanto, quando ela assumiu a administração da casa, ainda contava trinta e poucos anos de idade. Ela era dinâmica e persuasiva.

Camille não tinha medo de exercer seus encantos carismáticos, dando festas extravagantes para as quais convidava as pessoas de uma classe social abastada. Elas aumentavam a reputação da casa e do seu champanhe. (Há uma tradição de fortes líderes femininas em Champagne. Madame Clicquot assumiu o negócio da família em 1805, quando tinha apenas 27 anos. Em meados do século XIX, Louise Pommery transformou o vinhedo relativamente pequeno do marido falecido em uma das melhores casas de champanhe. Mathilde Emile Laurent-Perrier administrou a empresa durante 38 anos, a partir de 1900. E Lily Bollinger foi contemporânea de Camille, administrando sua casa durante toda a II Guerra Mundial e recebendo a Ordem do Mérito francesa do governo em 1976.)

O neto de Camille, Jean-Claude Rouzaud, chefiou a Louis Roederer até 2006. Um modernizador, ele aventurou-se em território inimigo abrindo a vinícola Anderson Valley, na Califórnia, em 1987. No ano seguinte, ele supervisionou o lançamento de um champanhe americano chamado Roederer Estate (comercializado com o nome de Quartet na Europa). Desde essa época ele entregou a liderança da empresa ao seu filho Frédéric.

O nome de Frédéric Rouzaud costuma ser evocado nos círculos de *marketing* juntamente com o do champanhe Cristal, o *cuvée* da Louis Roederer, o preferido dos astros do *rap* americanos. O champanhe Cristal originalmente foi criado para os czares russos sob encomenda de Alexandre II em 1876. Mais doce que os champanhes convencionais, vinha em uma garrafa de fundo chato, de cristal transparente incolor (necessário, segundo a lenda, porque Alexandre temia que as garrafas verdes convencionais pudessem disfarçar a presença de veneno ou bombas). Enquanto a revolução russa punha fim ao mercado de nicho extremamente pequeno da Cristal, Camille Olry-Roederer ressuscitou a marca em 1945 como um *cuvée prestige* que desempenharia um papel semelhante ao da Dom Pérignon na Moët & Chandon. Mais tarde a Cristal se tornou conhecida por sua capa de celofane tingida de dourado, feita para proteger o vinho de danos causados pela luz.

Não está inteiramente claro o motivo pelo qual os *rappers* adotaram o Cristal em vez de outras marcas de champanhe. Alguns insinuaram que o nome evocativo pode ser facilmente incluído em uma letra de música. Alguns dizem que o rótulo dourado e a embalagem distintiva é que atraíram a atenção dos cantores de *rap*. Segundo um artigo, acredita-se que o *rapper* Biggie Smalls (Notorious BIG) tenha sido o primeiro a mencionar o Cristal. Ele começou cantando os louvores do Moët & Chandon, depois passou para "Cristal forever" na canção "Brooklyn's Finest", no álbum de Jay-Z *Reasonable Doubt*. As referências ao Cristal começaram a surgir nas letras de Lil' Kim, Snoop Dog, P Diddy, Jay-Z e 50-Cent ("Vem que tem *bling* – *rappers* dão credibilidade à Cristal e Hennessy", *San Francisco Chronicle*, 16 de dezembro de 2004).

Essa tendência deve ter sido vista como ouro puro na Louis Roederer, expondo o Cristal a um público jovem, inteiramente novo, sem a necessidade de gastos com *marketing*. Mas na Velha Europa, nem todos tinham certeza de que a marca ia resistir a sua associação com o universo ostensivo do *rap*. As uvas foram jogadas no ventilador quando Frédéric Rouzaud, recém-indicado como diretor administrativo da Roederer, reagiu a uma pergunta feita por um jornalista da *Intelligent Life*, uma revista de estilo de vida publicada pela *The Economist*. "Frédéric Rouzaud... diz que a Roederer tem observado sua associação com o *rap* com 'curiosidade e serenidade'. Mas ele não parece inteiramente sereno. Depois que lhe perguntaram se a associação entre o Cristal e o estilo de vida *bling* poderia prejudicar sua marca, ele respondeu: 'Boa pergunta, mas o que podemos fazer? Não podemos proibir as pessoas de comprarem o nosso champanhe. E depois, tenho certeza de que a Dom Pérignon ou a Krug ficariam maravilhadas de poder contar com a preferência deles.'" ("Bolhas e *bling*", *Intelligent Life*, verão de 2006.)

O fato de que o comentário apareceu sob o subtítulo "Atenção indesejada", piorou a gafe diplomática. A notícia rapidamente chegou aos ouvidos da comunidade *rap*, que jurou boicotar o Cristal. Hoje em dia, Martine Lorson admite que a declaração foi uma mancada. "A meu ver, foi um mal-entendido: não devemos esquecer que o Monsieur Rouzaud não estava falando sua língua nativa. Mas admito que, embora não fosse nossa intenção ofender ninguém, os cantores e compositores de *rap* não são nossos clientes tradicionais. Durante o curto período de controvérsia depois disso, recebemos muitas ligações e cartas nos apoiando. Até um certo ponto, esse deslize meramente serviu para devolver ao Cristal sua posição de costume no mercado."

Ela acrescenta que a Roederer não vendeu "nenhuma garrafa adicional de champanhe sequer" devido ao fenômeno do *rap*: o vinho é produzido em quantidades tão limitadas que aumentar a produção para satisfazer a demanda não era recomendável. Quando os *rappers* e seus fãs abandonaram a marca, outros compradores preencheram esse vácuo.

Como muitas marcas de luxo, a Louis Roederer nem pensa em envolver-se com algo tão mesquinho como o "marketing". Porém, a empresa desenvolve certas técnicas de comunicação que parecem se classificar nessa categoria. Elas são de responsabilidade do vice-presidente executivo Michael Janneau.

"Admito que consideramos a palavra *marketing* meio obscena", diz ele, com um bom humor inesperado. "Sem dúvida, você está pensando que há uma certa esnobação nesse posicionamento. Mas na verdade é uma posição bastante lógica nossa. Se você considerar que o objetivo do *marketing* no sentido clássico é vender mais produtos seus e portanto conquistar uma parcela maior do mercado, isso não está de acordo com nossas metas. Aliás, fazemos exatamente o contrário. Produzimos um número limitado de garrafas e decidimos a quem vamos oferecê-las. Estamos praticando uma política de inacessibilidade, que é a essência do luxo. Aliás, o verdadeiro desafio para nós, e eis onde um elemento do *marketing* entra, é controlar com a precisão de um joalheiro onde e em que circunstâncias nossa marca aparece."

Quando Janneau chegou à casa, em 1998, ele descobriu que ela era quase "alérgica à propaganda". Entretanto, a empresa conseguiu dar um ou dois golpes publicitários, principalmente em 1992, quando patrocinou uma busca pelo avião desaparecido do escritor e piloto francês Antoine de Saint-Exupéry. Conhecido como "Saint-Ex", o reverenciado autor de *Vento, Areia e Estrelas* e *O Pequeno Príncipe* desapareceu em seu P-38 Lightning ao largo do litoral da Córsega, em 1944. (A busca, patrocinada pela Roederer, não teve sucesso, mas descobriram-se os destroços do avião em águas próximas de Nice alguns anos depois). A casa de champanhe também havia patrocinado a restauração de uma estátua da Imperatriz Sabina, esposa de Adriano, no Louvre.

Patrocínio continua sendo a estratégia preponderante da Roederer. "Criar anúncios impressos e comprar espaço em revistas não faz muito sentido para uma marca como a Roederer", observa Janneau. "O leitor já se satura ao ver seis ou sete páginas de anúncios de marcas pertencentes à LVMH."

Janneau encontrou uma oportunidade muito melhor em 2003. Através de amizades mútuas ele foi apresentado a Thierry Grillet, diretor cultural da Biblioteca Nacional da França. Este vasto arquivo de quase tudo que já foi publicado na França (ou, pelo menos desde 1368, quando foi fundada como a biblioteca real de Carlos V) é também um museu, com duas sedes em Paris. Grillet disse a Janneau que a biblioteca possuía mais de cinco milhões de fotos, que estavam naquele momento guardadas em um porão sob o edifício da biblioteca na rua Richelieu, logo depois do Louvre. "E a biblioteca não tinha um tostão para pagar por uma exibição dessas fotos", diz Janneau. "Depois disso, rapidamente decidimos nos tornar patrocinadores da coleção de fotos da Blibliothèque Nationale. Nossa primeira iniciativa foi financiar a instalação de uma galeria no próprio coração do prédio da rue de Richelieu."

Graças a essa ideia brilhante, a marca Louis Roederer foi associada a uma série de exposições de fotos amplamente comentadas e a nomes como Eugene Atget, Sophie Calle, Robert Capa, Stéphane Couturier, Mario Giacomelli e Sebastião Salgado. "Pessoalmente, sinto-me profundamente satisfeito com essa parceria. Acho que é importante para uma marca de luxo contribuir para o bem da sociedade. Assim a gente pode se olhar no espelho com mais tranquilidade."

Ao mesmo tempo, a Roederer atualizou seu *website* para enfatizar seu envolvimento com a cultura e as artes (www.louis-roederer.com). Cada nova exposição é acompanhada por uma prévia interativa *online*. A marca ainda não rejeitou completamente a publicidade tradicional. "Nós fazemos propaganda discretamente", afirma Janneau. Mas não há muita dúvida de que colheu benefícios de uma abordagem bem mais inovadora: colocar-se na interseção entre a arte e a internet.

Antes de sair da sede da marca, levam-me para fazer uma breve visita a suas adegas. Elas parecem naturalmente menores e mais claustrofóbicas do que as da Moët & Chandon. Nelas, é mais fácil acreditar que os *remueurs* giram cada garrafa a mão. Eles também voltam periodicamente para colocar as garrafas num ângulo diferente nas prateleiras. Como mencionei antes, durante o período de fermentação os gargalos das garrafas são gradativamente inclinados para baixo, para que os resquícios de leveduras mortas se depositem logo abaixo da rolha. Na área de arrolhamento e rotulação, descubro por quê.

Essa pergunta ficou me perseguindo desde a primeira visita que fiz a uma adega: como se remove o sedimento da garrafa sem perder nenhum champanhe? Agora recebo a resposta. O gargalo da garrafa é rapidamente congelado. A rolha é removida e a pressão empurra para fora o bloco de gelo com o sedimento totalmente contido em seu interior. Esse processo é conhecido como "disgorgement". A pequena quantidade de champanhe perdida nesse sistema é substituída por uma dose do mesmo tipo de vinho, misturada com uma pitada de açúcar de cana. Alternativamente, alguns produtores preferem acrescentar um licor feito de uma seleção pessoal de vinhos reserva para dar um aroma mais complexo ao champanhe resultante.

Depois de ser novamente fechada, a garrafa de Louis Roederer é devolvida à adega para um período de "teste". Ela passará mais seis meses no escuro antes de finalmente ter a oportunidade de brilhar na mesa de um restaurante luxuoso.

## A EXPLOSÃO DE CHAMPAGNE

Há uma grande contradição no coração da terra do champanhe. Embora muitas casas de champanhe se baseiem na escassez do produto para atrair clientes, elas também não param. Se a demanda não puder ser satisfeita, ou os preços subirem de altos para astronômicos, os clientes irão procurar outros produtos, como os vinhos espumantes dos Estados Unidos, por exemplo. E a verdade pura e simples é que não há champanhe suficiente para atender a demanda. O território inteiro da região de Champagne AOC, conforme a determinação da legislação de 1927, se encontra coberto de vinhedos. A produção está no seu nível máximo. Porém, novos clientes, da China, da Rússia e da Índia desenvolveram uma preferência pela bebida.

Diante deste dilema, os vinhateiros e as casas de champanhe tomaram uma decisão radical: revisar as fronteiras oficiais do território de Champagne. Um pedido do sindicato dos vinhateiros (Syndicat Général des Vignerons) ao INAO (Instituto Nacional da Origem e da Qualidade, que faz parte do Ministério da Agricultura) foi atendido em 2008. Os primeiros terrenos novos devem ser autorizados em 2015.

Esse, como o leitor bem pode imaginar, é um processo delicado. A região existente compreende 33.000 hectares e 319 aldeias (ou *communes*). A revisão poderia significar o acréscimo de mais 40 aldeias.

Para as aldeias incluídas, há muito em jogo. Daniel Lorson da CIVC calcula que um hectare de terra para o plantio de vinhedos dentro da região oficial de Champagne vale 1 milhão de euros. "Normalmente, um hectare de terras para plantio vale entre 5.000 e 7.000 euros. Imagine que você é um fazendeiro com um terreno que vale 5.000 euros", diz ele. "Então, de uma hora para outra, você descobre que seu terreno fica dentro da zona de denominação da marca Champagne. Tirou a sorte grande!"

Mas Lorson enfatiza que "não se escolherá qualquer terreno": "O processo, naturalmente, está sendo realizado cientificamente. Formou-se um comitê de peritos independentes de campos distintos, como geografia, geologia, engenharia agrícola e história. Há até mesmo um sociólogo botânico, que era um termo que eu nunca tinha visto antes. Eles estudam os relacionamentos entre tipos diferentes de plantas e como elas interagem com o meio ambiente. Esse comitê está analisando a região inteira, quase microscopicamente, para determinar quais as terras que devem ser selecionadas. No fim desta primeira fase, eles já determinaram que 40 aldeias são prováveis candidatas."

O relatório inicial atraiu mais de 2.000 comentários e protestos de proprietários de terras e comunas desde que foi divulgado. A segunda fase de seis anos, que começou em 2009, envolve a escolha da localização precisa dos terrenos que devem receber as vinhas. "Imagine o trabalho que isso representa, principalmente quando se leva em consideração todos os fatores sutis que contribuem para a produção de um grande vinho: solo, subsolo, exposição ao sol, microclima... e, finalmente, há o aspecto histórico. Queremos escolher terras que sejam parte da herança da região de Champagne. O comitê quer reter uma certa coerência e homogeneidade durante o processo."

O objetivo é incentivar a produção de champanhe o suficiente apenas para satisfazer a demanda crescente, mas não demais, porque isso desestabilizaria o mercado e o néctar dourado seria transformado em artigo de consumo. E fazer ajustes no território existente, bem como expandi-lo, deve salvaguardar a qualidade do champanhe. Mas há alguns que estão protestando. Alguns vinhateiros não estão querendo uma redução da sua fatia de mercado. E certas casas de champanhe simplesmente teriam preferido esperar calmamente que os preços subissem até seus vinhos ficarem acessíveis apenas para os ricaços. Finalmente, porém, a região decidiu que queria continuar com seus 12 a 15% da parcela do mercado de vinho espumante do planeta.

Entrementes, a ironia é que a economia em crise significou redução do ritmo das vendas. Lorson, porém, tem certeza de que o champanhe sobreviverá com sua mística intacta. "Esta região já passou por coisas piores. E, além disso, qual é o melhor remédio quando estamos deprimidos? Ao primeiro sinal de alguma comemoração, um aniversário, um casamento ou bodas, escutaremos garrafas de champanhe espocando outra vez."

# 15

# Vinhos do paraíso

*"É como comparar uma pederneira com pedregulho."*

PARA ALGUMAS PESSOAS, o vinho não é um mero prazer civilizado; é uma paixão, até mesmo uma obsessão. Por exemplo, o homem sentado diante de mim no bar do Hotel Crillon. Com um rosto descontraído, bronzeado e algumas mechas de cabelos prateados salpicadas na cabeça, François Audouze parece uma pessoa comum, talvez um executivo bem-sucedido. Ele está até bebendo um copo de água mineral. Nada nele levaria alguém a suspeitar que, num local secreto, em algum ponto perto de Paris, ele possui uma adega estocada com milhares dos mais raros e valiosos vinhos do mundo. E sua missão na vida é beber alguns deles, preferivelmente em boa companhia. Várias vezes ao ano, Audouze convida amigos, conhecedores, colecionadores e os meramente curiosos a compartilharem de um lauto jantar. E, para a ocasião, ele seleciona dez ou mais garrafas de vinhos da sua adega.

"Eu era executivo da indústria siderúrgica, o que, digamos de passagem, nada tem a ver com gastronomia", diz ele. "Mas como executivo, tive a sorte de poder ir a excelentes restaurantes e beber ótimos vinhos. Quando eu era relativamente jovem, com uns 30 e poucos anos, desenvolvi o gosto pelos vinhos antigos. O vinho que mudou minha vida foi um Château Climens 1923, um Sauternes. Quando provei esse vinho, fiquei desorientado. Ele era diferente de todos os outros vinhos que eu tinha provado antes. Eu sabia que a essência da enologia, ou sua alma, como você preferir, estava ali na minha frente. E decidi explorar mais esse mundo mágico. Como eu tinha dinheiro para isso, constituí uma adega considerável.

Para ser exato, Audouze possui mais de 40.000 garrafas de vinho, das quais 10.000 têm mais de 50 anos de idade. Fiquei pasmo diante desse número. Compro CDs regularmente, conto a ele, mas ainda não consegui chegar aos 35.000. "Quando alguém sente paixão por alguma coisa, quando sente vontade de explorar, simplesmente continua comprando" ele explica. "Compro uma garrafa de vinho praticamente todos os dias. Escolhi uma agora mesmo, exatamente antes de vir encontrar-me com você."

A um certo ponto, ele percebeu que havia colecionado muito mais garrafas do que jamais seria capaz de beber durante sua vida inteira. Portanto, por que não compartilhar esse prazer? "Decidi organizar jantares nos quais eu pudesse beber esses vinhos com outras pessoas. Mais do que isso, minha meta era oferecer o mais alto nível em matéria de gastronomia: os pratos perfeitos com vinhos perfeitos. Considero um jantar semelhante a uma sinfonia, com uma abertura, um drama e um final grandioso. O vinho desempenha um papel crucial."

Audouze contrata chefes de cozinha de destaque para garantir que os sabores sejam perfeitamente coreografados. Cada jantar é oferecido em um restaurante que tenha no mínimo duas estrelas do guia Michelin. Audouze convida nove pessoas, que entram com 1.000 euros cada, para poderem comparecer. É possível solicitar um convite através do site www.wine-dinners.com. Na época em que eu estava escrevendo este livro, ele já havia organizado 120 jantares, cada um deles diferente do outro. "É importante enfatizar que qualquer um pode comparecer a um desses jantares, tenha uma enorme experiência em degustação de vinhos ou não. Obviamente, funciona um pouco como a música: quanto mais se escuta, mas a pessoa se torna sintonizada com o papel sutil desempenhado por cada instrumento. Mas durante o jantar, explico exatamente por que cada um dos vinhos foi escolhido, portanto a pessoa não precisa ser perita para entender."

As garrafas abertas no jantar têm em média 50 anos de idade. Algumas são bem mais recentes, outras bem mais antigas: uma era um Muscat des Canaries de 1828. ("Pode imaginar?" diz ele. "Um vinho literalmente de outra era!")

Audouze não torce o nariz para vinhos mais novos, longe disso, mas insiste que eles jamais terão a complexidade de um vinho de tempos antigos. "É como comparar uma tapeçaria Aubusson do século XVIII com um tapete moderno tecido à mão. O moderno pode ser lindo, até mesmo excepcional, mas não pode se comparar a uma tapeçaria do século XVIII. Não tem toda aquela plenitude, aquela integridade, nem as mesmas cores, que não se podem recriar hoje em dia. Esse é o caso dos vinhos antigos: a paleta de aromas e sabores é infinitamente mais complexa. É como comparar uma pederneira com um pedregulho."

Ele tem, segundo pôde me contar, degustado vinhos do paraíso: um Romanée-Conti de 1929, um Mouton Rothschild de 1945, um Cheval Blanc de 1947, um Margaux de 1900, até um Yquem de 1861. Enquanto os vinhos raros são colecionados e vendidos como qualquer mercadoria valiosa, Audouze compra todas as suas garrafas com o objetivo de um dia abri-las. "Isso não significa que uma garrafa ou um rótulo não podem ser belos. E, aliás, guardo minhas garrafas como lembrança. Mas não sinto vergonha de admitir que o que me interessa mais nelas é o seu conteúdo."

Alguns dos vinhos da adega de Audouze valem dezenas de milhares de dólares, e é esse o motivo pelo qual ele nunca revela sua localização. Para dar uma ideia, uma única garrafa do magnífico Romanée-Conti 1945 pode ser vendida por mais de 30 mil dólares em um leilão. Passando do sublime ao burlesco, um Château Lafite Bordeaux de 1787 que supostamente tinha sido propriedade de Thomas Jefferson foi vendido num leilão da Christie's por 156 mil dólares, em 1985. Desde então, se tornou objeto de um livro chamado *O Vinho Mais Caro da História* (2008), um título que revela uma parte do enredo. Audouze não foi o comprador nem o vendedor dessa garrafa específica, mas isso me inspira a perguntar-lhe como ele pode ter certeza de que está obtendo um vinho legítimo. Qual a frequência com que se vendem vinhos falsificados?

"Esse assunto dá pano para mangas", responde Audouze. "Obviamente é preciso confiar na nossa experiência para evitar cair em armadilhas, mas pode-se dizer que ninguém é completamente confiável."

Um artigo do jornal francês *Le Figaro*, no fim de 2008, estimou que no mercado de vinhos de safra falsificados circulavam mais ou menos 200 milhões de dólares anuais. ("La traque aux bouteilles falsifiées", 3 de novembro de 2008). Marc-Antoine Jamet, presidente do sindicato de fabricantes (estabelecido em 1872 para proteger as empresas francesas de violações do código de propriedade industrial e intelectual), revelou ao jornal francês que os falsificadores costumavam obter garrafas vazias com os rótulos originais e enchê-las com seu próprio vinho de baixa qualidade. Se isso não fosse possível, não havia problema, os rótulos poderiam ser falsificados. As grandes vindimas de Bordeaux, Borgonha e Champagne são as principais vítimas de falsificação, ao passo que se estabeleceu uma ligação entre os traficantes e a máfia italiana. Inevitavelmente, a China também foi investigada; Jamet declarou ao *Figaro* que os vinhos estavam sendo falsificados lá "em escala industrial." Um truque comum é roubar uma garrafa vazia de vinho de safra da cozinha de um hotel ou restaurante finos e depois tornar a enchê-la, para vendê-la a um colecionador.

Talvez por esse motivo, os colecionadores de vinho tendem a não chamar muito a atenção do público. Audouze acha isso uma pena, porque o vinho é um prazer altamente compartilhável. Um dos destaques do ano dele é uma reunião com um colecionador dos Estados Unidos, durante a qual cada um deles abre uma garrafa de um dos vinhos de safra mais famosos de suas coleções. Presumivelmente, brinco eu, esses vinhos são franceses, não americanos, certo?

"Há uma teoria segundo a qual os vinhos americanos que datam de antes de 1970 não podem mais ser bebidos, mas isso simplesmente não é verdade", garante Audouze. "Há muito poucos, mas existem. Há também alguns excelentes vinhos italianos. Mas a França tem, sem sombra de dúvida, a maior tradição vinícola do mundo inteiro."

E isso me faz sentir vontade de fazer outra pergunta. Muitos dos vinhos que mencionei acima são nomes conhecidos: Mouton Rothschild, Château Margaux, Château d'Yquem... mesmo se não soubermos muito sobre vinhos, eles nos são familiares. Mas certamente os *châteaux* empoeirados da França negam a própria existência do "marketing", não negam?

## O *BRANDING* DAS SAFRAS

O mercado de vinho francês está em crise. Embora o país seja praticamente fundido em nossas imaginações com a arte da enologia, e nomes como Borgonha e Bordeaux sejam, em si mesmos, marcas, ele vem perdendo uma fatia do mercado global ao longo dos anos. Desde 2001, um relatório escrito para o Ministério da Agricultura francês pelo consultor Jacques Berthomeau alertou que os vinhos do "Novo Mundo", ou seja, dos Estados Unidos, da Austrália e da Argentina, haviam conquistado 20% do mercado mundial, em duas décadas. Eles tinham "ganhado terreno através de um *marketing* muito bem aplicado, produção em grande escala e preços competitivos". ("Indústria do vinho francesa perde fatia do mercado global para os produtores do Novo Mundo", *Food and Drink Weekly*, 20 de agosto de 2001.)

A França é agora o terceiro maior exportador em volume de vinhos, depois da Itália e da Espanha, segundo estatísticas de abril de 2009 divulgadas pela Organização Internacional dos Vinhedos e do Vinho (OIV). E o consumo de vinho francês na França está caindo, pois os consumidores mais jovens estão preferindo os refrigerantes, a água mineral ou (*Quel horreur!*) vinhos do Novo Mundo. Isto se atribui a muitos fatores, desde a qualidade variável dos vinhos franceses até a confusão causada por seus rótulos, que comunicam os nomes de *châteaux* e regiões em vez de variedades de uva, tornando difícil para os consumidores determinarem exatamente o que estão comprando. Muitos clientes britânicos abandonaram os vinhos franceses faz tempo, preferindo os australianos, com seus rótulos claros, modernos e ocasionalmente bem-humorados, ao passo que os americanos podem comprar os esplêndidos vinhos de Napa Valley.

A posição estremecida da França no mercado global deu início a várias tendências, algumas das quais alarmantes. Houve relatos de "terroristas do vinho" franceses, expressando seu apoio aos vinhateiros nacionais através de ataques a caminhões cheios de vinhos importados. Menos dramática porém de maior alcance é a insinuação de que alguns vinhos franceses estão se tornando "parkerizados". Esta acusação baseia-se no poder exercido pelo crítico de vinhos americano Robert M. Parker, e seu influente periódico *The Wine Advocate.* Neste periódico, Parker classifica vinhos segundo um sistema de 100 pontos. Uma boa classificação Parker pode ter um impacto positivo no preço e nas vendas de um vinho. Os críticos de Parker, principalmente Jonathan Nossiter, produtor do documentário *Mondovino* de 2005, alega que essa influência fez alguns fabricantes de vinhos deliberadamente ajustarem suas técnicas de produção para poderem atender a seu gosto por vinhos encorpados com sabor frutado. Mas Parker nega isso, dizendo que não faz sentido. "Não se pode simplificar o meu gosto e dizer que 'Parker gosta de vinhos encorpados', porque simplesmente não é verdade", disse ele ao *New York Times*, acrescentando que aqueles que deduziram isso não haviam lido seu livro direito. Mais adiante, no mesmo artigo, ele afirmou: "Acho que a diversidade dos vinhos atuais é maior do que em qualquer outra época." ("Decantando Robert Parker", 22 de março de 2006.)

"Parkerizados" ou não, os vinhos franceses vêm tentando recobrar seu perfil aristocrático. Em 2006, o CIVB (Conselho Interprofissional de Vinhos de Bordeaux), que representa os vinhateiros, os produtores e os comerciantes, promoveu uma campanha na imprensa criada pela agência de propaganda M&C Saatchi. Os anúncios, publicados em jornais e revistas que circulam na alta-roda, usaram a associação entre Bordeaux e grandes *châteaux*. Por exemplo, uma imagem de um homem e uma mulher flertando um com o outro com taças de vinho diante de si, acompanhada pelo seguinte *slogan*: "Se a moça recusar a bebida, ofereça-lhe um *château* [castelo]."

Como sempre, os franceses estão apostando na imagem prestigiosa de seu produto. Na realidade, a Organização Internacional dos Vinhedos e do Vinho confirma que a França ainda é o maior exportador de vinhos em termos de valor, mesmo com a diminuição dos volumes de exportação, o que parece confirmar que ela é ainda uma produtora bem-sucedida de vinhos caros. Para um grande número de conhecedores, os vinhos franceses perderam um pouco do seu encanto. Quando lhe pedem para citar o nome dos maiores vinhos de luxo, Evelyne Resnick, uma consultora de *marketing* especializada em enologia e autora do livro *Wine Brands*, sem hesitar vai mencionando o Château Haut-Brion, Romanée-Conti e Château Palmer entre suas primeiras opções (e confessa também incluir rótulos do Napa Valley: Opus One e Dominus).

As marcas de vinhos franceses legendárias vêm apreciando o que se descreve no livro de Resnick como "crescimento orgânico", o que significa que a sua própria idade contribui para seu *status*. Mas se investigarmos mais a fundo, vamos encontrar um *marketing* bem bolado. Tomemos o Château Haut-Brion, por exemplo. O vinho deve sua notoriedade aos ingleses, ou melhor, a uma interpretação francesa do mercado inglês do século XVII.

Em 1666, François-Auguste de Pontac abriu uma taverna em Londres chamada "L'Enseigne de Pontac", exclusivamente para promover o *clairet* de sua família. O vinho era fabricado em Bordeaux, na ancestral propriedade de Haut-Brion ("na colina"). Essa mansão já estava na família desde 1525, quando Jean de Pontac, numa manobra astuta, casou-se com Jeanne de Bellon, filha de um poderoso proprietário de terras local.

Porém, o membro mais influente da família Pontac era Arnaud de Pontac, proprietário do Château Haut-Brion de 1649 até sua morte em 1681. Juntamente com o poder conferido por sua riqueza, ele era presidente do primeiro "Parlamento" de Bordeaux. Sua palavra, literalmente, era lei. O mais importante, porém, é que ele era um genial fabricante de vinhos.

Segundo um perfil da propriedade em *Wine News*, "foi apenas quando a mansão passou para as mãos de Arnaud que a qualidade de seu vinho melhorou drasticamente. Ele introduziu a prática de passagem periódica do vinho de um tonel para outro (trasfegar), separando o vinho jovem da borra inicial grosseira para evitar que a bebida se estragasse; Arnaud também esteve entre os primeiros que perceberam que 'completar' frequentemente o tonel para compensar a evaporação fazia com que o vinho melhorasse em vez de oxidar-se. Essas técnicas, inovadoras para sua época, permitiram que a verdadeira grandeza do vinhedo se revelasse no vinho." ("Haut-Brion: o primeiro vinho *cult* do mundo", abril/maio de 2001.)

Pontac conhecia muito bem o mercado de vinhos tintos em Londres, onde esse tipo de vinho era conhecido apenas como *clairet*. E era comprado assim, sem grande preocupação com sua origem. Mas o vinho de Pontac era de uma qualidade tão obviamente superior que os clientes das tavernas e cafés de Londres começaram a pedi-lo usando uma aproximação do seu nome: "Ho Bryen". O jornalista Samuel Pepys comentou no dia 10 de abril de 1663 que havia bebido "uma espécie de vinho francês chamado Ho Bryen que tinha um sabor muito bom e bastante peculiar que jamais havia provado antes." (*Oxford Companion to Wine*, 3ª Edição, 2006). Este evento supostamente ocorreu na Taverna Royal Oak, da qual a família Pontac era sócia.

Logo depois, a família abriu sua própria taverna em Londres, dirigida pelo filho de Arnaud, François-Auguste. Além de vender o estimado vinho, François-Auguste contratou um cozinheiro muito talentoso para preparar refeições mais elaboradas do que aquelas que em geral se servem nesses estabelecimentos, criando efetivamente o primeiro restaurante fino de Londres. O vinho era vendido a preços mais altos do que os dos concorrentes, mas era um acompanhamento perfeito para os pratos sofisticados e o ambiente amistoso da taverna. E foi assim que a Haut-Brion logrou estabelecer-se como marca de luxo.

A família perdeu a propriedade de Haut-Brion durante a Revolução Francesa, depois que o imóvel passou brevemente pelas mãos de Talleyrand, o diplomata astuto que tinha trabalhado tanto com Louis XVI como com Napoleão. Uma sucessão de donos se seguiu ao longo dos séculos, um dos mais notáveis sendo Jean-Eugène Larrieu, que comprou a propriedade num leilão. A família Larrieu continuou sendo proprietária do imóvel até 1923.

A era moderna começou no dia 13 de maio de 1935, quando um banqueiro americano chamado Clarence Dillon comprou a mansão. A maioria dos relatos defende a versão segundo a qual o sucesso posterior não se deveu a Dillon, mas sim a seu sobrinho Seymour Weller – que foi nomeado presidente do que era agora uma empresa –, e a seu diretor, Georges Delmas. A empresa que eles administravam, a Domaine Clarence Dillon, ainda é dona da casa. Seu presidente honorário é a Senhora Duquesa de Mouchy (ex-Joan Dillon, neta de Clarence), e o presidente é seu filho, o Príncipe Robert de Luxemburgo, sendo o diretor Jean-Philippe Delmas, neto de Georges.

Conhecida por vários avanços tecnológicos dentro da comunidade vinícola (por exemplo, a introdução dos tonéis de fermentação de aço inox e pesquisas sobre seleção clonal, que envolve o uso de mudas das vinhas que tiveram "melhor desempenho"), a Haut-Brion é famosa também por seu *marketing* bem implementado. Para começar, o vinho vem em uma garrafa bem diferente de todas as outras, com espáduas inclinadas e um medalhão com o nome do vinho engastado em alto-relevo, no vidro da garrafa, logo abaixo do gargalo. Este modelo de garrafa foi introduzido em 1958. Como Evelyne Resnick comenta, "nenhum vinho precisa menos de uma garrafa original do que o Haut-Brion, classificado como *Premier Cru* em 1855, e desde então servido em todas as mesas de famílias reais e presidentes ao redor de todo o mundo". Sem mencionar as mesas de meros mortais, que queiram parecer presidenciais e pretendam telegrafar seu *status* a todos os outros comensais do restaurante através dessa garrafa.

## O REINADO DO "*TERROIR*"

O Haut-Brion também parece ter entendido a importância de um nome cativante para os consumidores de outros países. Durante anos, o seu "segundo" vinho teve o nome de Château Bahans Haut-Brion, por causa do terreno no qual as uvas estavam plantadas. "Difícil de pronunciar, até para os franceses", observa Evelyne Resnick, secamente. Em 2009, para comemorar o 75º aniversário da primeira visita de Clarence Dillon ao *château*, o nome do vinho foi mudado para "Clarence", e também apareceria no medalhão em alto-relevo. A decisão se deveu a uma das estratégias clássicas de *marketing* do luxo, que é aproveitar o legado de alguém para contar uma história atraente ao cliente em potencial.

A Haut-Brion não foi a primeira, entre as vinícolas titãs de Bordeaux, a lançar uma nova marca. Em 1998, o Château Palmer revelou o Alter Ego. O vinho pode ser bebido mais cedo que seu irmão mais velho e está posicionado como "espontâneo e desinibido", o que parece ser uma estratégia destinada a atrair consumidores mais jovens.

A casa Château Palmer atrai um fã-clube de pessoas praticamente viciadas nessa marca. Mas isso não se deve inteiramente à qualidade indiscutível de seu vinho. A propriedade, adquirida em 1813 da família Gascq por Charles Palmer, um major-general do exército britânico, também usou uma estratégia digital para gerar lealdade dos consumidores.

Evelyne Resnick observa que o Château Palmer "entrou na internet muito tarde. O primeiro *site* deles foi lançado em 2001, quando a maioria dos *châteaux* da área de Bordeaux já estava trabalhando nas suas segundas ou terceiras versões". Isto, porém, permitiu que o *château* aprendesse com seus vizinhos. Um dos desafios enfrentados pela marca foi o fato de que, como muitos outros em Bordeaux, ela vendia seu vinho através de corretores, o que significava que a casa raramente entrava em contato com os clientes. O *website* ajudou a resolver esse problema. Para obter acesso ao teor completo do *site* os visitantes precisavam registrar-se em um "clube" do Château Palmer. Em troca de dados valiosos, recebiam vários privilégios, o melhor dos quais sendo um convite para passar o dia nos vinhedos durante a vindima. Embora colher uvas não seja trabalho fácil, os visitantes adoravam a experiência e o acesso exclusivo à propriedade vinícola. O *site* da Château Palmer ainda está no coração de sua estratégia de comunicações. Altamente interativo, inclui um *blog* com textos, áudio e vídeo.

É desnecessário dizer que alguns conhecedores consideram desanimador o fato de as realidades comerciais forçarem até mesmo as maiores vinícolas a recorrerem a técnicas de *marketing* e *branding*. Quando se usa *branding* para promover um vinho, isso sabota o ideal reverenciado do *terroir*, a terra onde os vinhedos crescem e que dá ao vinho seu caráter distintivo. A implicação é que os clientes que confiam apenas no nome de uma marca para identificar um vinho são pessoas sem instrução que não saberiam distinguir (para usar a metáfora de Audouze), uma pederneira de um pedregulho.

Citando Micheal Havens, fundador da Havens Wine Cellars na Califórnia, Evelyne Resnick sugere que há duas técnicas de *marketing* distintas nas empresas vinícolas: uma para marcas novas e uma para marcas de luxo. As marcas novas concentram-se em "*marketing* sintético", que enfatiza o conceito, o rótulo e o preço de venda, e só depois leva em consideração o vinho em si. O "*marketing* orgânico", por outro lado, concentra-se, antes de mais nada, no vinho e na região.

Se os enólogos esnobes – perdão, os *connaisseurs*, – insistem que o vinho deve ser categorizado por local de origem em vez de nome do produtor, como foi que os vinicultores da Califórnia foram capazes de gerar alguma respeitabilidade durante a "nova onda" da década de 1970? Embora já existissem vinhos na Califórnia desde o século XVIII, a proibição da venda de bebidas alcoólicas praticamente destruiu essa indústria; e, na década de 1960, essa região ficou associada a vinhos adocicados e sem graça. O renascimento da indústria que começou no fim daquela década deve-se, principalmente, ao conhecimento e aos instintos de *marketing* de um certo Robert Mondavi.

Mondavi, que morreu em 2008 aos 94 anos de idade, nasceu em 1913, em uma família de imigrantes italianos de Hibbing, Minnesota. Alguns anos depois de seu nascimento, seu pai decidiu se tornar vinicultor e a família mudou-se para a Califórnia. Quando Robert se formou pela Universidade de Stanford, em 1943, persuadiu seu pai a comprar a Vinícola Charles Krug no Napa Valley. Robert trabalhou na empresa da família com seu irmão Peter até 1966, quando uma diferença de opinião inconciliável, sobre técnicas de fabricação de vinhos, o levou a pedir demissão e começar sua própria vinícola, aos 52 anos de idade. Mondavi foi influenciado por suas várias viagens à Europa, onde tinha "começado a pesquisar o significado da palavra *terroir*, a noção francesa de como o solo e o clima afetam as parreiras e moldam o caráter de um vinho". ("Robert Mondavi falece aos 94 anos", *Wine Spectator*, 16 de maio de 2008.)

Mondavi tinha um dom para inspirar os outros. Incentivava as pessoas a virem à sua vinícola para passeios pela propriedade, degustação de vinhos, mostras de arte e concertos. Ele e sua esposa Margrit promoviam cursos de culinária com grandes chefes, tais como Julia Child e Paul Bocuse, que faziam experiências com diferentes combinações de pratos e vinhos. Conforme comenta a *Wine Spectator*, "em vez de limitar os vinhos aos jantares finos, Mondavi defendia a ideia de torná-los parte da vida diária e de um estilo de vida saudável". Seu amigo e relações públicas Harvey Posert declarou à revista: "Os programas – degustações comparativas, seminários sobre vindima, grandes chefes de cozinha, concertos de verão – tinham o objetivo de explicar os valores positivos do vinho ao público e à indústria que ele servia."

Mondavi também compreendia e apreciava a importância da tradição vinícola europeia. Em 1979, ele uniu forças com o Barão Philippe de Rothschild, do Château Mouton-Rothschild em Bordeaux, para criar o Opus One. O vinho resultante, que nasceu do casamento entre as tradições enológicas francesa e californiana, "chamou a atenção dos vinicultores e dos executivos de todo o mundo. O desejo do Barão de Rothschild de estabelecer uma sociedade com Mondavi validou a qualidade do vinho californiano e trouxe uma nova era de investimento estrangeiro para a Califórnia. Por volta da década de 1980, dezenas de empresas internacionais já haviam comprado terras ou comprado ou construído vinícolas naquele estado americano." A mitologia em torno da fabricação de vinhos franceses ajudou os vinhos da Califórnia a conquistarem o respeito merecido.

Uma nota de rodapé esquisita nas aventuras de Mondavi ocorreu em 1976, durante o chamado "julgamento de Paris", um evento de degustação de vinhos organizado em Paris pelo comerciante de vinhos britânico Paul Spurrier. Os jurados franceses receberam o desafio de provar vinhos *chardonnay* e *carbernet sauvignon* da França e da Califórnia, de olhos vendados. Durante esse evento, os vinhos da Califórnia receberam melhor classificação em todas as categorias. Entre os vinhos franceses na mesa estavam um Haut-Brion 1970, um Mouton Rothschild 1970, e um Puligny-Montrachet Les Pucelles 1973 da Domaine Leflaive. Mas um Château Montelena Chardonnay de 1973, produzido em Napa Valley, foi o vinho branco melhor colocado, ao passo que o melhor entre os tintos foi um Cabernet Sauvignon 1973 da vinícola Stag's Leap Wine Cellars, também de Napa.

Portanto, foi no dia 24 de maio de 1976 que a reputação dos vinhos franceses começou a sofrer um lento declínio. Pelo menos até certo ponto. No 30º aniversário do evento, um artigo na revista virtual *Slate* comentou que, embora os franceses tivessem sido "atropelados pela concorrência agressiva" de outros mercados, "os produtores franceses de mais alta qualidade"... "em parte graças ao Julgamento de Paris..." "reconheceram depressa que o Novo Mundo era capaz de produzir vinhos excelentes e trabalharam com afinco para melhorar seus produtos..." "Os bons vinhos franceses nunca estiveram melhores." Mesmo assim, já se foram os tempos em que, nas palavras de um vinicultor da Borgonha, "acreditava-se que não é preciso fazer propaganda do seu vinho, que a reputação da França é suficiente." ("O julgamento de Paris", 24 de maio de 2006.)

Hoje em dia, as fronteiras do Novo Mundo estão se expandindo e o *savoir faire* francês está desempenhando uma vez mais um papel importante nessa expansão. Em março de 2009, a Domaines Baron de Rothschild, dona da Château Lafite, anunciou um plano para produzir vinhos na China. Em parceria com a empresa de investimentos estatal chinesa CITC, a vinícola francesa havia selecionado um terreno de 25 hectares na península de Shangdong, perto da cidade de Penglai. A Domaines acrescentou que nessa região já se produzia um tipo de vinho conhecido como "Bordeaux da China", pois ela se situa aproximadamente na mesma latitude do território francês.

Da mesma forma que muitas marcas de luxo, a Domaines Baron de Rothschild parece nutrir uma preferência pelos mercados emergentes.

# 16

# *Chef* estrelado

*"Em um restaurante, tudo é especial – nada é trivial."*

Se a gente considerar luxo o fato de se ter bons serviços e produtos que foram elevados aos níveis mais altos de qualidade e refinamento, então, comer em um restaurante fino é um dos maiores luxos de todos. Existem muitos motivos para se escolher um determinado restaurante: o local, a decoração, o serviço, a lista de vinhos – cheguei até a ouvir dois homens de negócio franceses debatendo sobre a qualidade do pão que seria servido no almoço em seu destino potencial – porém, no fim das contas, nós concentramos nosso julgamento mesmo é na comida. Pode ser que da primeira vez venhamos por causa do ambiente ou para conhecer a decoração moderna, mas a comida é o motivo pelo qual voltaremos.

Também pode ser que voltemos por causa do chefe de cozinha. A maioria de nós sabe cozinhar, mas nem todos nós sabemos cozinhar bem. Muito poucos poderiam transformar ingredientes básicos na espécie de mágica culinária que faz com que os clientes fechem os olhos e murmurem de prazer quando provam a comida. Aqueles que conseguem combinar esta habilidade com uma personalidade carismática, com um jeito especial para *marketing* e uma capacidade de detectar todos os elementos que compõem um grande restaurante são recompensados com uma posição de destaque na nossa sociedade: tornam-se *chefs* famosos.

Podem passar pela nossa cabeça renomados chefes de cozinha britânicos como Marco Pierre White e Gordon Ramsey – com seus temperamentos fortes, tipo "arrasa funcionários" – ou o mais racional Heston Blumenthal, cuja abordagem científica no restaurante Fat Duck, em Berkshire, detentor de três estrelas Michelin, frequentemente faz com que o comparem com Ferràn Adria do El Bulli. O restaurante de Adria na Costa Brava é considerado o melhor do mundo, embora seja tão difícil se conseguir uma mesa lá que poucos conhecidos nossos podem confirmar ou negar essa afirmação. Nos Estados Unidos há Thomas Keller, do Per Se, em Nova York, e o The French Laundry, na Califórnia – embora Jean-Georges Vongerichten possa ter mais direito a um *status* de marca global. Na França, os restaurantes de Pierre Gagnaire e Joël Robuchon regularmente recebem elogios até dos críticos mais severos.

Quando comecei a fazer pesquisas para escrever este capítulo, contudo, o nome que me passou pela mente foi o de Alain Ducasse. E não foi pelo fato de eu ter recentemente estado em sua casa em Mônaco. Com a sua empresa epônima, seus 25 restaurantes no mundo inteiro (como proprietário ou consultor), suas nove estrelas Michelin e seus mais de mil empregados, Ducasse é uma marca de luxo global. Aliás, na introdução do livreto institucional da empresa, o presidente e cofundador Laurent Plantier compara o Grupo Alain Ducasse à Ferrari e à Louis Vuitton. E Ducasse, o que pensa disso tudo? Como foi que o homem se transformou em grife?

## UMA MARCA CHAMADA ALAIN DUCASSE

"Vamos primeiro esclarecer uma coisa", responde Alain Ducasse."Eu não tenho nem teorias de *marketing* nem lições para dar sobre como constituir uma marca. Só posso relembrar minha carreira de 35 anos e, retrospectivamente, tentar compreender como as coisas aconteceram. E, até mesmo naquele tempo, era preciso ser prudente: com 25 anos de idade eu ainda não tinha um plano definido que me capacitasse a progredir de forma coerente. Existem certos momentos de sorte, desejos e encontros que aos poucos vão orientando a gente, para seguirmos a direção certa."

Vamos falar um pouco da formação dele. Alain Ducasse nasceu no dia 13 de setembro de 1956 numa fazenda na região de Landes, que fica abaixo de Bordeaux, no sudoeste da França. Essa é a região legendária da Gasconha, também conhecida como Aquitânia. Os gascões têm a reputação de serem muito apegados a sua terra e muitos corajosos: d'Artagnan era da Gasconha, assim como Cyrano de Bergerac. É uma área onde há ondas do Atlântico se quebrando na praia, vastas florestas de pinheiros, onde se produzem o armanhaque e o *foie gras*. Ducasse se encaixa muito bem nessa bucólica cena: "Seu avô era carpinteiro, seu pai, fazendeiro", informa o livreto institucional. "O fato de ter crescido nesse ambiente rústico, cercado de galinhas e patos, influenciou o seu gosto desde a mais tenra idade."

Aparentemente, Ducasse não queria criar aves, nem plantar verduras – ele queria cozinhá-las. Começou seu aprendizado aos 16 anos, num restaurante chamado Pavillon Landais, em Soustons, não muito longe de casa. Depois, estudou na École Hôtelière de Bordeaux. Seu emprego seguinte foi com Michel Guérard, o inventor da *nouvelle cuisine*, que havia se mudado com sua mulher para Eugénie-les-Bains, em Landes. Logo depois, Ducasse se encontrou em território menos familiar, perto de Cannes, onde trabalhou no Le Moulin de Mougins, sob a orientação de Roger Vergé. "Se a lição aprendida com Guérard foi remover o ranço dos velhos hábitos culinários, Vergé iniciou o jovem *chef* na tradição da culinária provençal através de uma maneira saudável, natural e autêntica de cozinhar."

Porém, Ducasse acha que seu mentor seguinte, Alain Chapel, foi o que teve maior influência sobre seu estilo de cozinhar. Quando ele chegou ao restaurante de Chapel, La Mère Charles em Mionnay, perto de Lyon, em 1978, o restaurante já era detentor orgulhoso de três estrelas Michelin há cinco anos. Ducasse diz que tudo aquilo que ele havia aprendido desde criança começou a fazer sentido quando conheceu a forma de cozinhar de Chapel. Ducasse aprendeu que cozinhar não era somente misturar sabores e aromas, mas sim realçar habilmente cada um deles, para criar uma paisagem sensorial.

Quando Ducasse saiu do restaurante de Chapel, cerca de dois anos depois, já estava pronto para dirigir um restaurante. Com apenas 25 anos de idade, assumiu o La Terrasse, no Hotel Juana, em Juan-Les-Pins. E em 1982, recebeu suas primeiras duas estrelas do guia Michelin. Essa promissora carreira quase teve fim em 1984, quando Ducasse e quatro amigos viajaram num Learjet de Courchevel para Saint Tropez. O jato caiu e ele foi o único sobrevivente. Após várias cirurgias, Ducasse voltou, com um temperamento sutilmente diferente: mais forte e rigoroso. Durante todos aqueles meses em que havia ficado de cama, sem poder cozinhar, Ducasse tinha aprendido a imaginar pratos, desenhando-os e refinando-os, bem antes de instruir outras pessoas a fazê-los. Sua habilidade para ensinar, administrar e delegar é hoje seu ponto mais forte.

Em 1987, totalmente recuperado, Ducasse aceitou a posição de chefe de cozinha no Le Louis XV, o restaurante do Hotel de Paris, em Mônaco. Ducasse apostou com o Príncipe Ranier III que ganharia, dentro de quatro anos, três estrelas do guia Michelin para o restaurante. E conseguiu, com um ano de vantagem, em 1990, quando, aliás, completou 33 anos, tornando-se o chefe de cozinha francês mais jovem a obter o *status* de três estrelas. Seguiram-se mais sucessos em outros restaurantes, inclusive o Bastide des Moustiers, na Provença, o Plaza Athenée, em Paris, e o Beige, em Tóquio. E em 1998, também em Paris, Ducasse abriu a primeira filial do Spoon Food & Wine. Esta realização pioneira permitia aos clientes montar seus próprios pratos, a partir de listas de sugestões, inclusive de uma lista de vinhos estrangeiros.

Na França – onde a tradicional imagem do *chef*, com aquele chapéu branco alto, permanece praticamente imutável – Ducasse estabeleceu uma reputação de modernizador. Ele certamente não era contra a transformação do seu nome em marca de luxo. Aliás, foi exatamente isso que aconteceu, depois de um encontro casual em um bar, onde formou uma parceria com Laurent Plantier, gênio financeiro formado no MIT. O Groupe Alain Ducasse formou-se para expandir-se em mercados internacionais e diversificar-se em setores que vão além da *haute cuisine*. Além de seus diversos restaurantes, o grupo agora tem uma cadeia de hotéis – Châteaux & Hôtels de France – uma editora de livros de culinária, um departamento de treinamento e um serviço de consultoria. O chefe de cozinha Ducasse se interessa por tantas coisas que idealizou até mesmo refeições para voos espaciais tripulados; algumas delas foram servidas na Estação Internacional Espacial, em 2006.

Embora Ducasse seja um hábil homem de negócios, não se considera um perito em *marketing*. "Quando os empresários encaram o *branding* de maneira irresponsável, como uma mera estratégia de *marketing*, isso será o princípio do fim. Transformar o próprio nome numa marca significa um compromisso genuíno e pessoal."

O *marketing* pode acrescentar um toque de *glamour*, sugere ele, mas os *chefs* geralmente obtêm destaque porque são extraordinariamente bons em seu trabalho. "Há uma verdade fundamental na culinária, como em qualquer outro negócio artesanal: não dá para enganar o cliente. Num determinado momento, você serve a comida e o cliente a prova. Ou a magia funciona ou não, ou seja, você proporciona ao cliente um momento de felicidade ou não. Não importa o que aconteça, nunca se deve perder de vista essa verdade essencial."

A honestidade é um tema forte no discurso de Ducasse, bem como a importância de ser fiel à sua visão, permanecendo, ao mesmo tempo, lúcido e flexível. "Quando cheguei no Louis XV, em Mônaco, em 1987, eu era um defensor da cozinha mediterrânea. Esse era o estilo de cozinhar que me inspirava e, portanto, foi o que desenvolvi. Houve alguns comentários negativos, porque minha abordagem estava longe de corresponder às normas de gastronomia vigentes naquele tempo. Contudo, finquei pé, e agora posso dizer que estava certo."

Quase dez anos mais tarde, quando chegou a Paris, os críticos presumiram que ele continuaria a cozinhar no estilo mediterrâneo. "Mas claro que não! Não sou cego: Paris não é Mônaco, as culturas culinárias não são as mesmas, e os clientes têm expectativas diferentes. Portanto, inventei coisa muito diferente. E sigo essa mesma abordagem 'adaptati va' em cada restaurante que abro."

De fato, diz Ducasse, se ele tem algum estilo, este é *"la differénce"*: "Quando crio um novo restaurante, tudo começa com o local. Quando eu era jovem, durante algum tempo, pensei em me tornar arquiteto. Sou muito sensível aos locais, aos prédios, ao contexto ambiental e ao comportamento que eles sugerem. Passo bastante tempo assimilando o espírito do lugar, tentando entender sua história. Quer se esteja em Paris, Londres, Tóquio, Osaka ou Nova York, cada cidade tem uma personalidade diferente. Abri o Adour em Nova York para os novaiorquinos e, quando levei a ideia para Washington, adaptei-a ao clima específico daquela cidade. Portanto, começo estudando o lugar e depois crio a culinária que combina com ele."

Pergunto se é ele que escolhe o lugar, ou se é o lugar que o escolhe, e ele responde: "Mais do que o lugar, é todo o contexto cultural. Veja, por exemplo, o Le Comptoir de Benoit, em Osaka. Aquela cidade tem um clima muito específico, diferente do de outras cidades japonesas. Em Osaka, comer é um ato de prazer que toma uma grande variedade de formas diferentes, desde a simplicidade do *udon*[15] até à delicadeza do *takoyaki*.[16] Os cidadãos de Osaka também têm à sua disposição uma paleta infinita de estabelecimentos diferentes, desde o rústico *kappo*[17], até o refinado *ryotei*. A qualidade dos produtos, a longa tradição culinária e a paixão pela comida o colocam num lugar à parte. Dentro desse contexto, não havia como simplesmente copiar o Benoit de Paris, que é um clássico restaurante francês. Daí, e com muito trabalho, harmonizamos as duas culturas. Le Comptoir de Benoit é o resultado desse trabalho: ele oferece aos clientes de Osaka os elementos exóticos de um restaurante francês, ao mesmo tempo em que presta homenagem aos ingredientes locais e à cultura. Até mesmo o *design* de interiores era japonês."

Este desejo de se adaptar, observa Ducasse, evita que as pessoas o classifiquem como alguém que só tem um estilo. Dito isso, Ducasse admite que há temas recorrentes em sua culinária. "Mais do que um estilo, tenho certas convicções, certos princípios, aos quais me apego. O primeiro é o mais essencial: a qualidade dos ingredientes. A natureza nos fornece produtos que já são excelentes. A habilidade de um cozinheiro consiste em permanecer modesto e não tentar depreciar a natureza. Não gosto de técnicas astutas que colocam a virtuosidade acima do sabor. Os sabores devem permanecer perfeitamente discerníveis – sem ingredientes demais e sem muito tempero."

O comentário irônico de Ducasse sobre culinária pretensiosamente fina no começo do livreto institucional de sua empresa diz o seguinte: "Um linguado feito sem talento é melhor do que um gênio sem lingua-

[15] Macarrão. (N.T.)

[16] Espécie de croquete de polvo. (N.T.)

[17] Nos restaurantes tipo *kappo* os fregueses sentam-se ao balcão onde o *chef* prepara a refeição de acordo com o gosto de cada um; os do tipo *ryotei* são verdadeiros clubes de luxo, com música e dança, onde requintados pratos são servidos por gueixas. (N.T.)

do". Além do mais, cada *chef* é um produto de seus predecessores. "A culinária é uma história de encontros – com os grandes *chefs* do passado, com os nossos próprios mentores. Não se pode cozinhar hoje em dia como se nada tivesse acontecido nos dois últimos séculos. Entretanto, ao mesmo tempo, essa é uma história que é escrita no presente e na primeira pessoa. Todos seguem seus próprios caminhos, experimentam seus próprios encontros. É uma combinação de criatividade e conhecimento compartilhados."

Compartilhar é uma das delícias desse trabalho. "A refeição é um momento maravilhoso: todos os sentidos estão envolvidos. Acima de tudo, é um momento compartilhado. Além disso, existem mais de um milhão de modos de se criar prazer, porque cada pessoa é diferente. Os gostos não são exatamente os mesmos: um cozinha o peixe no vapor, outro o grelha; em outros lugares, comem-no cru ou marinado. As nuances do paladar são infinitas – elas refletem a diversidade do mundo, e me fascinam."

Pergunto se os clientes dele se tornaram mais sofisticados e exigentes desde o começo de sua carreira. Estará ele sendo mais pressionado a criar, a inovar? "Inquestionavelmente, comer bem se tornou um prazer mais democrático. [O antigo presidente da Cartier] Alain-Dominique Perrin tem uma frase interessante: "o luxo antes era comum na vida dos extraordinários; agora, é o extraordinário na vida dos comuns". Há um interesse crescente pelas aulas de culinária, o que é um paradoxo, porque sabemos que as pessoas estão cozinhando cada vez menos na sua vida diária. Esse fenômeno, porém, demonstra que o interesse pela culinária aumentou e essencialmente se modificou. A culinária se tornou um passatempo para mais pessoas. A publicação de inúmeros guias de restaurantes e a multiplicação de artigos e programas de tevê sobre cozinha refletem essa mesma tendência."

E, como em qualquer outro setor de luxo, o fenômeno se globalizou. "Há duas gerações anteriores, a *haute cuisine* era muito europeia e, porque não dizer, um tanto francesa. Hoje em dia, encontram-se entusiastas em todo o mundo. Ao mesmo tempo, estão surgindo talentos em todos os países e, acima de tudo, as tradições culinárias locais estão evoluindo e se misturando. Consequentemente, a culinária está se tornando multicultural. Estamos atendendo clientes que têm várias abordagens e pontos de referência."

Enquanto restaurantes como o El Bulli e o The Fat Duck obtiveram manchetes e aprovações entusiásticas com sua abordagem científica da culinária, Ducasse adveio de uma tradição mais clássica. Por outro lado, seu *website* é bem apresentado, acessível e altamente atualizado. Será que ele valoriza a tecnologia? Ele diz: "Gosto tanto de tecnologia que tento fazê-la desaparecer. O melhor carro é aquele que nunca força a gente a abrir o capô. Em meu trabalho, a tecnologia tem duas facetas muito diferentes. A primeira diz respeito ao serviço, e a segunda ao modo como fazemos nosso trabalho. Naturalmente, desenvolvemos ferramentas extremamente sofisticadas de administração, reserva de mesas, recursos humanos etc. Mas também valorizamos a tecnologia que nos ajuda na cozinha. Tais ferramentas nos permitem ser mais precisos, para obter exatamente as temperaturas certas de cozimento através do controle dos níveis de umidade, por exemplo. Essas ferramentas também nos tornam capazes de inovar em termos de sabores: refiro-me ao cozimento lento, a temperaturas extremamente baixas, que fazem com que possamos concentrar os sabores de forma admirável.

Inevitavelmente, estou ansioso para ouvir qual é a definição de luxo desse *chef*. O que separa um restaurante extraordinário de um comum? E como Ducasse conseguiu reproduzir essa fórmula aparentemente com tanta facilidade? "É a obsessão com o detalhe. Num restaurante, é preciso controlar um número imenso de detalhes. Esse é o desafio: tudo é absolutamente importante. Na cozinha, naturalmente, a contagem do tempo e os temperos são fundamentais. No salão de refeições, a colocação das mesas e a decoração são essenciais. Nada é trivial ou sem importância; se os legumes não estiverem perfeitamente descascados e os talheres, pratos, copos e guardanapos não estiverem impecáveis, um chefe de cozinha pode ter todo o talento do mundo, que a refeição não terá qualidade."

O serviço, portanto, é fundamental: "Durante a refeição, os elementos mais difíceis de se controlar são os intangíveis. O detalhe, neste caso, está nos sorrisos naturais dos funcionários, nos seus gestos, nas palavras cuidadosamente medidas, no conselho certo na hora de escolher o vinho. Essas são as preocupações dos homens e mulheres que se dedicam ao seu trabalho e sabem exatamente o que é um serviço perfeito. É o aspecto mais vulnerável do que fazemos, e o mais difícil de dar certo. É, essencialmente, uma apresentação ao vivo: não há uma segunda chance de tornar a filmar uma cena mal representada. Temos que nos apresentar perfeitamente, todos os dias, para cada cliente."

Não é de surpreender que Ducasse raramente esteja convencido de que a apresentação mereça ser aplaudida de pé. "Afinal, o luxo é uma perfeição pela qual nos esforçamos cada dia, sem nunca ficarmos inteiramente satisfeitos."

# 17

# Bem-estar

*"Refúgios para os sentidos."*

No filme *Alfie*, do ano de 1966, o personagem mulherengo da classe trabalhadora interpretado por Michael Caine se preocupa com duas coisas apenas: sua saúde e sua paz de espírito. "Sem isso, não temos nada", observa ele, parecendo surpreso com sua própria percepção. Em algum momento, a saúde e a paz de espírito se combinaram e deram origem ao conceito de "bem-estar". Felizmente, há muitos lugares no mundo inteiro onde se pode procurar esta difícil condição física e mental. Se Alfie quisesse conquistar mulheres ricas hoje em dia, sem sombra de dúvida acabaria passando por um balneário.

As termas sempre estiveram por aí – certamente desde antes de François Blanc ter ouvido falar de Hamburgo ou Mônaco. Quando eu era menino, no West Country da Inglaterra, um dos lugares que minha família visitava regularmente nos passeios de carro dos fins de semana era a cidade de Bath, em Somerset. Claro que a cidade ganhou esse nome por causa de suas termas naturais – as únicas da Grã-Bretanha, sempre nos informavam – embora os romanos a tivessem chamado de *Aquae Sulis*. A cidade que construíram ao redor da fonte era, essencialmente, um gigantesco complexo balneário. Eu me equilibrava nas lajes desencontradas, entre as ruínas do Great Bath, espiando através dos vapores fantasmagóricos e olhando aquela água esverdeada e turva, sem conseguir imaginar como uma pessoa podia sequer molhar a ponta do pé naquela nojeira.

Não muito distante, a água quente que alimentava os banhos espirrava constantemente de um buraco escuro rodeado de musgo numa parede. Ali, na sua fonte, ela ainda era cristalina e pura. Porém, um forte odor de enxofre indicava sua longa jornada subterrânea. Diziam-nos que essa mesma água tinha originalmente caído nas Montanhas Mendip, há 80.000 anos atrás, penetrando na direção do manto terrestre e ressurgindo através de uma fenda no calcário carbonífero, a uma temperatura constante de 46,5°C – mais de um milhão de litros de líquido ejetado das profundezas, todos os dias. Não é de surpreender que os celtas e os romanos descobrissem que as águas daquela fonte tinham poderes curativos. Dizia-se que elas curavam doenças reumáticas e musculares, dermatites e problemas respiratórios, e também promoviam relaxamento, e, naturalmente, bem-estar.

Os romanos não foram a última civilização a explorar o poder das águas termais. No século XVIII, o balneário de Bath se tornou uma atração turística da moda, um verdadeiro Monte Carlo inglês. *The Strangers' Assistant and Guide to Bath*, publicado em 1773, assim reza: "As águas termais, suas diversas qualidades e impregnações, as doenças para as quais são benéficas e alguns cuidados com respeito ao seu uso... e também um resumo das diversões que lá se encontram". Entre estas últimas, incluía-se um programa completo de bailes e danças, bem como diversos bares que serviam águas minerais. O maior de todos, o The Pump Rooms, próximo ao Great Bath, ainda pode ser visitado. O guia menciona que as águas oferecem alívio para a gota, desordens do intestino, cólicas da vesícula, icterícia e para algo que causava horror: "a decadência da carne... geralmente conhecida como *atrofia nervosa*". Não é preciso ser médico para reconhecer todas essas doenças como aflições dos ricos, ociosos e superalimentados, o que explica a atração que Bath exercia sobre esses nômades de luxo georgianos.

A cidade continuou a se gabar das qualidades saudáveis dessas águas durante uma boa parte do século XX. E aí, subitamente, parou. Em 1979, uma moça contraiu meningite amebiana depois de engolir um pouco da água mineral enquanto nadava nos banhos. Ela morreu cinco dias depois. Os testes confirmaram que a água continha um micro-organismo chamado *Naegleria fowlerii*, e as termas foram fechadas.

Inevitavelmente, a moda por locais com tradição e a ideia de que a cidade estava sobre uma mina de ouro inexplorada fizeram com que a atenção do público voltasse a se concentrar nas águas termais. Como o organismo infeccioso havia sido descoberto somente em uma das fontes, chegaram à conclusão de que, com um plano cuidadoso e testes frequentes, aquela atração turística abandonada poderia ser reativada. Nos anos 1990, foram elaborados planos para um complexo de banhos moderno e seguro. As autoridades da cidade enviaram um pedido de concessão de verba à Millennium Commission, entidade criada pela Loteria Nacional e destinada a apoiar projetos que preservassem as tradições inglesas. Originalmente marcado para ser inaugurado em 2002, o projeto da estância termal encontrou uma série de obstáculos, desde problemas técnicos e de construção, arengas políticas e até mesmo vandalismo. O Thermae Bath Spa finalmente foi inaugurado em agosto de 2006, tendo custado 45 milhões de libras – mais de 32 milhões acima do orçamento.

A peça central do complexo é o New Royal Bath, um cubo de vidro e pedra em estilo contemporâneo, projetado pelo arquiteto Sir Nicholas Grimshaw. A atração mais se destaca é, sem dúvida, a piscina aquecida do terraço, na qual os clientes podem relaxar enquanto admiram os edifícios georgianos cor de mel da cidade e a serra de Cotswold à distância. O edifício está ligado ao Cross Bath, que foi restaurado, uma estrutura redonda que pareceria familiar aos banhistas do século XVIII. Os preços vão desde 70 libras pelo pacote "Entrée" de duas horas na estância termal, até 250 libras por uma sessão de um dia inteiro, a chamada "Ultimate Thermae", que inclui pedicure e um "tratamento facial de luxo com caviar". Este é um luxo acessível, portanto, cujo *marketing* usa menos a exclusividade e mais os benefícios de passar algumas horas fazendo algo bem distante da rotina diária. "Banhe-se nas nossas águas quentes, naturais e ricas em minerais e escolha entre os vários tratamentos do spa, criados para relaxar o corpo e acalmar a mente", é a chamada tentadora no seu *website* (www.thermaebathspa.com).

Os potenciais benefícios para a saúde que se podem obter visitando um spa são simplesmente justificativas frágeis. O século XXI nos encoraja a pensar que para se ter uma vida bem-sucedida é preciso fazer muito esforço e ter uma jornada de trabalho longa. Circular num spa envolto em um roupão é o oposto dessa existência. Como todos os luxos que nos atraem, parece até ligeiramente ilícito. Por isso, as agências de propaganda que trabalham para spas perceberam que precisamos também ser convencidos de que isso nos fará bem.

## SPAS: A FRONTEIRA FINAL

Naturalmente, existem spas que levam ao extremo os elementos dessa experiência. Um desses é o Banyan Tree Al Areen Spa e Resort em Bahrain. Ele faz parte de um grupo sediado em Cingapura, e seu posicionamento combina o exotismo árabe com "as antigas filosofias de bem-estar do Extremo Oriente". É também o maior spa do Oriente Médio, com 10.000 m$^2$, incluindo casas de campo particulares com piscinas individuais, um grande jardim hidroterápico, espaçosos pavilhões de tratamento, saunas e até mesmo um iglu – o qual, no meio do deserto, é realmente surpreendente. Além de atrair expatriados internacionais, também atrai um grande número de clientes da Arábia Saudita que passam zunindo pelas suas calçadas.

O jornal *The Independent* descreveu-o como "o refúgio mais luxuoso e caro do Oriente Médio" ("Os 10 melhores palácios da paparicação", 11 de fevereiro de 2007). Uma estadia de três dias numa casa estilo Royal Deluxe, com tratamento de hidroterapia de 120 minutos, chegam a custar cerca de 1.500 dólares, dependendo da estação. Se acrescentarmos alguns tratamentos, o preço dispara como um foguete.

O diretor do spa, Hylton Lipkin, é um grande defensor do método asiático de tratamentos. "Esse método é muito diferente da interpretação europeia, que tende a ter um lado um tanto clínico: um monte de gente de jalecos brancos. O método asiático é bem mais sensual: uma porção de velas de aromaterapia exalando perfumes e uma forte impressão de que o mundo real ficou para trás".

O Banyan Tree abriu seu primeiro estabelecimento em Phuket, na Tailândia, em 1994, descrevendo o estabelecimento como "o primeiro spa de luxo de estilo oriental em toda a Ásia". Reintroduzindo as "antigas práticas de saúde e beleza que foram passadas de geração em geração", a cadeia concentra-se na "harmonia espiritual, mental e física" (www.banyantreespa.com). Para muitos spas, esta ênfase na renovação espiritual é mais uma forma de convencer os clientes de que eles estão usufruindo de uma coisa mais profunda do que o puro prazer físico. Estão progredindo, se aperfeiçoando de alguma forma indefinida.

Por trás do Grupo Banyan Tree está um empresário chamado Ho Kwon Ping – afetuosamente apelidado de KP Ho pela imprensa asiática – e a mulher dele, Claire Chiang. KP inicialmente trabalhou como jornalista financeiro, incluindo um cargo como editor de economia do *Far Eastern Economic Review*, antes de se juntar ao conglomerado modesto de sua família, o Grupo Wah Chang, em 1981. Ele entrou no negócio de hotéis de lazer quase que por acaso, quando ele e sua mulher encontraram uma faixa de terreno na baía de Bang Tao, na Tailândia, nos anos 1980. Era uma mina de zinco abandonada e, à primeira vista, parecia sem atrativos. "Impressionado com a tranquilidade da área, o jovem casal decidiu aceitar o desafio de recuperar aquela paisagem repleta de cicatrizes pós-apocalípticas, transformando-a em um opulento paraíso do lazer ("O que faz a Banyan Tree crescer", *Hotels Magazine*, 1º de setembro de 2007).

Atualmente, a Banyan Tree tem 25 *resorts* e hotéis, 68 spas, 65 galerias de arte que vendem a varejo obras de artesanato local, além de dois campos de golfe. Ela se expandiu com sucesso para a China, aproveitando o crescente interesse pela cultura dos spas por lá. Diz-se que KP Ho frequentemente declara que não quer que o grupo se pareça com uma teia de aranha de balneários e hotéis, mas sim um "colar" de propriedades luxuosas, enfeitando o globo.

"É definitivamente uma experiência de primeira", confirma Lipkin, referindo-se à propriedade de Bahrain. "Basta dar uma olhada na arquitetura e na decoração de nossos pavilhões de tratamento para se ver isso. Há 12 pavilhões, e quando estamos no interior deles nos sentimos como se estivéssemos num palácio oriental."

Porém, esses "palácios" não são nada convencionais: quando KP Ho lançou o balneário de Phuket, imaginou algo parecido com um hotel butique, não com o The Ritz. De acordo com um artigo do *site* Hospitality Net (www.hospitalitynet.org), ele o idealizou como "um refúgio para os sentidos", destinado a moradores urbanos. "Ouvi dizer que existem *resorts* em cujas suítes se encontram marcas de luxo, como copos de cristal da Christofle... Não se encontra essa espécie de luxo no Banyan Tree de Phuket, nem em nenhum outro de nossos balneários. O que fazemos é criar uma atmosfera mágica e íntima para que os hóspedes possam viver seus romances. Nosso alvo é obter uma reação emocional. É assim que construímos a lealdade da marca. Há um casal, por exemplo, que vem passando uma temporada aqui todos os anos, desde que inauguramos o spa ("Paraíso reencontrado", 25 de abril de 2005).

Além de "chuvas" rejuvenescedoras, oferecem-se várias terapias de massagens, com tratamentos originários da Suécia, do Havaí, de Bali e de outras partes. Lipkin diz que os terapeutas do Banyan Tree precisam passar por pelo menos 300 horas de treinamento numa Academia dos Spas, criada pela própria rede, que é reconhecida pelos ministérios da Educação e da Saúde Pública da Tailândia. "Esses terapeutas não aprendem uma massagem tipo 'tamanho único', mas seguem seus instintos e adaptam a massagem ao corpo da pessoa que está deitada diante deles, aliviando as suas tensões e seus problemas específicos", diz Lipkin. Como acontece sempre no mundo do luxo, tudo se resume a serviço customizado.

E, para completar o exagero, o jardim hidrotérmico ao qual nos referimos acima consiste em uma série de estações de terapia enormes demais para serem visitadas em uma só sessão. O jardim inclui vários tipos de chuveiros – tais como o "corredor de chuvisco quente" e a "chuva torrencial" –, uma exfoliação com sal, uma sauna para eliminar as toxinas e o iglu. Dizem que esfregar gelo no corpo combate a celulite. Ainda mais divertido é o "chuveiro de balde", uma hidroterapia antiga especial, onde "a pessoa é encharcada dos pés à cabeça por uma quantidade enorme de água despejada de um balde". A tecnologia primitiva casa com a fantasia hollywoodiana: você também pode ser Ava Gardner no filme *Mogambo*. Continuando, a "caverna da maresia", uma combinação de vapor e sal, é recomendada para "doenças respiratórias". Por aí se vê que as preocupações dos ricos com a saúde mudaram muito pouco desde os tempos do Império Romano.

Como ressaltei com essa última frase, sentimos a tentação de zombar dos ricos. Esse exercício relativamente inócuo pode se tornar maldoso numa situação criada num desses spas de luxo, onde geralmente existe uma grande disparidade financeira entre os empregados e os consumidores. O resultado é que os empregados podem acabar ficando com raiva dos hóspedes. KP Ho está consciente deste perigo e tenta preservar uma conexão emocional entre o pessoal e os consumidores fazendo com que os empregados se lembrem de que essa situação é mutuamente benéfica. A equipe também recebe a oportunidade de experimentar algumas das instalações do balneário, ficando no lugar dos clientes.

## REABILITAÇÃO

Uma das facetas mais estranhas das celebridades é a necessidade que os famosos têm de penitenciar-se por seus excessos, de tempos em tempos, retirando-se para locais que, nos tempos atuais, seriam equivalentes a um convento. Lendo-se os jornais, têm-se às vezes a impressão de que a fama, o sentimento de acesso ilimitado a tudo e os recursos financeiros inesgotáveis levam os famosos ao vício tão inevitavelmente como a noite sucede o dia. Para que eles recuperem seu equilíbrio e demonstrem que possuem uma dose razoável de humildade, os homens e as mulheres aos quais me refiro às vezes deixam de lado a louca rotina da vida artística e se internam em uma instituição que os ajudará a se "recuperar" de sua "estafa" – a popular "rehab" [reabilitação]. Este padrão de comportamento gerou uma mitologia entre as clínicas caras de reabilitação.

Talvez a mais famosa de todas essas clínicas seja a Betty Ford Center, fundada em 1982 pela ex-primeira dama, quando estava se recuperando do vício do alcoolismo e do consumo excessivo de analgésicos. A Sra. Betty Ford, na verdade, fez seu tratamento contra a dependência química no Hospital Naval dos Estados Unidos, em Long Beach, mas depois que saiu de lá estava determinada a fundar um centro de tratamento para outras pessoas. Um amigo, o embaixador Leonard Firestone, apoiou o projeto e, juntos, eles fundaram a organização sem fins lucrativos Betty Ford Center, no Rancho Mirage, na Califórnia O tratamento nessa clínica baseia-se em um programa de 12 passos propostos pelos Alcoólicos Anônimos. Embora seja uma instituição perfeitamente séria e digna – e uma das mais baratas de seu gênero – ela deve a projeção de sua imagem a clientes célebres. Liza Minnelli, Elizabeth Taylor e Kelsey Grammer estão entre os famosos que mencionaram abertamente sua internação na clínica.

Em 1987, o *New York Times* publicou um relatório no qual tentava desmistificar a clínica. "Este oásis protegido no deserto é o Rancho Mirage, instalado em 14 acres de terra muito bem cuidada e emoldurada por montanhas cor de violeta. Ele está sempre completamente lotado, durante o ano inteiro. Mas para seus 80 pacientes cuidadosamente selecionados, não há nenhuma espécie de entretenimento, e a rotina diária pode ser longa e exaustiva." Explicando que os famosos constituíam menos de 1% dos hóspedes do centro, o artigo pintava um quadro de prédios térreos beges, quartos coletivos espartanos e um regime bastante severo, consistindo de tarefas domésticas e regras rígidas. Atualmente ele é considerado um tanto ultrapassado e longe de ser sofisticado ("Um dia na vida do The Betty Ford Center", 27 de fevereiro de 1987).

Um equivalente britânico, em termos de notoriedade, é o The Priory [O Priorado], que aparece quase com tanta frequência quanto as bolsas de Yves Saint Laurent nas vidas de certas supermodelos. Aliás, o Grupo Priory funciona em mais de 50 hospitais, escolas e asilos em todo o Reino Unido, mas é mais conhecido por causa do Priory Hospital em Roehampton, o hospital psiquiátrico independente mais antigo de Londres, fundado em 1872. Ele trata de uma variedade de doenças inclusive vícios e distúrbios alimentares. Suas instalações incluem um ginásio totalmente equipado com um treinador profissional, tai-chi, ioga, aulas de aeróbica, natação, aromaterapia e massagem tipo shiatsu. Os pacientes ficam em suas próprias suítes com televisão e são encorajados a fazer suas refeições na sala de jantar coletiva. O valor da conta depende do paciente, mas dizem que o preço é de mais de 2.500 libras por semana.

Com toda a publicidade gratuita que recebe, ninguém pensaria que o Priory precisasse fazer propaganda. E, mesmo assim, foi exatamente isso que ele fez, em 2003, quando ofereceu consultas de avaliação gratuitas para as pessoas com problemas de alcoolismo e drogas. O Priory afirmou que o objetivo da campanha não era transformar as pessoas que aceitassem a oferta em clientes, mas "conscientizar todos a respeito do enorme problema que é ser viciado em álcool ou drogas". Um dos anúncios impressos apresentava a figura de um copo de uísque ao lado de um telefone, com a chamada: "Esta é uma ligação errada". Outro mostrava uma lista borrada com comentários de bêbados, e a chamada era: "Se é apenas isso que você lembra do que aconteceu na noite passada, ligue para o Priory". ("Campanha lançada por clínica de famosos", *website* do noticiário da BBC, 2 de outubro de 2003.)

O público conheceu um pouco mais sobre o Grupo Priory quando ele foi comprado pelo banco holandês ABN Amro em 2005, por 300 milhões de libras. Os relatórios da época declaravam que a empresa lucrava 120 milhões de libras por ano com seus diversos serviços de saúde mental, reabilitação e educação especial.

Como o Centro Betty Ford, o Priory perde o fascínio depois que se vislumbra a verdade por trás das manchetes, e por isso não convence como marca de luxo. Onde estão, portanto, os verdadeiros centros de reabilitação de primeira classe? Que tal o Promises Treatment Center em Malibu, Califórnia? Ele vem recebendo epítetos os mais variados, como "o rei dos centros de reabilitação" e "o primeiro telefone da lista de discagem rápida", e se destina a atores que querem se livrar da dependência em relação a drogas ou álcool. Oferece refeições finas, massagistas, quartos particulares com lareira e vista panorâmica da praia, de acordo com uma notícia da Associated Press ("O centro de reabilitação de Britney Spears é a escolha de muitos astros e estrelas", MSNBC.com, 6 de março de 2007). "Até parece um *resort* de luxo – o que ele realmente é – para os ricos e famosos que estão tentando se livrar de um vício", continua o artigo.

Uma estadia de 30 dias nesse Centro, segundo dizem, custa mais de 40.000 dólares. Seu fundador e diretor, Richard Rogg, que criou o estabelecimento em 1989, deliberadamente o construiu de modo a atrair os clientes que normalmente tinham um estilo de vida cinco estrelas. "Quando chegam em seus jatinhos, ou vêm de sua mansão para usufruir do nosso programa, essas pessoas sabem que se internar aqui é um ato de humildade, que lhes proporcionará um tratamento e um ambiente onde se sentirão confortáveis e seguras." ("Promessas: o Ritz das instituições de reabilitação", ABCNews.com, 25 de fevereiro de 2007.)

Embora se baseie no programa de 12 passos, o Centro criou uma abordagem mais suave, conhecida como "O estilo Malibu" de tratamento, além de gerar uma cadeia de centros parecidos ao longo da costa. Alguns desses estabelecimentos dão ainda mais liberdade a seus pacientes, permitindo que os famosos saiam de suas dependências para trabalhar, fazer compras ou se reunir com os amigos enquanto, supostamente, estão em tratamento.

Os níveis de ceticismo com relação a esses programas de reabilitação são altos. Uma investigação feita pelo *The New York Times* constatou que há poucas provas de que eles realmente funcionem:

> A verdade oculta na indústria de reabilitação de pessoas da classe alta é que por 40 mil dólares por mês se compram muitas coisas, inclusive vistas do Oceano Pacífico, massoterapia e chefes de cozinha famosos. Porém, se essa quantia é suficiente para se comprar a sobriedade, não se sabe. As estatísticas confiáveis sobre a reabilitação de viciados em drogas, como um todo, são difíceis de se obter, e é quase impossível separá-las dos programas de reabilitação de luxo que atraem tanta atenção nos noticiários... Além disso, os peritos no campo da reabilitação parecem concordar que a média de sucesso desses programas, a maioria dos quais se baseia na terapia de 12 passos criada pelos Alcoólicos Anônimos, flutua mais ou menos entre 30%, na melhor das hipóteses, e 10% na pior.

Até mesmo Rogg chegou a admitir que era difícil determinar quantos pacientes se curavam, a não ser que se mantivesse contato com os ex-clientes ("Astros se internam, astros recebem alta", 17 de junho de 2007).

Um concorrente de Malibu, a clínica Passages, que cobra mais de 76.000 dólares por mês de acordo com o *New York Times,* resolveu deixar de lado o procedimento de 12 passos, substituindo-o por um tratamento intensivo pessoal. Os hóspedes "não saem da clínica antes de receberem alta do tratamento", diz o fundador Chris Prentiss, ex-dono de construtora. Ele também afirma haver obtido uma média de 84,4%

de sucesso, um resultado baseado em entrevistas com mais de 1.000 ex-clientes. *The Independent* chamou a propriedade de "um *resort* litorâneo cujas falsas colunatas dóricas são ornadas por buganvílias..." Ele acrescenta: "Nas instalações incluem-se uma biblioteca, uma sala de recreação com TVs de tela plana, um lago de carpas japonesas com jardim para meditação, sala de massagem, hipnoterapia, acupuntura, "aulas de metafísica" e um serviço de restaurante personalizado que atende aos desejos dos hóspedes segundo seus caprichos alimentares." ("Guia de desintoxicação para famosos: desmaie, interne-se e se livre da dependência" 6 de janeiro de 2007.)

Viver no mundo do luxo significa que até as coisas mais desagradáveis da vida – dependência, estresse e trauma – têm como pano de fundo ambientes paradisíacos.

# 18

# Mercado cultural

*"Desejavam o Louvre, Guggenheim e Sorbonne assim como mulheres querem bolsas da Dior."*

Quando se fala no museu de arte moderna Tate, em Londres, sou feito limalha de ferro. Toda vez que passo perto desse edifício sinto-me inevitavelmente atraído. Mesmo que eu só tenha tempo para entrar no vasto Salão das Turbinas dessa ex-usina elétrica, sei que alguma coisa incrível vai estar me aguardando lá: com o passar dos anos me senti cativado pela aranha metálica de Louise Bourgeois, pelo sol ardente de Olafur Eliasson (parte do "Projeto do Tempo"), por uma rachadura gigantesca no chão, obra da escultora brasileira Doris Salcedo (chamada "Shibboleth", simboliza a divisão racial), e por um hospital pós-apocalíptico, com todos os detalhes, inclusive macas militares e um som de chuva tamborilando monotonamente no telhado, uma instalação de Dominique Gonzalez-Foerster. Poderia continuar citando inúmeras obras... sem nunca terminar.

Embora essas obras de arte tenham uma intenção séria, o Tate sabe que elas também conseguem atrair o público como se fossem sucessos de bilheteria. Ninguém faz mais segredo do fato de que os museus são marcas com estratégias de *marketing*. Aliás, há muitos livros sobre o assunto. O seguinte trecho é do livro *Museum Marketing: Competing in the global marketplace* (2007): "Seria ótimo que os museus não precisassem se preocupar com *marketing*. Seria ideal que o dinheiro simplesmente entrasse sozinho. Infelizmente, as novas realidades econômicas significam que os museus sem verba não podem se dar o luxo de ser acomodados na hora de atrair pessoas que passem pelas portas e venham admirar as obras e objetos exibidos. Para nos mantermos à tona, precisamos atrair novos públicos e manter os que já temos. O *marketing* não é mais uma opção. É um recurso de sobrevivência, em vez de um palavrão."

Os museus foram "apresentados" como grifes de luxo em 1988, quando a agência Saatchi & Saatchi lançou uma campanha surpreendente para promover o Museu Victoria & Albert em Londres. O *slogan* dizia: "um café acompanhado por um excelente museu". Mais de 15 anos depois, ninguém ficou chocado quando o Museu de Arte Moderna de Nova York colocou em destaque seu restaurante de luxo como parte de sua campanha de reinauguração.

O leitor pode estar protestando neste momento, porque não considera os museus produtos de luxo, mas eles estão competindo por algo que é um luxo na vida de muita gente: horas de lazer. Mais especificamente, estão disputando os poucos minutinhos que muitos adultos reservam para se autorreciclar e adquirir conhecimento. Um dos motivos pelos quais visito compulsivamente o museu Tate Modern sempre que vou a Londres é minha vontade de levar dessa visita algo mais valioso do que um produto de luxo que está na moda ou a lembrança de uma refeição cara.

O livro que mencionei antes se refere a "relaxamento construtivo", uma atividade que "permite aos visitantes fazer algo que valha a pena e relaxar ao mesmo tempo". Pesquisas feitas com visitantes de museus demonstraram que olhar as exposições permanentes ou as mais recentes é apenas parte de uma ampla gama de atividades divertidas de que elas esperam desfrutar: os visitantes também incluem, em posições proeminentes de suas listas, "passar tempo com os amigos", "visita ao café/restaurante" e "olhar os produtos ou comprar algo na loja do museu".

O Tate já demonstrou que costuma recorrer com bastante frequência ao *branding*. Construído sobre os valores de acessibilidade e educação estabelecidos pela Tate Gallery original no Millbank de Londres, fundada pelo magnata do açúcar Sir Henry Tate, em 1897, o grupo se expandiu, transformando-se em uma "família" de quatro museus: o Tate Britain (a renomada galeria original), o Tate Modern, o Tate Liverpool e o Tate St. Ives (na Cornuália).

O Tate Modern é de longe o mais espetacular deles. Sua abertura foi em grande parte possibilitada por Sir Nicholas Serota, diretor da Tate Gallery, que justificou a fundação de uma nova unidade com dois argumentos: a galeria original era pequena demais para exibir a coleção permanente do museu, e Londres não possuía um museu de arte significativo que pudesse concorrer com o MoMA de Nova York e o Centro Georges Pompidou, de Paris. Esta última crítica ressalta um outro fato importante sobre os museus: não só eles são marcas em si mesmos, como também contribuem para as reputações das cidades como marcas. A chegada do Museu Guggenheim em Bilbao, por exemplo, transformou a identidade de uma cidade que antes não passava de um porto bem antigo no norte da Espanha.

O Guggenheim é outra marca de museu extraordinariamente bem-sucedida. Assim como o Tate Modern, o edifício original de Frank Lloyd Wright em Manhattan (1939) e o museu de Bilbao projetado por Frank Gehry (1997) confirmam a teoria de que as pessoas visitam os museus não só pelas obras de arte que eles contêm, mas também para admirar sua grandiosa arquitetura e porque se sentem atraídas por sua fama como museus. Os museus constam da lista de "pontos turísticos". Outros museus associados à marca Guggenheim são a Coleção Peggy Guggenheim em Veneza, o Deutsche Guggenheim Museum em Berlim e o Guggenheim Las Vegas (projetado por Rem Koolhaas).

Thomas Krens, diretor da Fundação Solomon R. Guggenheim, foi ocasionalmente criticado por suas iniciativas de *branding* global. Mas ele contra-argumenta, dizendo que os museus têm um direito, até mesmo uma missão, de se engajarem na nossa sociedade globalizada. "É um discurso em escala internacional. Em uma sociedade contemporânea, com tudo se tornando cada vez mais interconectado, acho esse um aspecto essencial da maneira como os museus devem encarar o mundo".

O mais recente projeto da fundação é o Guggenheim Abu Dhabi, no complexo da Ilha Saadiyat. Após um estudo mais detalhado desta ilha extremamente interessante, chegamos diretamente ao coração da economia do conhecimento. O Guggenheim é apenas uma das diversas marcas culturais que foram atraídas para este ambicioso projeto imobiliário. Liderado pelo seu príncipe, o xeque Mohammed bin Zayad al-Nahyan, Abu Dhabi deseja posicionar-se como capital cultural do Oriente Médio. A ilha Saadiyat, de 27 bilhões de dólares, incluirá 29 hotéis de luxo, espaço para uma bienal de artes e um conjunto de museus e instituições educacionais ilustres projetados por arquitetos como Frank Gehry, Zaha Hadid, Tadao Ando e Jean Nouvel. "Estamos reunindo os maiores arquitetos dos últimos cem anos", declarou Mubarak Al-Mahairi, diretor do Departamento de Turismo de Abu Dhabi ao *Newsweek.com* ("Adquirindo cultura", agosto de 2007).

Uma das pedras angulares deste projeto é uma filial de uma marca reverenciada entre os museus: o Louvre. Houve protestos exacerbados na França quando circulou a notícia, em 2007, de que o Louvre havia alugado seu nome a Abu Dhabi durante 30 anos em troca de 400 milhões de euros, mais pagamentos posteriores por empréstimos de obras de arte e consultoria. "Isto, segundo os críticos, corresponde a usar a herança cultural francesa para fins comerciais mundanos. 'Nossos museus não estão à venda', proclama uma petição na internet assinada por 4.700 pessoas, incluindo muitos curadores, historiadores de arte e arqueólogos." ("Contrato do Louvre do Golfo incomoda o mundo artístico francês", news.bbc.co.uk, 6 de março de 2007.)

Entretanto, a construção do prédio em formato de cúpula projetado pelo arquiteto francês Jean Nouvel obviamente não parou. Porém, o Louvre não é a única parte do patrimônio francês que estará disponível na ilha. Lá também haverá uma filial da Sorbonne. Segundo o artigo da *Newsweek* citado anteriormente, o presidente da universidade, Jean-Robert Pitte, inicialmente relutou quando foi proposto o contrato. Desconfiou que eles "desejavam o Louvre, o Guggenheim e a Sorbonne assim como mulheres querem bolsas da Dior". Finalmente, porém, ele se convenceu da importância cultural do projeto. Na inauguração, em 2006, ele disse aos estudantes que eles estavam escrevendo "uma página histórica" no relacionamento entre o mundo ocidental e o oriental. A nova universidade se tornaria um farol da "liberdade de pensamento". ("Xeques do Golfo obtêm para si acesso à Sorbonne", Lefigaro.fr, outubro de 2006.)

E para os xeques, o fato de os estudantes da universidade de Abu Dhabi pagarem mais de 6.000 euros de anuidade por semestre, muitas vezes mais do que seus equivalentes franceses, não faz muita diferença.

## GRIFES EDUCACIONAIS

Outras universidades inauguraram filiais no Oriente Médio também. A Universidade de Nova York abrirá um campus na Ilha Saadiyat. No complexo da Cidade da Educação, em Catar, há postos avançados da faculdade de medicina de Cornell, do programa de arte e *design* da Virginia Commonwealth University, da Georgetown University e do programa de jornalismo da Northwestern University ("Ivy League projeta sua sombra no Oriente Médio, a opulenta terra do petróleo", *The New York Times*, 11 de fevereiro de 2008). Se procurarmos em outras regiões do mundo, também, encontraremos um curso de verão oferecido por Harvard em Pequim, conhecido como Academia Harvard-Pequim.

Embora se manifestem bem menos sobre este fato do que os museus, as universidades e outros estabelecimentos educacionais também aceitam seus *status* de marcas. E algumas delas são marcas de primeira qualidade. Nomes como Harrow, Eton, Oxford, Cambridge, Yale e, naturalmente, Harvard vêm à nossa mente.

"Harvard", começava um artigo da *USA Today*, em 2005. "Só o nome já exsuda superioridade, se não esnobismo. Desde o brasão com o lema 'Veritas' até os prédios da era georgiana espalhados pelo seu campus, tudo nesta instituição legendária, fundada em 1686, cheira a uma característica totalmente antiamericana, ou seja, o elitismo." O artigo continua, citando Stanley Katz, diretor do Centro de Estudo de Artes e Política Cultural da universidade rival, Princeton. "Não resta dúvida de que marcas são importantes, e Harvard é a marca do prestígio", diz ele. "É a Gucci da educação superior, o lugar mais seletivo de todos." ("A marca 'Harvard' ainda é importante?" 6 de junho de 2005.)

A história de Harvard, seus preços alarmantes (mais de 48.000 dólares de anuidade por ano, incluindo a comida e os alojamentos), e sua influente "rede de ex-alunos" fez dela a faculdade escolhida pela elite americana. Além disso, sua política de admissão seletiva, que inclui um foco intenso na "personalidade e caráter" de cada candidato, garante a manutenção do enaltecimento de sua imagem. O escritor Malcolm Gladwell tece comentários sarcásticos acerca do sistema de admissões da Ivy League em seu artigo clássico da *New Yorker*, "Como ficar por dentro" (10 de outubro de 2005). Ele insinua que essas universidades, com sua insistência em admitir potenciais "vencedores" e "líderes", em vez de meramente contentar-se com alunos "de grande potencial acadêmico" estão se comportando como se fossem agências de modelos. "Não é possível ficar lindo porque se assinou contrato com uma agência. A agência nos contrata apenas se já formos lindos." Ele conclui dizendo que os diretores dos departamentos de admissões dessas faculdades são "profissionais do ramo das marcas de luxo". Harvard, por outro lado, está perfeitamente ciente de sua identidade de marca. Em um artigo para o *site* brandchannel.com, Barry Silverstein descreve a universidade como "um império do *branding*". E explica: "O nome da universidade aparece em entidades tão distintas como a *Harvard Business Review*, uma revista de penetração internacional; a *Harvard Health Letter*, uma publicação de saúde epônima; a *Harvard Business School Press*, uma editora de livros de economia; a Harvard Planners, a Harvard Business Organizers, e o Harvard University Global System & Software. E, depois, temos as mercadorias com o brasão da Universidade de Harvard, licenciadas para venda em todos os cantos do planeta." Ele acrescenta que o Programa de Marcas Comerciais de Harvard é um "modelo de sofisticação", com seis funcionários administrando os contratos de licenciamento e monitorando o uso da marca *Harvard* ("Marcas têm uma liga própria", 27 de outubro de 2008).

A própria Ivy League é uma marca "guarda-chuva" evocativa que personifica os valores da tradição e excelência. As universidades que formam a chamada "Ivy League" são Brown, Columbia, Cornell, Dartford, Penn, Princeton e Yale. Embora haja um certo debate sobre a origem desse nome, a maioria dos relatos revela que um articulista esportivo criou o termo na década de 1930, quando as escolas competiam entre si durante a temporada de futebol americano. A liga depois se tornou uma confederação atlética, mas a expressão Ivy League assumiu um significado mais amplo. Seus membros aceitaram o fato de que esse título coletivo lhes aumenta ainda mais a influência, e por isso costumam se referir a ele em suas iniciativas de *marketing*.

Silverstein comenta: "Este termo conota uma educação excepcional, um prestígio e conexões profissionais que praticamente garantem sucesso na carreira. Enquanto outras faculdades e universidades podem ter uma qualidade igual ou até melhor, jamais conseguirão atingir o *status* que as universidades da Ivy League possuem. Para demonstrar isto, temos o fato de que a Universidade de Stanford e o Instituto de Tecnologia de Massachusetts (MIT), duas universidades extraordinárias, às vezes são chamadas em conjunto de faculdades 'Ivy Plus'."

Oxford e Cambridge são claramente o equivalente da Ivy League no Reino Unido. A Universidade de Oxford até possui uma "cor própria" amplamente reconhecida, o Azul Oxford (Pantone® 282). Em uma parte de seu *website* dedicado aos funcionários a universidade oferece um "kit de *branding*" bastante extenso (www.ox.ac.uk). Uma introdução declara: "não há nada de novo no poder cultural das imagens visuais, mas a sua importância pública em comunicar um pouco do objetivo e do significado das instituições e das organizações provavelmente nunca foi tão ampla quanto hoje. A Universidade de Oxford há muito vem reagindo a essas realidades e tem dedicado tempo e atenção a tentar garantir que seu *branding* visual reflita a instituição de forma apropriada e tenha ressonância na arena cada vez mais sofisticada e competitiva na qual ela é vista."

Este preâmbulo continua, sugerindo que a identidade de marca da universidade, protegida por lei, deve procurar combinar um sentido poderoso tanto de passado como de futuro: "somos uma universidade que olha para a frente, temos reputação internacional e uma história riquíssima". Em seguida, há conselhos sobre como a identidade da universidade deve se refletir no uso da cor da marca e da fonte oficial (Foundry Sterling) em brochuras e em outros impressos, bem como em carteiras, pastas e cartões de visita, e até mesmo em apresentações em PowerPoint.

Tanto Oxford quanto Cambridge, contudo, precisam encarar um problema meio chato na imposição de sua marca, pois são conglomerados de faculdades administrados de maneira independente: 38 em Oxford e 31 em Cambridge. Esta situação, porém, foi causada por um fenômeno histórico, pois as veneráveis universidades foram vagarosamente engolindo as instituições acadêmicas independentes que existiam nas suas respectivas cidades. O resultado foi que os estudantes provavelmente se identificam com sua faculdade (seja Exeter, Jesus, Magdalene ou Trinity), em vez de se identificarem com a universidade como um todo.

Esta condição torna ainda mais compreensível que Oxford e Cambridge queiram dedicar tempo e energia a promover a marca "guarda-chuva" em escala global.

Patricia Tan, colaboradora do brandchannel.com, ressaltou a situação acima há alguns anos. Ela também traçou um paralelo útil entre marcas educacionais e as mais convencionais:

> Como na maioria das indústrias, as universidades oferecem "produtos" que à primeira vista são muito parecidos. Entretanto, as melhores universidades agregam uma imensa diferença por trás dos Bacharelados em Artes, Mestrados de Administração de Empresas, Mestrados de Engenharia ou doutorados... Os estudantes das universidades mais importantes lhe dirão que o diploma é meramente uma desculpa para ter acesso à experiência em si, da mesma forma que alguém diz que "precisa de sapatos" quando, no fundo, está querendo dizer: "Quero aqueles tênis da Nike". Ninguém se lembra das aulas de matemática, nem mesmo de um seminário pioneiro sobre o Oriente Médio. Os ex-alunos se lembram mesmo é do jogo de futebol anual, da tradição da "Lua Cheia no Campus[18]", dos banhos de chafariz e dos cafés da manhã com o reitor ("Lições de *Branding* nas maiores universidades do mundo", 3 de setembro de 2001).

Em outras palavras, como acontece com outras marcas de luxo, a "experiência de marca" é que costuma ser a verdadeira atração. Testemunhei pessoalmente, em uma escala menor, o impacto do prestígio e da experiência que uma marca pode agregar para uma instituição educativa. Durante os últimos dois anos, venho atuando como professor de um curso de história da propaganda na Escola de Arte e Design Parsons Paris, que é uma filial da muito maior Nova Escola de Design Parsons de Nova York. Embora a escola de Paris se situe em um edifício antigo

[18] Tradição em Stanford (originalmente "Full Moon on the Quad") na qual alunos veteranos escolhem calouras para uma noite de romance e conversas. (N.T.)

no plácido 15º Arrondissement, ela atrai alunos brilhantes de todo o mundo. Quando lhes pergunto quais são seus motivos (ou os motivos de seus pais) para eles terem escolhido essa escola, dois fatores se destacam: o poder da marca Parsons (a escola de Nova York, afinal de contas, menciona Donna Karan, Marc Jacobs, Tom Ford e Steven Meisel entre os seus ex-alunos), e o apelo de Paris.

Esses elementos combinam-se para atrair um tipo bastante particular de aluno. Quando uma de minhas amigas, planejadora estratégica de empresa publicitária, recebeu um convite para dar uma palestra lá, seu primeiro comentário depois que a sala se esvaziou foi: "Caramba, viu só quantos *scarpins* e bolsas? Você tem a turma de alunas mais bem--vestidas que eu já vi na vida."

# 19

# O dom do tempo

*"As pessoas de sucesso têm alguém para organizar suas vidas."*

A PRESTAÇÃO DE SERVIÇOS É O FUTURO DO LUXO, diz Emmanuel Isaia, *personal shopper* e autor do blogue Luxemode. Quando sua bagagem se extravia no aeroporto John F. Kennedy e você precisa de uma roupa adequada para uma festa com coquetel, em Paris, Emmanuel resolve o problema para você. Mas Emmanuel faz muito mais que isso; ele pode lhe informar quais são os novos restaurantes mais badalados, as galerias de arte mais quentes e qual o cantor sobre o qual você deve saber tudo. Uma mistura de guia e conselheiro de estilo, Emmanuel diz que o seu verdadeiro ponto de venda – a coisa que faz com que ele feche seus contratos – é que ele ajuda seus devotados clientes a economizar a mais preciosa das comodidades: o tempo deles.

Os dias estão ficando mais curtos, concorda? Existem até teorias sobre isso: segundo uma delas, à medida que envelhecemos, um ano passa a representar uma fração muito menor da duração da nossa vida e, assim, parece passar mais rapidamente. Consequentemente, quando éramos crianças, um dia parecia longo e cheio de possibilidades. Ao nos tornarmos adultos, um dia passa num piscar de olhos. Se quisermos conseguir fazer alguma coisa, a nossa única opção parece ser a de nos enchermos de cafeína e adiar a hora de ir para a cama o máximo possível.

Os estressantes estilos de vida urbanos acabaram causando distúrbios do sono. E não só para os que trabalham demais: devido a problemas financeiros, desemprego ou medo dele, e por causa das incertas ansiedades próprias do século XXI sobre ataques terroristas, vírus pandêmicos e mudanças extremas de clima, estamos nos transformando em zumbis. O Instituto Nacional de Saúde dos Estados Unidos recomenda que os adultos durmam de sete a oito horas por noite, mas na média a maioria das pessoas só dorme durante 6,1 horas.

Há mais ou menos dois anos, um empresário chamado Arshad Chowdhury constatou que este fenômeno poderia representar uma boa oportunidade de negócio. E aí ele criou a MetroNaps, uma empresa que fabrica os "snooze pods", ou seja, cápsulas brancas ovais de aparência futurística, instaladas no Empire State Building e em alguns aeroportos, onde os passantes podem dormir 20 minutos mediante o pagamento de 14 dólares. O conceito de "tirar uma soneca para se recuperar" deu certo, de modo que a empresa se expandiu rapidamente, para o Reino Unido e para a Austrália. A MetroNaps também aluga os *pods* para outras firmas, oferecendo também consultoria sobre como "administrar corretamente o cansaço".

Já houve quem sugerisse que existe uma "economia do sono": um próspero negócio de 20 bilhões de dólares, composto de vendas de travesseiros de aromaterapia, camas de alta tecnologia, máscaras faciais, relógios de alarme de biorritmo e, naturalmente, as sonecas ("20 bilhões de dólares por uma boa noite de sono", *Business 2.0,* 15 de março de 2007). O mesmo artigo nos informa que o serviço da MetroNaps é um luxo acessível. Quanto à alta tecnologia, existe a Gravidade Zero, uma cama que custa mais de dez mil dólares, fabricada pela firma israelense Hollandia International. A empresa contratou uma firma de consultoria da Filadélfia, Kanter International, para comercializar essas camas nos Estados Unidos pelo mesmo preço de um Honda Civic. Com posições totalmente ajustáveis, um microprocessador, fibra de aloe vera, massagem corporal e até alto-falantes estéreo, essas camas saem, nas lojas, por um preço entre 10 e 20 mil dólares.

Isso tudo é muito bom, contanto que você possa se dar ao luxo de tirar um tempinho de folga e descansar. Porém, será que não existem outros modos de garantir que possamos fazer um pouco mais durante os nossos dias, para podermos descansar um pouquinho quando eles terminarem?

# PARA ELES, SEU DESEJO É UMA ORDEM

Um mordomo deve ser o cúmulo do luxo: alguém para cuidar de suas roupas, apanhar o seu jornal, fazer comentários irônicos sobre assuntos do momento e organizar sua vida de modo geral, enquanto você mete os pés pelas mãos como Bertie Wooster[19]. Por outro lado, o conceito de mordomo resistiu à prova do tempo bem menos do que os livros de PG Wodehouse, nos quais figuram Bertie Wooster e seu imperturbável criado Jeeves. Os serviços pessoais de *concierge* estão bem mais em moda porque asseguram que homens e mulheres bem informados, educados e eficientes estejam às suas ordens do outro lado de uma linha telefônica, vinte e quatro horas por dia.

Esta moda começou na década de 1990, mais ou menos ao mesmo tempo em que a internet, o correio eletrônico e os celulares começaram a devorar uma parte imensa do nosso tempo. No entanto, a tecnologia que causou o problema também ajudou a solucioná-lo. Os cartões de crédito começaram a fornecer serviços de *concierge* a clientes sem tempo e com limites de crédito altíssimos. A American Express está estreitamente associada a esse fenômeno, lançando-o para os usuários de seus cartões de crédito Centurion e Platinum. A ideia, desde então, foi adotada por outros cartões de crédito mais acessíveis, tais como o Signature, da Visa, e o World Elite da Mastercard, com taxas anuais bem mais baixas do que os produtos da American Express.

Logo depois, os mesmos serviços começaram a aparecer nos contextos mais improváveis. Já falamos do aparecimento dos serviços de *concierge* nas lojas de departamentos como uma extensão dos serviços de compra personalizada. Vertu, uma subsidiária da Nokia e fabricante de celulares que são verdadeiras joias, incrivelmente caros, também fornece esse tipo de serviço a seus clientes, que podem ativá-lo através de um botão lateral do telefone – um perfeito exemplo de *marketing* integrado no *design*.

[19] Leia mais sobre esse personagem em http://en.wikipedia.org/wiki/Bertie_Wooster. (N.T.)

E, claro, também existem os serviços individuais de *concierge* lançados por empresários. A VIPdesk, com base nos Estados Unidos, começou como Capital Concierge, em 1987, quando sua fundadora e diretora executiva Mary Naylor instalou esse tipo de serviço em escritórios de Washington, capital dos Estados Unidos, para organizar as vidas de funcionários sobrecarregados. Aproveitando o sucesso obtido, Naylor criou o VIPdesk em 1997, como um atendimento de *concierge* virtual, usando uma rede de assistentes que trabalham de casa, através da internet. Esta novidade, conhecida como "home-shoring", é uma alternativa para os *call centers* no exterior. Entre seus primeiros clientes estavam a MasterCard e o Citibank.

Outra história de sucesso nos Estados Unidos é a da Circles, inaugurada em 1987 por Janet Kraus e Kathy Sherbrooke que atualmente se anuncia como "uma companhia com serviços de *concierge*, promotora de eventos e experiências". Além de se encarregar da compra de ingressos para jogos como o Super Bowl, por exemplo, a Circles pode levar famosos ao seu coquetel, programar um voo em um caça de combate ou até mesmo conseguir que o cliente participe de um programa de tevê. ("Meu concierge vai ligar para o seu concierge", *The New York Times,* 21 de fevereiro de 2006). A companhia também pode prestar esse tipo de serviço a outras empresas que desejem facilitar a vida de seus funcionários, ou, pelo menos, contribuir para que eles trabalhem de maneira mais eficiente.

Para que os serviços de *concierge* consigam manter uma certa exclusividade e evitar um número excessivo de chamadas, eles preferem confiar na propaganda boca a boca e na imprensa, em vez de anúncios. Em alguns casos, só é possível obter esse tipo de serviço através de convites. Um dos mais famosos é o Quintessentially, um clube britânico de "sócios exclusivos", com serviços de *concierge* 24 horas. Um de seus fundadores foi o astro de cinema bonitão Ben Elliot, cuja tia é simplesmente Camilla Parker-Bowles ("Além do cartão black", *Forbes*, 26 de fevereiro de 2003). Elliot disse à *Forbes*: "Sim, nós podemos alugar iates e jatos, mas também podemos encontrar para você o melhor chá da cidade por 10 pratas. Não tentamos oferecer os produtos e serviços mais caros, mas sim os melhores."

Embora não se leve muito tempo reservando uma mesa para o jantar, os bons serviços de *concierge* têm os contatos e o poder que encontram subitamente vagas nos "restaurantes completamente lotados", como num passe de mágica. Para descobrir como alguns dos clientes mais exigentes do mundo usam esses serviços, conversei com Anna Isaeva, diretora da Primeconcept, na Rússia. Esse clube exclusivo para convidados cobra dos associados uma taxa anual de cinco mil dólares, que inclui um cartão de crédito e uma tarifa especial de celular. Seus membros recebem uma revista chamada *Prime Traveller*, recheada de anúncios da Bentley, Aston Martin, Cartier e dezenas de outras marcas de luxo.

A Primeconcept descreve seus 500 e tantos clientes como a elite política, cultural e econômica da Rússia. "Conseguir para eles uma mesa para o jantar é o menor dos problemas: um cara queria ganhar de presente de aniversário um elefante rosa", lembra Isaeva, rindo. "Tivemos que pedir emprestado um do zoológico e o pintamos." Outro cliente estava organizando uma festa em Dubai quando descobriu que o cantor tinha deixado o imprescindível CD que lhe serviria de *playback* em Moscou. A Primeconcept conseguiu contratar uma entrega especial por *courier* em apenas 10 horas. Um outro cliente queria enviar flores para sua namorada – uma modelo que, por sinal, morava em Irkutsk, na Sibéria – e disse que queria uma foto da reação dela ao recebê-las.

Isaeva, porém, observa que também é difícil encontrar, em cima da hora, um quarto de hotel em Courchevel no auge da estação ou um em Paris durante a semana de moda. O departamento de viagens tem 12 funcionários que trabalham em tempo integral, tratando de tudo, desde ingressos até vistos e acomodações. "Um dos motivos para se usar um serviço como o nosso é que sabemos onde encontrar os melhores quartos nos melhores hotéis." Os destinos preferidos são os mesmos de sempre: Dubai para as compras, Courchevel ou St. Moritz para praticar esqui e a Côte d'Azur para curtir as coisas boas da vida.

Mas será que a crise financeira na Rússia não deixou os ricos meio desfalcados? "Eles continuam a gastar, mas agora está se tornando moda ter um estilo de vida mais 'modesto', diz Isaeva. A imagem de um russo ostentando coisas exageradas e obviamente caras já está virando quase um clichê."

Um dos benefícios de ser paparicado pelos clubes exclusivos é que, embora cobrem uma taxa, os clientes poderão até mesmo economizar dinheiro: os assistentes, muitas vezes, conseguem negociar melhorias em serviços e taxas. E, além disso, a tendência dos preços de *concierge* é reduzir-se, uma vez que um grande número de marcas está oferecendo serviços extras para agradar seus clientes. Daí se chega à teoria de que os serviços de *concierge* são mais para aqueles que aspiram ao *status* do que para quem já conseguiu chegar ao topo. Um dos consultores de *marketing* disse ao *The Times*: "A maioria das pessoas bem-sucedidas do mundo dos negócios já têm alguém para organizar suas vidas sociais e não precisa de ajuda para obter ingressos ou uma mesa num restaurante." ("Jantar para seis no Claridge's hoje à noite? Pois não!", 14 de fevereiro de 2006.)

Para a verdadeira elite, portanto, é a volta do mordomo.

# 20

# Luxo sustentável

*"Já é hora de gastar tempo fazendo alguma coisa benfeita, usando ingredientes excelentes, e depois saborear os resultados."*

DADA A ANSIEDADE CADA VEZ MAIOR das grifes de nos convencer de que estão ajudando a salvar o planeta em vez de contribuindo para sua destruição, era inevitável que um certo segmento da indústria do luxo resolvesse entrar nessa. Como as marcas de luxo de massa também são marcas de moda, com obrigação de constantemente atualizar suas coleções, elas estão condenadas a perseguir as tendências. Não pude deixar de sorrir ao ouvir dizer que a Louis Vuitton anunciou que estava apoiando uma fundação dedicada à preservação da Ilha de Páscoa. A Louis Vuitton havia interpretado as tendências da mesma forma que interpretaria blocos de pedra com inscrições em glifos. O comportamento dos consumidores havia mudado, e também as atitudes das empresas. "Adeus ao consumismo", na revista *Campaign*: a indústria da propaganda estava anunciando o fim da sociedade de consumo. O artigo concentrava-se em uma citação de Sir Martin Sorrell, Diretor Presidente do grupo de comunicações e *marketing* WPP, dono das agências JWT e Ogilvy & Mather.

"Todos os nossos instintos como clientes, agências e donos de meios de comunicação são no sentido de incentivar as pessoas a consumirem mais, o superconsumo", disse ele. "Isto fez os consumidores exigirem carros maiores, mais viagens de avião e casas maiores ou mais casas. Nossa visão, ao contrário do que se espera que a indústria argumente, é que o consumo conspícuo não é produtivo e não deve ser encorajado". Sorrell demonstrou dúvida diante dos débeis esforços feitos por empresas para reduzir o aquecimento global. "Está ficando cada vez mais comum as empresas terem metas de reduzir sua emissão de carbono... mas se examinarmos com atenção quase nenhum desses esforços inclui o crescimento... em outras palavras, elas buscam reduzir o impacto por unidade de venda, ou com base em operações comparáveis. As empresas que sabem lidar com o crescimento na produção, reduzindo o impacto sobre o meio ambiente são, na verdade, muito poucas" (11 de julho de 2008).

A equação é estarrecedoramente simples: para lucrar, as empresas precisam produzir mais. Mas será que as pessoas ainda estão comprando? O artigo fala de uma "profunda mudança" nos hábitos do consumidor provocada pela "tempestade perfeita" da mudança climática, uma sensação ressurgente de responsabilidade social e a força democratizante da internet.

Paradoxalmente, pode ser que as grifes de luxo levem uma vantagem neste novo cenário do consumo. Além de estratégias de *marketing* oportunistas e isoladas, elas poderiam, como realmente fazem, argumentar que estão oferecendo uma alternativa para o consumo de massa. Como já dissemos, na década de 1990 muitas empresas de luxo se transformaram em marcas de moda para criar mais linhas de produtos e alimentar a demanda por seus artigos. Agora elas precisam se desligar da indústria da moda e insistir que oferecem produtos de qualidade rara e duradoura.

Este discurso ficou tremendamente aparente em uma conferência de Luxo Sustentável organizada pelo jornal *International Herald Tribune* em Nova Délhi, em março de 2009. François-Henri Pinault, presidente e diretor executivo do grupo de luxo PPR, disse: "Hoje, mais do que nunca, as pessoas querem uma volta aos valores genuínos, tais como perenidade, sinceridade e padrões exemplares... e essas são todas qualidades, como vimos, inerentes ao luxo sustentável."

Nesta mesma conferência, Jem Bendell, um ambientalista que prestou consultoria a grifes de luxo sobre responsabilidade empresarial, alertou que "as marcas de luxo estão promovendo consumismo em países num momento em que precisamos reduzir o consumo para evitar uma catástrofe climática". Mas ele também lhes ofereceu uma potencial válvula de escape. "As camisas que vestimos precisam de alguns milhares de litros de água para serem criadas. Se utilizarmos mais elas, usaremos menos água... O bom das marcas de luxo é que a forma como os consumidores se relacionam com elas na verdade prefigura a forma como precisamos que os consumidores se relacionem com todos os seus produtos. Cuidar deles, consertá-los, emendá-los, vê-los como algo que está se tornando uma relíquia, não um lixo." Em outras palavras, ele concluiu: "As marcas de luxo têm o poder e a obrigação de criarem os produtos mais ambientalmente responsáveis do mundo."

As marcas entenderam o recado e mudaram sua publicidade de acordo com ele. Os itens caros não eram mais iguarias deliciosas, mas "investimentos". Quando a loja de bolsas de luxo Smythson da Bond Street anunciou sua bolsa Enid de 775 libras esterlinas, descreveu-a como "o acessório sazonal que se tornará o seu melhor investimento". Pam Danziger, da Unity Marketing, rapidamente zombou desse novo posicionamento. "A ideia de que qualquer desses bens de consumo vá se valorizar é simplesmente ridícula. Eles são como carros: no minuto em que você os tira da loja, eles perdem metade do seu valor." ("Luxo como investimento?" Reuters, 6 de maio de 2009.)

Embora claramente não exista nada chamado "investimento sazonal", pode-se defender a ideia de que é bom economizar até poder comprar produtos bons. Estou pensando em meu bisavô, que tinha uma pequena coleção de sapatos feitos sob medida altamente polidos e aparentemente indestrutíveis. O segredo é ser capaz de distinguir quando a qualidade anunciada é real, e quando é só uma aura de sofisticação para vender o produto.

O retorno a uma versão mais profunda e mais delicada do luxo já gerou a frase "slow fashion". Exatamente como a "slow food" italiana – um movimento que promove a valorização da culinária e dos produtos utilizados, em vez da "fast food" –, a "moda lenta" exige que os produtos sejam manufaturados à mão para durar, preferivelmente por empresas artesanais, pertencentes a famílias. Encontrei uma delas em Paris. E, por sinal, ela se chama Slowear.

## *SLOW FASHION*

A Slowear é um conceito incomum sob vários aspectos. Para começar, é uma etiqueta que abrange quatro marcas italianas diferentes: Incotex, que faz apenas calças, Zanone, especializada em malharia, Montedoro, que fabrica capas de chuva e casacos, e Glanshirt, que como seu nome sugere, confecciona camisas. A empresa vem fazendo muito pouca propaganda. Mas ela atraiu a atenção de Tyler Brûlé, fundador da revista *Monocle*, que publicou artigos sobre ela. Isso criou um fã-clube para a Slowear. Quando a marca abriu uma nova loja, seu segundo estabelecimento no mundo depois de Milão, na rue Royale, em Paris, eu me vi na festa de lançamento batendo papo com Massimo Gambaro, seu diretor de *marketing* e comunicações.

"A primeira coisa que você precisa entender é que a Slowear não é uma marca no sentido convencional do termo", disse-me ele. "É mais como uma curadora, uma seletora de produtos de alta qualidade. Slowear é uma carteira de marcas que se encontram, debatem e se complementam, de forma que quando colocamos todas as coleções sob um só teto há uma coerência."

Ele salienta que cada marca é uma especialista no que faz. "Elas são exatamente o oposto das marcas que se expandem demais. Estas empresas fazem só uma coisa, e a fazem extremamente bem. Estávamos procurando uma espécie de perfeição em cada campo."

A primeira marca da carteira foi a Incotex, que tem suas raízes em uma empresa de 1951 fundada por Carlo Campagno. Inicialmente ela fazia calças e uniformes, mas depois passou a se concentrar em calças, com o nome de Industrie Confezioni Tessili. Em 1981, os filhos de Carlo, Roberto e Marzio, herdaram a Incotex. No final da década de 1990 eles resolveram expandir a empresa, não entrando em outras áreas da moda, mas adquirindo marcas que colocavam uma ênfase semelhante na qualidade e no desempenho. A Montedoro uniu-se ao grupo em 2001, seguida pela Zanone em 2003, e pela Glanshirt no ano seguinte. Elas são consideradas marcas de um "legado" italiano: Marcello Mastroianni e Federico Fellini são fiéis clientes da Glanshirt. A marca "guarda-chuva" Slowear foi criada em 2007, mas as marcas continuam a funcionar como unidades separadas.

A Slowear não é exatamente uma empresa de moda. Aliás, ela oferece vestimentas clássicas. O *look* é eterno e descomplicado: camisas de abotoar, brancas como neve, feitas de algodão ou tecido Oxford; pulôveres de golas em V; calças de corte *slim* em algodão ou lã; casacos discretos e capas de chuva que poderiam ter sido confeccionadas em qualquer época durante os últimos 40 anos. Gambaro chama esse estilo de "básico chique". Ele complementa: "Qualidade não é, necessariamente, algo que faz você exclamar 'uau'. O importante, nas roupas, são os detalhes e o acabamento. Às vezes é preciso olhar mais de perto para reconhecê-los. Nosso cliente alvo tem uma certa quantidade de conhecimento e quer ver o que distingue nossas roupas das outras."

Perguntei a Gambaro se a empresa sentia uma afinidade com os promotores da "slow food", um conceito que também vinha da Itália. "Não temos vínculos diretos com eles, mas sem dúvida nenhuma há uma característica comum", afirmou ele. "É uma coisa de usar o tempo necessário para se fazer algo benfeito, com ingredientes excelentes, e depois saborear os resultados."

A Slowear também é um estilo de vida. Suas lojas abrigam livros, objetos e móveis. Como os acessórios da loja, a mobília pende mais para o estilo escandinavo da década de 1950: aerodinâmica, porém aconchegante. E o *website* da empresa incorpora o *Slowear Journal,* uma revista de "arte, *design* e bem-estar". "Ela capta o tom da marca debatendo as coisas de que gostamos", diz Gambaro. Os visitantes recebem convites para contribuir com artigos, acrescentando a impressão de que os consumidores da Slowear fazem parte de um clube reduzido porém bem informado. Como o próprio *site* explica, a publicação online é "uma forma de criar conexões e afinidades, disponível para todos que se identificam com os valores da excelência" (www.slowear.com).

## VIDA DESACELERADA

Quando chegamos à estância Six Senses, a primeira coisa que eles fazem é tirar os seus sapatos. Eles são guardados em um saco rotulado com seu nome. A mensagem é clara: agora você pode relaxar. O conceito é às vezes chamado de "luxo descalço". Mas Sonu Shivdasani, que fundou a Six Senses Resorts and Spas com sua esposa Eva, descreve-o de outra forma. "Chamamos isto aqui de Vida Desacelerada", conta ele. Pelo que concerne à Shivdasani, a ideia compreende toda uma gama de elementos que vão além do bem-estar. Ele até inventou uma abreviatura para explicar esta proposta. Vida Desacelerada (*Slow Life* em inglês) quer dizer Sustentável, Local, Orgânica, Saudável, Aprendizado, Inspiração, Experiências Agradáveis[20]. Segundo ele explica, passar algum tempo em uma estância de relaxamento Six Senses é experimentar uma forma diferente de viver.

Sonu e Eva abriram seu primeiro *resort* nas Ilhas Maldivas, em 1995. Eles sempre tinham adorado viajar para essas ilhas, mas achavam o padrão de hospedagem meio baixo, em geral. "Os hotéis eram três estrelas em toda parte, com cadeiras plásticas e pisos de azulejos brancos", explica Shivdasani. Os operadores de *resorts* alugavam terrenos dos moradores locais, davam-lhes uma parcela dos lucros e depois abandonavam as propriedades quando os lucros não chegavam à meta almejada. Foi então que Sonu e Eva encontraram o local que se tornaria sua primeira estância. "Fazia dois anos que ele estava fechado. Em parte, isso se devia ao fato de ele só poder ser alcançado de barco, vindo de Mali. Nós organizamos uma linha aérea que imediatamente o tornou bem mais acessível. Hoje em dia, os viajantes querem ir para lugares que sejam ao mesmo tempo remotos e fáceis de se alcançar."

Combinando seus nomes, o casal batizou a estância de Soneva Fushi. Além das Maldivas, a Six Senses agora tem *resorts* na Tailândia, no Vietnã, em Omã, nas ilhas Fiji, na Jordânia e na Espanha. O conceito de vida desacelerada é o tema que interliga todos esses estabelecimentos. "É preciso ter em mente que as normas tradicionais de luxo foram definidas no século XIX e no início do século XX. O tempo não era problema naquela época. As pessoas não viajavam com tanta frequência quanto hoje. As casas eram maiores. Agora temos executivos que viajam de 300 a 400 horas por ano em aviões abafados. O tempo para eles é

[20] Sustainable, Local, Organic, Wholesome, Learning, Inspiring, Fun Experiences (as iniciais formam o acrônimo SLOW LIFE). (N.T.)

importante, bem como o espaço. Portanto, em nossos hotéis, nós lhes proporcionamos espaços amplos e bastante ar fresco. Os banheiros são maiores do que muitos apartamentos. E é possível tomar banho de chuveiro sob a luz das estrelas."

Porém, não há nada de primitivo nos arredores. As casas são equipadas com equipamentos de som Bose, e nos restaurantes há chefes de cozinha e *sommeliers*, que podem recomendar vinhos europeus e locais. "A maioria dos nossos hóspedes gosta de ter uma experiência mais local. Eles descobrem rapidamente que um dos muitos grandes aspectos desta nova forma de luxo é a capacidade de comer uma salada fresquinha, com verduras que acabaram de ser colhidas naquela mesma manhã de uma horta orgânica."

Os alimentos são locais e é proibido usar água engarrafada importada. A maioria dos *resorts* possui suas próprias usinas de dessalinização e engarrafamento de água do mar. (Num aparte, que decididamente não é para os céticos, Shivdasani conta que a água é engarrafada enquanto uma suave música clássica toca ao fundo. Antes de ser engarrafada, a água recebe sais minerais e é despejada sobre cristais com propriedades curativas.) Usaram-se materiais também locais para construir as casas e o artesanato da região decora os bangalôs. Em Hua Hin, na Tailândia, trabalhadores locais construíram as paredes do *resort* e do spa usando materiais tradicionais, inclusive terra. O spa não precisava de ar condicionado porque o projeto previa um ambiente com arrefecimento natural.

No balneário Soneva Kiri, na ilha tailandesa de Koh Kood, a Six Senses encomendou a construção de uma "ecomansão" como vitrine para sua filosofia e um modelo para o futuro. Artesãos tailandeses construíram toda a estrutura. Como a fabricação de concreto contribui para as emissões de carbono, não se usou nenhum cimento no projeto. Em vez disso, os alicerces foram feitos com rochas de arenito escavadas no local. Um construtor de barcos fez os pinos que prendiam as vigas e postes da mansão, alguns dos quais de madeira rústica, encontrada na praia. Outras foram obtidas de plantações locais. As paredes internas foram feitas de tijolos de adobe. O "teto verde" é uma horta, como se o pequeno prédio redondo tivesse começado a criar cabelos. Empregaram-se caixas de ovos recicladas na camada de drenagem do telhado e garrafas de refrigerante como tijolos de vidro, formando a parede do chuveiro. Usaram-se adesivo "não tóxico" e métodos de preservação da madeira em toda a obra. E eliminou-se a tecnologia sem fio. O prédio, portanto, é totalmente próprio para hóspedes que sofrem de alergias ou sensibilidade a campos eletromagnéticos.

É interessante notar que novidades tecnológicas vistas como luxo há pouco tempo atrás, como as comunicações por celulares e a capacidade de navegar na internet por *wi-fi*, estão sendo agora denunciados como intromissões e tidos por indesejáveis. Shivdasani diria que esta é uma das muitas diferenças entre o luxo convencional e o novo "luxo inteligente", do qual o Six Senses é um fornecedor.

Shivdasani admite que ele é parcialmente motivado pelo aspecto comercial, pois parece inevitável que mais viajantes exijam férias "mais ecológicas". Mas ele acrescenta que está genuinamente preocupado com o futuro do planeta. Afinal de contas, ele mora nas Ilhas Maldivas. "A mudança climática se torna pessoal quando a casa da gente pode acabar indo parar embaixo d'água dentro de alguns anos."

# Conclusão: a reabilitação do luxo

*"As pessoas cultas apreciam o luxo."*

INEVITAVELMENTE, aquele carro esporte atraiu meu olhar. Cor de laranja flamejante, construído de fibra de carbono, o Tesla Roadster custa 84.000 euros e pode acelerar de 0 a 100 km/h em 3,9 segundos. É inteiramente movido a eletricidade. Como eu já mencionei antes, não tenho carro no momento. Mas o Tesla tinha um encanto tão infantil que senti um comichão nas palmas das mãos.

Ele era apenas um dos produtos em exposição na Feira de Luxo Sustentável 1.618 realizada no Palais de Tokyo, o espaço de arte contemporânea em Paris. O evento foi patrocinado pela WFF (World Wild Fund) e o Ministério da Cultura francês. Os números no nome da feira são o chamado Proporção Áurea, representando o equilíbrio perfeito existente na natureza. A feira de três dias exibiu produtos de alto luxo, porém ecológicos, dos mundos da hotelaria, do *design*, dos móveis, dos automóveis, da joalheria, da tecnologia e dos cosméticos. Quando se entrava na Feira, o ar estava repleto de sons de florestas equatoriais, uma música ambiente discreta e quedas d'água distantes; projeções de folhagens da selva e cachoeiras apareciam nas paredes. Enquanto passeava, parei um instante para admirar o esguio catamarã Alter em mogno polido, "material com duração ilimitada"; e uma linha de joias chamada JEL (Joias Éticas de Luxo), feita de ouro reciclado ou extraído através de técnicas tradicionais. Havia até uma agência de viagens chamada Ecoluxury.

A palavra "luxo" tem tantos significados em potencial, e pode ser adaptada a uma variedade de circunstâncias tão ampla, que se flexiona facilmente de acordo com a época. Agora, neste momento, o consumo conspícuo está fora de moda. O excesso do passado, motivado pelos logotipos, está sendo visto, pelo menos no mundo ocidental, com repugnância. E, portanto, o luxo está nos mostrando uma face mais suave, bem mais discreta. A qualidade se tornou palavra de ordem novamente. A autenticidade é o que há de mais fino. Um processo de reabilitação começou.

Como isso afetará a evolução do luxo? Combinando algumas tendências que percorrem este livro, com conselhos de vários especialistas, detectei cinco tendências que podem exercer uma certa influência no setor do luxo durante os próximos anos.

## ACÚMULO DE TESOUROS

"Emilie está mais interessada em bordado do que em *marketing*", minha amiga escreveu em sua atualização de *status* do Facebook. Quando fiz um comentário sobre essa frase alguns dias depois, ela me contou que não estava exatamente brincando. É extremamente difícil fazer compras com Emilie: ela examina a fundo cada peça de roupa, como um perito policial, puxando suas partes para ver o que se solta. Agora, ela se recusa a comprar peças caras a menos que elas demonstrem alguma forma de criatividade além das campanhas de propaganda que as tornaram "desejáveis". Daí seu entusiasmo pelo bordado. "Quero comprar coisas que eu possa guardar como tesouros."

O acúmulo de "tesouros" está na moda. Há uma apreciação renovada pelas coisas feitas à mão. O artesanato é respeitado. Na Feira do Design em Milão, em 2009, a marca italiana Fendi se uniu aos organizadores da mostra Design Miami e convidou os estilistas para criarem o que chamaram de "Artesanato Punk". Os participantes foram convidados a fazer mágica com baixa tecnologia em matéria de moda, usando materiais descartados do processo de produção da Fendi: couro, tecido, elementos decorativos de plástico e metal. Os visitantes podiam assistir à criação de esculturas e instalações ao vivo, tais como figuras de animais feitas de sobras de couro e arame. Bordado, colagem e técnicas de impressão antigas também foram exibidas na feira. Como o blogue de *design* Unbeige comentou, é isso que se alcança quando "se mistura *design*, inovação [e] uma economia global abalada". ("Design Miami une forças com Fendi para Artesanato Punk em Milão", 14 de abril de 2009.)

Mantendo o mesmo tema, temos a criação da Associação do Luxo Autêntico, estabelecida por indivíduos ligados à proteção ambiental, *branding* de marcas de luxo e *design*. "O luxo deve ser algo significativo e duradouro. Temos a convicção de que um desempenho ambiental e social superior está se tornando um aspecto definidor da experiência de consumo, qualidade e criação das elites. É nossa convicção que o luxo pode liderar, não retardar, a transição para um mundo mais justo e sustentável."

Embora a ALA se considere uma novidade, esta tendência é um retorno à versão de luxo dos nossos avós. Vivo pensando na marca de relógio cuja propaganda rezava: "Nunca somos realmente donos de um Patek Philippe, apenas tomamos conta dele para a próxima geração". Porém, também me passou pela cabeça uma imagem dos refugiados judeus entrando nos navios a vapor da linha Red Star em Antuérpia, fugindo para Nova York com diamantes costurados no forro de suas roupas. Alguns itens valem a pena guardar, mesmo nas mais extremas circunstâncias.

## LUXO SOCIAL

Bem cedo na sua vida, por volta da época em que entra na escola, você percebe que a sociedade está repleta de rodinhas. Se você não fizer parte da roda certa, está simplesmente excluído. Os ingleses, com sua obsessão por classe, sabem muito bem disso. Mas o esnobismo social também existe na França, apesar de sua alegação de que é preciso defender a igualdade e a fraternidade.

No momento em que você entra em um restaurante em Paris, faz-se um julgamento imediato. Pode ser sobre a forma como você está vestido, sua postura ou a forma de falar. Em geral, a pessoa já está sendo julgada antes mesmo de chegar, com base no sotaque dela ao telefone. De qualquer forma, o escaninho onde o atendente coloca você mentalmente tem um impacto imediato sobre a sua posição na mesa. Se você não tiver sorte, pode acabar sentando perto do banheiro, da porta da cozinha ou em algum anexo longe do salão movimentado. E sendo este lugar Paris, o restaurante é uma metáfora da sociedade francesa como um todo.

O segredo, conforme descobri, é visitar o mesmo restaurante regularmente. Depois de um certo tempo, os garçons passam a reconhecê-lo. A cada visita, você sobe no conceito deles um pouco mais. Tudo se baseia no contato pessoal. O mesmo se aplica ao recebimento de convites para inaugurações de galerias ou recebimento das listas de convites para boates. Todas as cidades funcionam assim. Sem os contatos certos, a pessoa pode acabar se sentindo como o Woody Allen no filme *Memórias*: Woody está sentado em um trem sombrio, num carro repleto de passageiros grotescos e malvestidos. Lá fora passa outro trem. No carro profusamente iluminado, pessoas bonitas e muito bem vestidas bebem champanhe e riem. Woody olha para o outro trem, amargurado, enquanto ele passa, rapidamente, deixando-o ali, sentado no escuro.

Porém, há uma solução para esta situação. Quando falei com os serviços de *concierge* de hotéis e restaurantes, eles se gabaram de ter excelentes contatos. Pode ser que você não seja capaz de conseguir uma boa mesa naquele restaurante da moda, ou ser convidado para uma festa exclusiva no Festival de Cinema de Cannes, mas os *concierges* podem conseguir uma vaga para você, porque *eles conhecem as pessoas certas.*

Creio que este tipo de serviço vai se tornar cada vez mais desejável. Os aspirantes ao clube dos ricos sabem perfeitamente que o "status" é mais do que apenas logotipos. Afinal de contas, todos podem comprar uma bolsa cara, mas de que ela vale se a pessoa fica congelando na fila diante de um clube em vez de estar bebendo coquetéis na área VIP? Não é só isso, mas os círculos do poder se tornaram menos visíveis. A elite não é quem costumava ser. Não é composta por políticos nem por banqueiros. É feita de estilistas e donos de galerias, proprietários de restaurantes e DJs. As regras de entrada são vagas, de modo que quebrá-las ficou bem mais difícil.

Algumas marcas de automóveis de luxo, como, por exemplo, a Lexus, já estão oferecendo serviços de *concierge* para quem comprar um de seus carros. Outras marcas de luxo logo vão passar a oferecer acesso a uma rede de assistência VIP quando os clientes gastarem uma certa quantia. O objeto que confere *status* passará a ser o passaporte para adquirir o *status* social em si: não se trata só do que estamos comprando, mas de quem estamos comprando.

## ESNOBISMO ANALÓGICO

O mundo está ficando cada vez mais digital. Logo, logo, como o universo artificial mostrado no filme *Matrix*, ele passará a se compor inteiramente de zeros e uns. Este é um pensamento bem alarmante... mas só parcialmente explica o esnobismo analógico. A outra explicação é que a tecnologia está se tornando comum e, portanto, barata. Objetos da era analógica estão ficando cada vez mais raros... e são até mesmo considerados verdadeiros tesouros.

A prova desta tendência está em torno de nós. Você vai até o apartamento do seu amigo antenado e ele põe um disco de vinil cheio de ruídos de arranhões na vitrola. Ali perto, você vê uma coleção de álbuns orgulhosamente exibida, que ele caçou com todo o carinho... e, claro, ele lhe conta que nunca parou de comprar LPs. Da mesma forma, quando eu estava em uma festa, um dia desses, uma menina meio sem jeito de estar tentando dar uma de "moderninha" tirou minha foto com uma câmera analógica bem antiga. "Está ficando cada vez mais difícil encontrar filme para esta câmera", disse ela, com um suspiro. Salvador Dali tinha razão quando disse que o que está fora de moda hoje passará a ser moda no futuro.

Os jornais vão se tornar os próximos ícones do esnobismo analógico. Todos aceitam que as notícias agora estão nos periódicos *online* e que os jornais impressos estão próximos da extinção. Aqueles que sobreviverem vão se tornar mais caros, e vão adotar alguns dos comportamentos das marcas de luxo. Vão se distanciar da rede dizendo que seus leitores cultos apreciam o tempo que levam para examinar um artigo bem escrito. Esses periódicos da velha guarda vão descrever seus jornalistas como artistas da palavra, ou artesãos. Vão lhe dizer que usam técnicas de impressão tradicionais e papel de florestas sustentáveis. E daí por diante. Muitas revistas já tomaram este caminho, posicionando-se como publicações bonitas para serem exibidas na mesinha de centro.

Com a chegada de dispositivos de leitura portáteis como o Kindle, os livros serão os próximos da lista. Um dia desses, quando um amigo chegou tarde em um café onde tínhamos combinado de nos encontrar, ele pegou o livro de capa dura que eu estava lendo. Passou a palma da mão sobre a capa dele, admirado, e abriu-o para espiar as folhas de guarda e a encadernação. "Que coisa mais linda", disse ele. Tinha sido um presente. Um livro de capa dura é um artigo de luxo.

## RUPTURA ASIÁTICA

Um conhecido meu trabalha para um organizador de eventos. Não faz muito tempo, a empresa dele organizou um seminário para os funcionários de uma grande empresa francesa do setor do luxo. Meu amigo participou do evento. Em dado momento, o diretor de *marketing* mostrou imagens de Powerpoint de todas a campanhas publicitárias que estão sendo feitas pelas rivais da marca. Meu amigo achou que o diretor de *marketing* iria, em seguida, revelar alguma estratégia comercial inovadora que iria arrasar com a concorrência. Em vez disso, para decepção do meu amigo, o diretor afirmou: "Esta é a direção que a indústria do luxo está tomando no momento. E nós devíamos estar indo na mesma direção."

A maioria das grandes grifes de luxo é avessa ao risco. Sua lentidão em aderir à internet é mais um exemplo de sua falta de vontade de explorar novos campos. Mas é necessário arriscar-se para que ocorra inovação. Pode ser que o leitor conheça a teoria da ruptura, criada por Jean-Marie Dru da agência de propaganda TBWA. Ruptura é um processo de três estágios que capacita as marcas a inovar. Em primeiro lugar, examinamos as convenções que limitam o nosso setor. Depois, desafiamos as convenções para derrubá-las. E o resultado é uma visão original... uma que permite que sua marca se destaque.

A última ruptura do setor do luxo aconteceu, possivelmente, na década de 1990, quando empresas veneráveis como a Louis Vuitton começaram a se transformar em marcas de moda voltadas para a gratificação instantânea. Agora elas estão procurando dissociar-se dessa imagem, mas parece que isso é mais uma ilusão para fins de comunicação do que criatividade genuína. A consultora de tendências Genevieve Flaven fala de um "esmagamento criativo", insinuando que a nova geração de estilistas não se sente atraída pelos titãs do luxo. "Antes, os estilistas talentosos se contentavam em se ver criando a mais recente bolsa 'da moda'. Mas agora estão desencantados com aquele mundo."

Se os gigantes do luxo se tornaram lentos e previsíveis, há oportunidades para outros. A Nokia, astutamente, preencheu um nicho com o Vertu, seu novo celular de luxo. Há uma marca chinesa similar chamada Veva, lançada em maio de 2008 pela Qiao Xing Mobile. Os telefones esguios da Veva têm versões folheadas a ouro e cravejadas de brilhantes.

Uma marca de luxo chinesa é um conceito com um nível de ruptura altíssimo. A convenção reza que os mercados asiáticos são consumidores em vez de produtores de artigos de luxo. Mas e se uma nova onda de marcas de luxo estiver para emergir na Ásia?

Aliás, a Ásia tem uma história de trazer ideias que rompem com as convenções do mercado de luxo. O grupo de estilistas japoneses vanguardistas que se destacou na década de 1980 incluiu Yohji Yamamoto, Issey Miyake e Comme des Garçons, criado por Rei Kawakubo em 1973. Não só Kawakubo é uma das mais visionárias estilistas do mundo, como também foi mentora de nomes mais jovens como Junya Watanabe e Tao Kurihara. A loja conceito de Kawakubo no Dover Street Market em Londres (na qual outros estilistas são convidados a instalar "espaços criativos"), suas lojas temporárias "guerrilheiras" em torno do mundo e suas fragrâncias despudoradamente sintéticas tornaram sua marca um modelo de luxo alternativo.

Enquanto isso, Wang Xiao Lan, dono da maior editora de Taiwan, já é dono da famosa casa de moda francesa Lanvin desde 2001. Isso nos conduz diretamente a Shanghai Tang, a marca de moda de luxo que começou em 1994, lançada por David Tang. Baseada em Hong Kong, com participação do grupo Cartier, esta marca agora tem filiais no mundo inteiro. Originalmente lançou versões tradicionais para turistas de jaquetas estilo Mao e saias *cheongsam*, mas ultimamente vem procurando passar uma versão mais contemporânea da cultura chinesa. Seu principal estilista, Joseph Li, tem um mestrado da Central Saint Martins, em Londres, e foi aprendiz de Alber Elbaz, da Lanvin. Ele disse ao jornal *New Straits Times* que uma recente coleção sua foi inspirada pela "nova onda de artistas contemporâneos da China, como o politicamente debochado Zhu Wei e o vanguardista Cai Guo-Qiang ("Oriente e Ocidente virados do avesso", 12 de abril de 2009).

Uma outra marca chinesa interessante é a Qeelin, que se posiciona como "a primeira marca de joalheria de luxo chinesa" (www.qeelin.com). Seus pandas incrustados de pedras preciosas podem não corresponder ao gosto de todos, mas a marca aparentemente recebeu o selo de aprovação de "fashionistas" como Marc Jacobs e Mischa Barton. O fato de que suas joias estão sendo vendidas pela loja conceito parisiense Colette, que costuma estabelecer tendências, também é um sinal positivo. Seu estilista, Dennis Chan, estudou em Hong Kong e começou a carreira em Londres antes de voltar a sua cidade natal. Ele descreve suas criações como "uma fusão surpreendente de estilo chinês tradicional com influências de conceitos ocidentais contemporâneos". O cofundador da marca é Guillaume Brochand, especialista em *marketing* francês, que ocupou cargos na Ásia trabalhando para a Tag Heuer e Ebel. Ele diz no *website*: "Com seus 5.000 anos de tradição em artes e artesanato, além do crescente interesse de seu povo por grifes de luxo, Dennis Chan e eu cremos que a China está destinada a se tonar uma importante participante na indústria de produtos de luxo, como mercado em si e como fonte de criatividade."

Os jovens chineses estão atualmente estudando *branding* de grifes de moda e luxo. A escola de administração francesa HEC possui um "Programa de Administração Avançada em Moda e Luxo", associado à Universidade Tsinghua em Pequim. Há certamente muitos outros. Quando se trata de inovação no mercado de luxo, a China é o próximo Japão.

## LUXO SEM CULPA

Vale dizer que a palavra "luxo" pode ter conotações negativas. Pode implicar elitismo ou busca de *status*, sem mencionar ambição. Em outros contextos, pode sugerir falta de atividade produtiva ou dissipação. No seu livro *Guerra e Paz,* Tolstói descreve como o exército invasor de Napoleão inteiro desapareceu em Moscou, como que absorvido pelas ruas. Eles foram destruídos por uma tentação familiar. "Os homens que tinham recentemente composto um exército foram drenados pelas ruas desta cidade abastada, deserta, tão ricamente suprida de bens e luxos."

O luxo, nesta interpretação, é uma tentação à qual os puros de espírito devem resistir a todo custo. Mas a noção de luxo "autêntico" oferece uma abordagem alternativa. Incentiva um senso de moderação e bom gosto, de economia para obter o melhor em vez da dissipação do dinheiro no que é descartável. Talvez o sonho do luxo, como Alain Ducasse sugeriu, seja no fundo um desejo de perfeição, a busca de um ideal.

Fiquei particularmente impressionado com o ponto de vista de Patrizia Pressimone, diretora de arquitetura da loja de departamentos parisiense Printemps. Ela me disse: "O luxo é um prazer estético. É uma forma de evolução, um sinal de que aprendemos a apreciar a vida além do que é básico. Não é coincidência que as pessoas cultas apreciem o luxo. Se não ansiássemos por paisagens belas, não haveria Veneza, nem Paris. Mas é um erro presumir que o luxo seja possuir uma banheira de ouro com torneiras cravejadas de joias Não se pode medir o luxo em dólares. Ele se mede em detalhes."

Da próxima vez que cobiçarmos um luxo de algum tipo, ou repreendermos alguém por isso, devemos nos lembrar da teoria de Patrizia de que a busca do luxo vem contribuindo para desenvolver a arte e a cultura, e talvez para desenvolver a civilização como um todo.

De qualquer forma, mesmo que decidamos finalmente dar as costas a ele, o luxo não se importará com nosso desprezo. Os consumidores vêm e vão, as economias prosperam e fracassam, mas o luxo é duradouro.

# Bibliografia

## LIVROS

Benaïm, Laurence (2002) *Yves Saint Laurent*, Bernard Grasset, Paris

Berry, Christopher J (1994) *The Idea of Luxury*, Cambridge University Press, Cambridge

Blume, Mary and Lartigue, Jacques-Henri (2001) *Lartigue's Riviera*, Flammarion, Paris e Nova York

Castarède, Jean (2007) *Histoire du Luxe en France*, Groupe Eyrolles

Chadha, Radha and Husband, Paul (2006) *The Cult of the Luxury Brand*, Nicholas Brealey International, London e Boston

Chevalier, Michel e Mazzalovo, Gérald (2008) *Luxury Brand Management: A world of privilege*, John Wiley & Sons (Ásia), Cingapura

Cologni, Franco (2001) *Hallmarks of History: Piaget*, Assouline, Paris

Fraser, Antonia (2001) Marie Antoinette: *The journey*, Weidenfeld & Nicholson, Londres

Philips, Tim (2005) *Knock-Off: The true story of the world's fastest growing crime wave*, Kogan Page, Londres

Rentschler, Ruth and Hede, Anne-Marie (2007) *Museum Marketing: Competing in the global marketplace*, Butterworth–Heineman, Oxford

Resnick, Evelyne (2008) *Wine Brands*, Palgrave Macmillan, Londres

Ring, Jim (2004) *Riviera: The rise and rise of the Côte d'Azur*, John Murray, Londres

Robinson, Jancis (2006) *Oxford Companion to Wine*, 3ª ed., Oxford University Press, Oxford

Thomas, Dana (2007) *Deluxe: How luxury lost its luster*, Penguin Press, Nova York

Thompson, Don (2008) *The $12 Million Stuffed Shark*, Aurum Press, Londres

Thornton, Sarah (2008) *Seven Days in the Art World*, Granta Publications, Londres

White, Edmund (2001) *Le Flâneur*, Bloomsbury Publishing, Londres

## *SITES* DA INTERNET

Academie des Vins Anciens (www.academiedesvinsanciens.org)

Admap (www.admap.com)

Asahi Shimbun (www.asahi.com)

Bloomberg (www.bloomberg.com)

Brandchannel (www.brandchannel.com)

Brand Republic (www.brandrepublic.com)

Business 2.0 (http://money.cnn.com)

Federation of the Swiss Watch Industry (www.fhc.ch)

Fractional Life (www.fractionallife.com)

Haute Horlogerie (www.journal.hautehorlogerie.org)

Hospitality Net (www.hospitalitynet.org)

Luxury Culture (www.luxuryculture.com)

Slate Magazine (www.slate.com)

Transnational Institute (www.tni.com)

Unity Marketing (www.unitymarketingonline.com)

Union des Maisons de Champagne (www.maisons-champagne.com)

World Advertising Research Center (www.warc.com)